D1754926

# PLÖTZLICH EIN FREIES GEFÜHL

Mike Nicol

Südafrikas Aufbruch
in die Gegenwart

Deutsch von
Kurt Neff

Rowohlt

Die Originalausgabe erschien 1995 unter dem Titel
*The Waiting Country: A South African Witness*
im Verlag Victor Gollancz, London

Umschlaggestaltung von Barbara Hanke
(Foto: dpa)

1. Auflage Juni 1995
Copyright © 1995 by Rowohlt Verlag GmbH,
Reinbek bei Hamburg
«The Waiting Country»
Copyright © 1995 by Tortuga Publishing Limited
Alle deutschen Rechte vorbehalten
Gesetzt aus der Sabon (Linotronic 500)
Gesamtherstellung Clausen & Bosse, Leck
Printed in Germany
ISBN 3 498 04672 1

## Abkürzungen

| | |
|---|---|
| ANC | African National Congress (Afrikanischer Nationalkongreß) |
| APLA | Azanian People's Liberation Army (Volksbefreiungsarmee der Südafrikaner asiatischer Herkunft) |
| AWB | Afrikaaner Weerstandsbeweging (Afrikaansche Widerstandsbewegung) |
| Cosatu | Congress of South African Trade Unions (Südafrikanischer Gewerkschaftsbund) |
| DTP | Desktop Publishing |
| MK | Umkontho we Sizwe («Der Speer der Nation»: Der bewaffnete Arm des ANC) |
| NP | National Party (Nationale Partei) |
| PAC | Pan Africanist Congress (Panafrikanischer Kongreß) |
| PWV | Pretoria Witwatersrand Vereenigingcomplex (Region Johannesburg) |
| SABC | South African Broadcasting Corporation (Südafrikanischer Rundfunk) |
| Unisa | University of South Africa |
| WAM | World Apartheid Movement (Pro-Apartheid-Weltbewegung) |

# 1

Wir schreiben den Juni 1994. Ich sitze hier in meinem roten Zimmer mit den Büchern, und starre auf die zwei in breite schwarze Holzrahmen eingefaßten Fotos an der Wand, während ich überlege, wie ich mit dieser Geschichte anfangen soll. Zuerst betrachte ich das Foto von David Goldblatt, einen Friedhof auf einer weiten Ebene. Vorn ist der Gottesacker begrenzt von einer niedrigen Mauer aus ornamentierten Gußbetonplatten. Sie zeugt von Gefühlsroheit und Phantasiearmut. Dahinter vervollständigt ein Stacheldrahtzaun das Viereck, das die kleine Parzelle der Toten von dem großen, leeren Terrain der Lebenden abtrennt. Über dem Tor ein Transparent mit der Aufschrift: *Ons vir jou Suid Afrika*. Es ist ein Satzbruchstück aus der ehemals einzigen offiziellen Nationalhymne. Es besagt, daß wir unser Leben für unser Vaterland Südafrika hingeben werden. «Wir», das sind in diesem Fall junge weiße Soldaten. Seit dem 10. Mai haben wir noch eine zweite Nationalhymne. Wir singen sie bei Fußballspielen und Rugbyspielen und anderen Anlässen von nationaler Bedeutung. Die zweite Nationalhymne heißt *Nkosi Sikelel' iAfrika*, «Gott segne Afrika». Für die meisten Menschen in diesem Land ist sie lange Jahre die einzige gewesen.

Das zweite Foto, Mitte der achtziger Jahre aufgenommen, stammt von Eric Miller und zeigt das Cosatu-Haus während einer nächtlichen Polizeirazzia. Miller war in einem Gebäude gegenüber der Gewerkschaftszentrale postiert und hat die vier hellerleuchteten Stockwerke zu einem sprechenden Bild umgeschaffen. Die Gewerkschafter haben sich, die Hände wie zur kultischen Verehrung einer höheren Macht erhoben, vor den

Fenstern aufstellen müssen. Sie stehen im Gegenlicht, und der Effekt, den das ergibt, ist dramatisch. Hinter ihnen sind Polizisten mit Schnellfeuergewehren zu sehen. In anderen Räumen durchsuchen Beamte die Aktenschränke.

Ich sitze in dem roten Zimmer und starre diese Fotos an, und mir fallen Begebenheiten und Geschichten ein, die ich unbedingt erzählen muß. Geschichten von entfernten Orten, erzählt von den Menschen und von den Steinen und von der Leere, die nicht immer Leere war. Geschichten, die für mich etwas von dem ausmachen, was es heißt, hier zu leben. Geschichten, mit deren Hilfe ich mir erkläre und deute, was geschieht, oder wovon ich meine, es geschieht. Manchmal können sie das leisten, und manchmal klingen sie unverständlich. Und manchmal stehe ich hinterher vor einem Rätsel, wo ich anfangs etwas verstanden zu haben glaubte. Aber trotzdem muß ich erzählen, muß diese Bruchstücke ordnen, sie in eine Form bringen, in der sie vielleicht zeigen, wie wir jetzt leben. Für mich sind es Fußnoten zur Historiographie dieser Tage. Tage, in denen sich so viel Historisches bei uns ereignet. In denen mir manchmal richtig angst wird, und in denen mir manchmal zu Bewußtsein kommt, daß es einzigartig ist, was hier geschieht.

Ich glaube, alles, was uns am Ende wirklich bleibt, sind die Geschichten. Ein Schiff läuft in die Tafelbai ein, und Jahrhunderte des Unfriedens brechen an. Ein Mann verteidigt seinen Besitz, und seine Sippe wird dezimiert. Der Häftling wird zum Präsidenten. Dazu Geschichten, die man verbirgt und verheimlicht, und wenn sie erzählt werden, ist das wie eine Beichte: Wir haben drei Männer gehängt, die auf der Straße gegangen kamen. Mit unseren Automatikgewehren haben wir in eine Kneipe hineingefeuert und drei junge Frauen erschossen. Diese Geschichten müssen erzählt und wiedererzählt werden, weil es uns erzählend und eingedenkend und das Vergessen abwehrend vielleicht gelingt, ein Bild von der Textur unseres Lebens zu schaffen.

Im folgenden also eine Erzählung, die von einer Wahl handelt und von einer Amtsübernahme und den anschließenden Tagen des Feierns und einigen Begebenheiten im zeitlichen Umfeld und einigen Begebenheiten, die schon Geschichte und trotzdem noch spürbare Gegenwart sind.

Es ist eine Erzählung ohne Anfang, Mitte und Ende. Den Anfang hätte jede beliebige Einzelheit machen können, nicht nur diejenige, die das jetzt tut, und das Ende ist keines. Der Ausgang der Geschichte ist offen. Ich kann nicht sagen: «Und danach lebten sie allzeit glücklich und zufrieden.»

Wir schreiben den Juni 1994. Ich lebe in Muizenberg auf der Kaphalbinsel, wo man sich – obwohl man es nicht wirklich ist – am äußersten Ende Afrikas fühlt. Es ist Winter. Das Barometer zeigt 1000 Millibar. Gestern wehte von den Bergen her ein heißer Wind, der uns die Augen trockenleckte. Heute regnet es.

Die Halbinsel ist von gefährlicher Schönheit. Bei schönem Wetter glänzt sie in urtümlicher Frische, bei Sturmwetter präsentiert sie sich als wildromantische Kulisse. Manchmal scheint sie überhaupt nicht zu Afrika zu gehören. Dann verwandelt sie sich in ein Land der Phantasie, eine Insel irgendwo weitab vom Kontinent. Der trügerische Eindruck wird verstärkt durch die Weinberge, die sanftgrünen Weiden, die spitzgiebeligen Bauernhäuser, die Ecken und Winkel mit Kolonialstilbauten in den älteren Stadtteilen.

Dennoch ist die Halbinsel noch Afrika und bezeugt die Probleme Afrikas. Nur vierzig Kilometer von hier liegt das Township Khayelitsha mit seinen Elendsquartieren, ein Hort der Armut und Gewalttätigkeit. Einer Gewalttätigkeit, die noch bis vor kurzem zuzeiten vom Bürgerkrieg nicht weit entfernt war. Die Lage ist jetzt nicht mehr ganz so schlimm. Aber vor den Wahlen lebten wir in einer gespaltenen Realität: Während wir uns Augenzeugenberichte von Krawallen, Schießereien der Polizei, politischen Morden und krassem Banditentum anhörten, herrschten auf unseren Straßen Ruhe und Friede und ragten im Hintergrund der Szene solch deprimierender Gespräche rötliche, dunstverschleierte Berge auf. So sah der Kontext unseres Lebens aus; einerlei, wie gewöhnlich oder lustig oder anregend oder berückend die einzelnen Tage unseres Lebens waren, wir durften ihn niemals aus den Augen verlieren – niemals.

Ich kann zwar guten Gewissens sagen, daß die Lage jetzt nicht mehr so schlimm ist, aber ich muß auch dazusagen: «jetzt», das ist der Monat Juni 1994. In einigen Monaten ist meine Feststellung vielleicht schon hinfällig. Andererseits: Wer hätte vorauszusagen gewagt, daß die Wahlen friedlich verlaufen und die Gewalttätigkeiten abnehmen würden? Wer weiß, vielleicht bessern sich die Verhältnisse ja auch weiterhin. Ich möchte mich da nicht festlegen.

Der Ort, wo ich lebe, Muizenberg, ist eine Ansammlung von heruntergekommenen Wohnhäusern und Ladengeschäften am Ufer der False Bay, etwa dreißig Kilometer südlich von Kapstadt. Und ist zugleich eine Idylle. Zum Strand sind es drei Minuten zu Fuß. Der präsentiert sich bei Ebbe als ein Streifen weißer Sand, der sich ohne Unterbrechung fünf Kilometer weit nach Osten erstreckt. Auf der Westseite steht der Tafelberg. Ein paar hundert Meter weit nördlich gibt es ein großes *vlei*, ein Stück Moorland mit offenem Wasser, wo wir uns an stillen Winternachmittagen zuweilen im Kanu treiben lassen. Über unseren Köpfen rudern mächtige Pelikane, Eisvögel stürzen auf die Elritzen im Wasser nieder, Karpfen durchbrechen die Wasseroberfläche, um nach langbeinigen Mücken zu schnappen.

Muizenberg wird im Sommer von einem Wind, dem «Südost», bestrichen, der genauso an den Nerven reißt wie der Mistral oder der Meltem am Schwarzen Meer. Es ist schon vorgekommen, daß er zehn, zwölf Tage lang in einem fort geweht hat; dann bringt er unter der Gesichtshaut die scharfen Kanten der Gewalttätigkeit zum Vorschein. Mächtige Salzschwaden tosen über den Tafelberg, die Fensterscheiben erblinden, und wir streichen apathisch im Haus herum und fragen uns, wann das wohl aufhören wird.

Ich lebe hier, weil die Häuser einmal billig waren und jedes Jahr im Frühjahr die Wale in die Bucht kommen. Ich lebe hier, weil die Straßen eng sind und die Häuser Reihen- oder Doppelhäuser, deren Architektur aus Litauen oder dem viktorianischen England oder norwegischen Walfängersiedlungen stammt. Aber Muizenberg ist kein putziges Dörfchen. Es war und ist zum Teil eine Wohngegend von armen Weißen und armen Mischlingen und armen Schwarzen, die auf ihren Veranden sitzen und aus Bechern billigen Wein trinken. Die Männer tragen Weste und Shorts, die Frauen laufen im Unterkleid und mit Lockenwicklern im Haar herum. Sie leben von einem Invalidenrentenzahltag zum nächsten, von einer Flasche Branntwein zur nächsten. Aber Muizenberg ist auch eine Wohngegend von Künstlern und Schriftstellern und Karikaturisten und Ballettlehrern und Keramikern und Bildhauern und Jazzmusikern. In seinen engen Seitenstraßen findet man vier der besten Restaurants, die Kapstadt vorzuweisen hat. Hier gibt es Nachtbars und schrille Jazzkneipen, wo man für den Preis von einem Glas Bier die Großen der Szene hören kann. Wie die beiden Welten hier koexistieren, das nimmt mich für den Ort ein.

Als wir hierherzogen, hing der Mief von sechzig Jahren gekochtem Kohl und unter den Fußbodendielen verwesenden Rattenleichen im Haus. Nebenan wohnten drei gewalttätige Säufer, die allabendlich eine halbe Stunde lang fluchten und brüllten und aufeinander losgingen, bevor sie umkippten. Wir warteten jedesmal wieder zähneknirschend auf die Stille, die verkündete, daß sie für heute ins Nirwana eingegangen waren. Sie zogen aus. Neue Leute zogen ein. Heute wohnt im Nebenhaus Harry, ein Bildhauer, der sich auf Metallplastiken spezialisiert hat.

Vor fünf Jahren zog weiter unten in unserer Straße eine Mischlingsfamilie ein. Die Leute hätten vom Fleck weg verhaftet werden können wegen Mißachtung des Group Areas Act, das den Menschen in Südafrika je nach ihrer Rasse und Hautfarbe vorschrieb, wo sie wohnen durften und wo nicht, aber in Muizenberg hat sich darum nie jemand groß gekümmert. Für diese Leute war es das erste Mal, daß sie in einem als «weiß» klassifizierten Gebiet lebten.

«Also wissen Sie», sagten sie zu mir, «wir begreifen einfach nicht, wie ihr Weißen lebt. Es ist ja ganz nett hier, aber im Nebenhaus eine illegale Kneipe, gegenüber ein Bordell und hinter uns eine Drogenspelunke, das haben wir bis jetzt noch nie gehabt.»

Die Nachbarschaft von Bordell, illegalem Ausschank und Drogenhöhle gehört in den ärmeren Stadtteilen zu den Realitäten des Lebens. Die Drogenhöhle gibt es jetzt allerdings nicht mehr, der Puff und die «Shebeen» freilich florieren noch.

Aber Muizenberg ist keine Heimstätte der Gewalt. Wenn auch in den Absteigen Exsträflinge logieren und Herumtreiber, Alkoholiker und Straßenkinder einen hohen Prozentsatz der Bevölkerung ausmachen, man kann sich trotzdem zu jeder Tages- und Nachtstunde unbesorgt auf den Straßen der Stadt aufhalten. Seit neuestem haben wir ein Sicherheitsgitter vor der Hintertür und eine Einbruchssicherung an einigen Fenstern, aber in den anderen größeren Städten dieses Landes leben die Menschen mit Wachhunden hinter hohen, mit Stacheldrahtrollen bewehrten Umzäunungen und legen sich mit einer Magnum unter dem Kopfkissen zu Bett. Sie bezahlen private Wachdienste dafür, daß sie bewaffnete Patrouillen durch die Straßen schicken. Muizenberg ist von derlei Paranoia verschont geblieben.

Allerdings gibt es immer etwas, das einen Lügen straft. In den zwölf Jahren, die wir jetzt hier leben, sind zwei Ladenbesitzer umgebracht worden. Einer war ein Friseur in vorgerücktem Alter. Vor ungefähr sieben Jahren wurde er wegen der zwanzig Rand Wechselgeld, die er in der Kasse hatte, erstochen. Der andere war Mr. Adams. Letzten November wurde er wegen seiner Tageseinnahmen von sechshundert Rand – etwa dreihundert Mark – erschossen.

Mr. Adams betrieb ein Stehcafé, einen Eckladen, wo man an sieben Tagen in der Woche von frühmorgens bis spätabends alkoholfreie Getränke, Brot, Salami, Kolonialwaren, Tiefkühlgemüse, Zeitungen, Zigaretten, Illustrierte, Nagellack, Spielzeug, Angelköder und Strandschirme kaufen konnte. «Mons Tuck Shop» hieß das Geschäft. Im Verkaufsraum war es duster, trotz flackernder Neonleuchten. Längs der einen Wand waren Vitrinen mit billigen Armbanduhren und Talmischmuck aufgereiht. Alte Illustrierte vergilbten auf ihren Ständern. Der Linoleumbelag auf dem Boden war bis auf den Estrich durchgetreten. Beim Eingang standen drei Videospielautomaten, die unentwegt Lichtblitze und leises melodisches Gedudel aussandten, selbst wenn nicht gerade irgendwelche Kinder sich an ihnen vergnügten. Der Geruch von ranziger Salami hing in der Luft.

Vor ungefähr fünf Jahren erhielt Mr. Adams in Anerkennung der Hilfe, die er russischen Soldaten im Zweiten Weltkrieg hatte zuteil werden lassen, per Post einen Orden von dem damaligen sowjetischen Präsidenten Michail Gorbatschow. Jedesmal, wenn ich mir eine Zeitung kaufte, zeigte er ihn mir.

Mrs. Adams hatte andere Marotten. Eines Samstagmorgens packte sie mich in ihrem Laden am Arm und sagte: «Die Vögel singen nicht. Wissen Sie, was das bedeutet, wenn die Vögel nicht singen?»

Ich schüttelte den Kopf.

«Das ist ein Asteroidenregen», flüsterte sie. «Darum singen sie nicht.»

Ich sah sie an, gespannt auf weitere Erklärungen, bekam aber keine. Sie nahm mein Geld entgegen und summte unmelodisch vor sich hin. Als ich abwartend stehenblieb, meinte sie: «Das stimmt so, mein Lieber, Sie bekommen nichts heraus.»

Jetzt ist er tot. Und sie ist zu ihren Kindern gezogen. Heute hat ein Trödler sein Geschäft in dem Laden.

Ich erwähne diese Einzelheiten, um klarzustellen, wann und

wo meine Geschichte spielt. Solche Details sind beim Geschichtenerzählen wichtig.

Die Geschichte, über die ich während der Vorlaufzeit zur Wahl, in jenen fragilen März- und Apriltagen, am häufigsten nachdachte, handelt von einem Mann namens Francisco d'Almeida, dem ersten portugiesischen Vizekönig in Indien. In meinen Augen war sein Verhalten arrogant und dumm und ließ es an Klugheit fehlen. In meinen Augen verhielten sich Männer wie Mangope in Bophuthatswana und Buthelezi aus KwaZulu nicht anders. Als ich zum erstenmal die Geschichte von d'Almeida las, hatte ich ein trauriges Gefühl. Ich hatte das Gefühl, daß die Menschen auf diesem Subkontinent vielleicht niemals etwas richtig machen würden.

Die Geschichte geht so: Im Jahr 1510 befand sich d'Almeida nach erfolgreicher Laufbahn als Kolonisator und Eroberer in Asien und an den Küsten Ostafrikas auf der Schiffsreise zurück ins heimatliche Portugal und freute sich ohne Zweifel schon auf das Lob und die Ehrungen und den ruhigen Lebensabend, die ihn zu Hause erwarteten. In der heutigen Tafelbai legte er an, um für die lange Fahrt nach Lissabon frischen Proviant an Bord zu nehmen. Seine Männer gingen an Land, um einen Handel mit den Khoikhoin abzuschließen. Was genau dabei vorgefallen ist, weiß man nicht; jedenfalls gerieten sie sich mit den Khoi in die Haare und waren über den Ausgang der Sache so erbittert, daß sie den Vizekönig dazu brachten, eine Strafexpedition auszuschicken. Ein klügerer Mann hätte vielleicht das Ganze als ein Mißverständnis abgetan und die Anker gelichtet. Doch d'Almeida meinte ein Unrecht ahnden zu müssen. Ein mit Schwertern und Lanzen bewaffnetes Expeditionskorps unter seinem Kommando wurde an Land gerudert.

Der Trupp marschierte zu der Khoi-Siedlung, wo man der Überlieferung zufolge versuchte, sich der Kinder als Geiseln zu bemächtigen. Das brachte die Khoi naturgemäß in Rage; sie schlugen mit solcher Wut zurück, daß dem Expeditionskorps nichts übrigblieb, als sein Heil in der Flucht zu suchen. Kopflos hasteten die Portugiesen zum Strand zurück, wo sie feststellen mußten, daß die Bootsleute, um den schweren Brechern zu entgehen, die Boote ins Meer hinausgerudert hatten. Im seichten Wasser am Meeresufer wurden die Europäer niedergemetzelt, von Männern, die, wie ein Überlebender berichtete, «so behende hin und her fliegen, als ob sie Vögel wären». Als die Boote endlich am Ufer anlangten, lagen dort fünfzig Portugiesen tot auf der Walstatt, unter ihnen d'Almeida. Die übrigen waren fast alle schwer verwundet.

Rund einhundertfünfzig Jahre danach landeten die Holländer am Kap, um hier eine Proviantstation einzurichten. Damit begann die Geschichte des Kolonialismus im südlichen Afrika. In deren weiterem Verlauf sollten die Khoikhoin durch Kriege, Sklavenhandel und Krankheiten fast völlig ausgelöscht werden.

Diese Geschichte schuf jene ruhelosen Seelen, die ich als böse Geister bezeichne und die wir in unserer heutigen Gesellschaft im bildlichen Sinn am Werk sehen können. Ich weiß nicht, wann ich mir zum erstenmal die Vorstellung von den bösen Geistern bildete, denn ich erinnere mich nicht mehr, wann ich zum erstenmal die folgenden Absätze von Eve Palmers Buch *The Plains of Camdeboo* las. Aber ich weiß, daß sich mir das Gelesene unauslöschlich eingeprägt hat:

Die Kolonisten lernten bald, die Buschmänner als Ungeziefer zu betrachten, als die gefährlichsten Tiere überhaupt. In den 1790er Jahren antwortete ein Farmer aus Graaff-Reinet auf die Frage, ob er die Buschmänner unterwegs als lästig empfunden habe, «mit einer Gemütsruhe und Gleichgültigkeit, als ob er von Rebhühnern spräche», daß er bloß vier von ihnen abgeschossen habe. [Der Forscher John] Barrow gab an, ein Kolonist habe sich ihm gegenüber gebrüstet, er habe eigenhändig an die dreihundert getötet.

Nicht nur die holländischen Kolonisten betrachteten die Buschmänner als Freiwild. Der französische Ornithologe La Vaillant zum

Beispiel machte regelrecht Jagd auf sie. [...] Sein Camp hatte er in qualvoller Hitze auf einem Stück offenen Gelände aufgeschlagen, damit ihn die Buschmänner nicht überrumpeln könnten, und seine Hottentotten [Khoikhoin] hielten beständig Wache, denn, so sagte er, «ein Hottentotte fürchtet einen Buschmann mehr als einen Löwen». Von dort aus machte er Jagd auf sie, und wenn er auch die affenartige Behendigkeit bewunderte, mit der sie über die Felsen flüchteten, so hielt ihn das dennoch nicht davon ab, auf sie zu schießen.

Einem englischen Farmer ist eine Kindheitsepisode im Gedächtnis geblieben, in der er seinen Bruder und zwei Buren losziehen sieht, um einen Buschmann zu schießen. Es ist eine von Tapferkeit handelnde und mitleiderregende Geschichte, die in der Karru viele Male erzählt worden sein muß. Der Buschmann hatte sich ein Erdloch gegraben, und darin lag er, eins mit dem *veld* wie immer, und schoß seine Pfeile auf die drei Männer ab. Im Schutz eines riesigen Schilds aus doppelt gelegter Ochsenhaut rückten sie langsam gegen ihn vor. Der Farmer in der Mitte trug den Schild, die zwei anderen links und rechts von ihm feuerten im Gehen aus ihren Gewehren, und jeder der drei wußte während dieses Annäherungsmanövers, daß es nur einer leichten Schramme von einer [vergifteten] Pfeilspitze an einer ungeschützten Hand oder einem ungeschützen Fuß bedurfte, damit er ein toter Mann war. Tatsächlich durchbohrte ein Pfeil den Hut eines der Männer, aber der Träger blieb unverletzt. Der Buschmann wurde schließlich getötet, und als sie den kleinen Körper untersuchten, stellten sie fest, daß die Fingerkuppen vom unablässigen Bogenspannen zerschnitten waren.

Farmer machten in kleinen Gruppen oder in großen Trupps Jagd auf die Buschmänner. Barrow erwähnt, daß eine solche Jagdgesellschaft in der Nähe von Graaf-Reinet «sich mit dem Absingen von drei, vier Liedern von William Sluiter und dem Hinabschütten von einem Glas Brandy pro Mann auf die Unternehmung vorbereitete». Die Teilnehmer hatten wahrscheinlich beides nötig.

Ich war vielleicht zwanzig oder einundzwanzig, als ich das zum erstenmal las. Ich erinnere mich, daß ich hinterher ein Gedicht zu schreiben versuchte – über gequälte Seelen, die in der einer öden Landschaft gleichenden Vorhölle umherstreifen und auf die Gelegenheit zur Rache warten. Die Landschaft, in der ich sie mir vorstellte, war die Karru.

Die Karru ist das Herz des Landes und die Landschaft in unserem Inneren. Einmal fuhr ich spätnachmittags, während die Musicalversion von H. G. Wells' *Der Krieg der Welten* aus dem Autoradio dröhnte, in die Dunkelheit hinein, die sich auf sie herabsenkte.

«Nein, Nathanael, nein, es muß noch anderes im Leben geben», sang Julie Covington.

Ich fuhr über ebenes Gelände voll von schwarzem Buschwerk und schwarzen Steinen, wo in unregelmäßiger Verteilung vereinzelte Granitfelsen standen, Zeugen für Äonen von Feuersbrunst. Die Ebene dehnte sich endlos: Von Osten her wurde sie von der Nacht überrollt, während im Westen zwischen die Wolken und die Erde ein schmaler roter Strich gezogen war. Manchmal leckte eine Flamme über den Himmel, und manchmal stieg eine vom Boden auf.

Die Straße war leer: Hier waren Anfang und Ende der Welt. Auf der Kassette sang Julie Covington, es müsse doch möglich sein, dem Leben das Licht wiederzugeben, das wir verloren haben. Da und dort war Regen zu sehen. Vereinzelte Wolkenbrüche, die auf dem *veld* aufragenden massiven schwarzen Säulen glichen. Sie materialisierten sich und verschwanden dann wieder; eben noch da, waren sie im nächsten Moment schon wieder weg. Oder sie trieben wie an langen Schlingranken über die endlose Weite und schienen dabei dem Boden nicht so sehr Leben zu spenden, als vielmehr es aus ihm herauszusaugen. Blitze zuckten aus ihnen heraus. Donner grollte in ihrem Inneren.

Ich schaltete die Musik ab. Ich war mir nicht mehr sicher, ob ich noch eine Straße befuhr, die zu irgendwelchen menschlichen Siedlungen führte.

Dies ist die Welt der bösen Geister. So nenne ich sie, weil sie von Rechts wegen in einen Comic gehören, der von Rache und den Tagen der Apokalypse handelt. In solchen Comics erscheint Südafrika oft als Ort der Verwüstung nach einem furchtbaren Rassenkrieg. Das ist ein Stereotyp für die Darstellung dieses Landes. Da sieht man zum Beispiel Bilder von verwüsteten Landschaften und eine Karte von Afrika, in die Schädel und verängstigte Gesichter eingezeichnet sind. Darunter ist zu lesen: «Während eines Parteitags in Johannesburg ermordete die Afrikaaner-Front drei ANC-Führer. Der Präsident geriet in Panik und schaltete die Streitkräfte ein. Daraufhin entwickelte sich die Sache zum Rassenkrieg.» Das ist unsere Zukunft, wie andere sie in unserer Geschichte glauben lesen zu können.

Das Heer der bösen Geister rekrutiert sich aus denen, die hier – im zwanzigsten Jahrhundert, im neunzehnten Jahrhundert, in den Jahrhunderten davor – in schimpflichster Weise umgebracht wurden. In meiner Phantasie sehe ich sie sich im Tod unter schicksalhaftem Zwang in den unwirtlichen Weiten der Karru sammeln, zwischen den sonnenheißen Steinen, in dem Wind, der stäubend über das Land weht. Hier streifen sie umher, vereinzelt oder in Gruppen, einige mit Speeren und Pfeil und Bogen, andere mit Musketen bewaffnet, wieder andere mit modernen Waffen ausgerüstet. Sie sind ausgemergelt von der bitteren Winterkälte und der sengenden Sommerhitze – unter der Haut treten die Knochen hervor, die Gesichter sind bis auf den Schädelknochen abgeblättert.

Auf einer Felswand in den Drakensbergen haben sie die erste Nachricht hinterlassen, die erklärt, warum sie wiederkommen werden. Dort haben sie dargestellt, wie aus Feuersteingewehren schießende Reiter über sie herfielen und sie niedermetzelten. Vor den Gewehren gab es kein Entrinnen. Man sieht lange Linien, die zeigen, wie die Kugeln den Fliehenden hinterherfliegen und sie treffen. Die Szene ist ein Chaos: Vieh rennt kreuz und quer durcheinander, die Menschen laufen davon, taumeln und brechen im Kugelhagel zusammen. Die Reiter kennen kein Pardon bei ihrem Angriff. Sie kennen kein Innehalten bei ihrem Geschäft. Und ihr Geschäft heißt Vernichten. Ihr Geschäft heißt Ausrotten.

Doch das Ganze ist nicht nur eine Darstellung der Gewalt. Auf dem Bild ist auch ein Schamane in tiefer Trance zu sehen; er blutet aus der Nase, und zwei von seinem Kopf ausgehende lange Emanationen zeigen an, daß sein Geist soeben seinen Körper verläßt. Er beginnt seine übernatürlichen Kräfte als Macht- und Kampfmittel gegen die Eindringlinge einzusetzen. Er warnt gewissermaßen: Wir werden wiederkehren.

Drei böse Geister befinden sich in der Nationalgalerie in Kapstadt. So wie ich es sehe, muß die Bildhauerin Jane Alexander in die Karru gegangen sein und sie von dort mitgebracht haben. Es sind lebensgroße Figuren. Sie sitzen in der Galerie wartend auf einer Bank. Die Gesichter sind entstellt, denn die Haut hat angefangen, in Auflösung und Verwesung überzugehen. Einen Mund hat keiner von den dreien mehr. Dafür haben sich ihre Augen vergrößert: Vom ständigen In-die-Ferne-Starren sind sie riesengroß, braun und glasig geworden. Stellenweise haben sich die Wirbelfortsätze durch die Haut gebohrt; das Schädeldach liegt frei. Einem sind Hörner gewachsen.

Sie sind in dem grausamen Jahr 1986 hierher zurückgekehrt. Es war das Jahr, in dem Winnie Mandela sagte: «Gemeinsam, Hand in Hand, werden wir mit unseren Zündhölzern und unseren Halsreifen\* dieses Land befreien.» Wir lebten damals in einem Ausnahmezustand. «Die Schlachterburschen» (so der Titel von Jane Alexanders Figurengruppe) waren über das ganze Land ausgeschwärmt. Ihr Vergeltungsbedürfnis hatte sie in den Wahnsinn getrieben. Sie waren im Blutrausch und konnten mit ihrem Treiben nicht mehr aufhören. Opfer war jeder. Ihr Treiben war nicht zu rechtfertigen: nicht moralisch, nicht als strafende Gerechtigkeit, nicht als Gottesgericht – es war nur willkürliches Morden.

«Die Schlachterburschen» waren ein Teil von Jane Alexan-

---

\* «Halsreifen» *(necklace)*: ein Autoreifen, der dem mit Draht gefesselten Lynchopfer umgelegt, mit Benzin übergossen und in Brand gesetzt wird. Anm. des Übers.

ders Magisterarbeit und figurieren auch in einigen Fotocollagen, die sie gemacht hat. Ich besitze ein Foto, das die drei in einem schmalen gekachelten Flur zeigt, der von nüchternem Neonlicht erhellt wird. Sie sitzen da wie immer: der eine mit übereinandergeschlagenen Beinen, vornübergebeugt, die Arme auf den Knien. Er wirkt entspannt. Das Warten scheint ihm nicht viel auszumachen. Der in der Mitte ist verkrampft: Er starrt unverwandt auf die Wand, an seinen Armen treten die Adern hervor, die Muskeln über dem Brustkorb sind gespannt, die Hände an den Hüften versteift. Der dritte, der mit den aufrechtstehenden Hörnern, drückt in seiner Sitzhaltung fast so etwas wie Abwehr aus: Die Beine stehen mit geschlossenen Knien parallel nebeneinander, aber die linke Schulter ist wie ein Schutzschild nach vorn gezogen. Die Hände umklammern die Kante der Sitzfläche. Auf einer Tür hinter den dreien ein Anschlag: «Bevor der Tag um ist, werden Sie uns brauchen.»

Wie das Felsbild der Buschmänner ist diese Collage komplexer, als es zunächst den Anschein hat: Der gekachelte Flur stammt aus der Londoner Untergrundbahn, und der Text auf dem Anschlag war einmal der Werbeslogan einer britischen Versicherungsgesellschaft. Das zu wissen macht gewissermaßen alles noch schlimmer: Die Bedeutungsverzweigungen vervielfachen sich, der letzte Rest von Einfachheit schwindet dahin und mit ihm der Unterschied von richtig und falsch.

Das ist der Grund, warum ich glaube, daß die bösen Geister das Vergeltungsbedürfnis hinter sich gelassen haben. In den vergangenen Jahren haben sie unser Leben überschattet mit einer Gier nach Blut und immer mehr Blut. Was sie jetzt wollen, ist nicht weniger als das nackte Chaos.

In den Wochen vor der Wahl hatte ich oft Angst. Da schien sich so viel an Mord und Totschlag, an Massakern, an Gewaltverbrechen zu ereignen. Ich pflegte still und stumm in der rosafarbenen Tiefe meines Hauses zu sitzen, und während mein Bewußtsein die Geräusche auf der Straße oder die spielenden Kinder nebenan oder die hysterisch aus dem überlaut aufgedrehten Fernseher im Nachbarhaus sprudelnden Nachrichten registrierte, sah ich sie kommen.

Und trotzdem, trotzdem…

Trotz der Totenlitanei bis hin zu der Autobombe, die am Sonntag vor der Wahlwoche in Johannesburg neun Menschen tötete, befürchtete ich keinen offenen Bürgerkrieg. Ich glaubte noch immer, daß alles glattgehen würde. Trotz der Hunderte von ausländischen Journalisten und Fernsehteams, die auf den Beginn des Blutbads warteten, war ich der Ansicht, daß es nicht so weit kommen würde. Mochten sie auch die Geier sein, die, das Schlachtfest des Löwen vorausahnend, abwärts gekreist sind. Mochten sie auch hocken auf den Bäumen ringsum – riesig, die nackten Hälse aus den Federkrausen reckend, stieren Blicks und, ohne auch nur einmal mit den Augen zu blinzeln, die Szene beobachtend. Es würde kein Schlachtfest geben.

Am Wahltag schalteten wir um sieben Uhr morgens das Radio ein. Wir hatten das Bedürfnis zu erfahren, was sich tat: daß es nicht zu einem neuen Bombenattentat gekommen war oder zu einem neuen Fall von sogenanntem *drive by* – der in Mode gekommenen Sorte Feuerüberfall aus dem fahrenden Minibus-Taxi heraus, die mich mit Horror erfüllt. Wir hörten Meldungen über Menschen, die in dunkler Nacht meilenweit durch den Busch zum Wahllokal gelaufen waren und dann manchmal bis zu sieben Stunden lang ohne Essen, ohne Wasser, ohne Gelegenheit, eine Toilette zu benutzen, in der brennenden Herbstsonne standen und darauf warteten, ihr Kreuzchen machen zu können. Wir erfuhren von Menschen, die hinterher in Tränen ausbrachen und einander schluchzend in den Armen lagen, fassungslos darüber, wie einfach das Ganze gewesen war. Wir hörten von einem Mann, der seine Stimme Jan Smuts geben wollte und verärgert das Wahllokal verließ, als man ihm eröffnete, daß dessen Partei nicht auf dem Wahlzettel stehe, vielmehr vor siebzehn Jahren eingegangen und Smuts selbst seit 1950 tot sei. Wir hatten ein Bedürfnis nach all diesen Geschichten. Wir saßen vor dem Radio und hörten dem jungen Mann zu, der seine Großmutter zum Wahllokal getragen hatte, hörten von fünf Kilometer langen Warteschlangen, von ganzen Konvois von Bussen und Taxis, besetzt mit meist schweigsamen Wählern mit ernsten Gesichtern. Wir ließen unseren Tränen freien Lauf im Mitgefühl mit jenen, die ihre Rührung nicht zu unterdrücken vermochten – sie hatten nie gedacht, daß sie es noch erleben würden, zu einer Wahl zu gehen.

Zur Mittagszeit ging ich zu dem Strandpavillon hinunter, in dem das örtliche Wahllokal eingerichtet worden war. Die Schlange der Wartenden zog sich vielfach gewunden über den ganzen Parkplatz. Einige sagten, sie stünden schon weit über zwei Stunden da. Hier am Kap waren die Leute von den Böen aus Nordwest durchgefroren und durchgeweicht. Für die Zahl der Menschen, die hier beisammen waren, war die Stimmung gedämpft, ja beinahe feierlich. Doppeldeckerbusse brachten Wähler aus Khayelitsha an, wo eine Anzahl Wahllokale geschlossen geblieben war, und innerhalb von Minuten wuchs die Schlange um Hunderte von Menschen. Ich trat zu einer Gruppe von müßigen Zuschauern, unter ihnen Philip, der bei einer Tankstelle hier in der Nähe als Tankwart arbeitet.

«Haben Sie schon gewählt?» fragte ich ihn.

«Schon ganz früh. Um sieben. Und Sie?»

Ich schüttelte den Kopf.

«He», lachte er, «Sie werden Stunden brauchen.»

Wir tauschten Neuigkeiten vom Wahlverlauf aus. Eine Gruppe ANC-Anhänger, in die Parteifarben gehüllt, zog schwankenden Schrittes vorbei. Eine Literflasche Bier wanderte von Hand zu Hand und trug viel zur guten Laune der Gruppenmitglieder bei. «Freie Auswahl! Freie Auswahl!» rief man uns aus dem Pulk zu. Und wankte weiter – ein Trupp, der mit seiner Aufgekratztheit einen krassen Gegensatz zu den Schlange stehenden Wählern bildete, die eher so aussahen, als seien sie auf Einlaß in das Wallfahrtsheiligtum wartende Pilger.

Und dann sagte Philip: «Das ist gut. Das ist sehr gut.»
Mit welchen Worten oftmals Erfreuliches apostrophiert wird, die aber in diesem Fall auf viel mehr abzielten. Sie meinten «gut» in moralischem Sinn und in historischem Sinn und in einem Sinn, der mit sprachlichen Mitteln nicht zu definieren ist. Was Philip bezeichnen wollte, war, glaube ich, eine Empfindung, die nicht artikuliert werden kann und wohl auch nicht artikuliert werden sollte, wenn sie in irgendeiner Weise rein und unverfälscht bleiben soll. Sie enthielt ein Moment in sich, das wie ein Stein war, aber zugleich auch ein zärtliches war: ein Moment, das gut war.

In dieser Bedeutung kam das Wort «gut» auch in einem Satz vor, der von vielen zu hören war, die heute zur Wahl gingen. Ich habe mich so gut dabei gefühlt, sagten sie. Und wiederholten es, die Worte an sich pressend, wie Kinder ihre Spielsachen umklammern.

Sie spürten wohl, daß etwas eingetreten war, das all ihren bisherigen Erwartungen widersprach, ja vielleicht allem widersprach, was sie sich unter Geschichte vorzustellen gelernt hatten. Dieses Etwas war die im Wahlakt beschlossen liegende Gleichheit.

Philip grinste mich an: «Na los, stellen Sie sich schon mal hinten an.»

«Später», sagte ich, «später», hob die Hand zu einer Abschiedsgeste und ging zum Strand hinunter, einerseits beschwingt, andererseits aber auch bedrückt bei dem Gedanken an die Existenzen, denen ein Tag wie dieser in ihrem Leben vorenthalten worden war.

Ich ging bis zur Wasserlinie, wo einige Möwen an dem Kadaver einer verendeten Robbe herumzerrten, der von der Flut an den Strand gespült worden war. Das Meer war flach, grau, übersät von den Schaumfetzen, die von den kleinen Brechern übrigblieben. Die Berge um die Bucht herum waren dunkelgrau und von tiefhängenden Wolken umlagert. Bis auf eine einsame Gestalt, die in der Ferne längs der Wasserlinie näher kam, war der Strand menschenleer. Und hinter den Mauern des Pavillons setzte die Geschichte einen ihrer seltenen ruhigen Momente in Szene.

Später am Nachmittag fuhren wir zusammen mit zwei Freunden zum südlichsten Wahllokal auf der Halbinsel, das im Camel Rock Café eingerichtet worden war. Auf dem ganzen Weg hatten wir eine tiefhängende geschlossene Wolkendecke über uns, und jetzt kam vom Atlantik Nebel herein: Irgendwie schien es passend, dieses Bewußtsein, daß man zu irgendeinem kleinen Lokal hinter dem Nebel unterwegs war. Im Auto waren wir ausgelassen, lachten, rissen Witze, erzählten Anekdoten vom heutigen Tag – alles aus dem Wunsch heraus, diesen Tag zu einem denkwürdigen Tag zu machen. Aus dem Wunsch heraus, ihn zu mehr als nur einem Tag unter anderen in der Geschichte des Landes zu machen, der er bald sein würde. Wir wollten ihn auch zu unserem Tag machen. Schließlich war es für Jill das erste Mal in ihrem Leben, daß sie wählen ging. Sie hatte Lampenfieber und war sehr besorgt, daß sie etwas falsch machen könnte. Ich für meinen Teil hatte den Entschluß gefaßt, diesmal keine ungültige Stimme abzugeben, wie ich das bei den Wahlen zuvor getan hatte.

Das Camel Rock Café, man kann es sich fast denken, heißt so nach der kamelähnlichen Form einer Felsengruppe neben der Straße. Ich kann mich erinnern, daß ich in den fünfziger Jahren als Kind dort war und Tee mit Sahnegebäck verzehrt habe. Damals war die National Party noch kein volles Jahrzehnt an der Macht, hatte aber schon die wichtigsten Apartheidgesetze durchgepeitscht: Prohibition of Mixed Marriage Act, Population Registration Act, Group Areas Act, Bantu Authorities Act, Bantu Education Act, Native Resettlement Act… Die Liste war lang und gründlich. Die Reaktion waren Boykotts, Proteste, Verweigerungskampagnen, Krawalle, mit Todesfällen, Verhaftungen und Verboten politischer Gruppierungen als Folgeerscheinungen. Der Premierminister hieß damals Malan. Nelson Mandela war ein junger Rechtsanwalt in Johannesburg.

Als wir vor dem Camel Rock Café ankamen, ging mir der Gedanke durch den Kopf, daß ich während der Regierungen Verwoerd, Vorster, Botha und de Klerk jeweils mindestens einmal hiergewesen war und Tee mit Sahnegebäck verzehrt hatte. Ein scheinbar nichtiger Einfall, der indessen eine schreckliche Wahrheit in sich schließt, nämlich das Eingeständnis, wie banal es mit manchen Leben im gewohnten Trott weitergehen kann, während sich in anderen Schmerz und Qual ausbreiten. Während die Genannten den Suppression of Communism Act oder den Terrorism Act schmiedeten, oder den Ausnahmezustand verhängten, oder die letzten Jahre der weißen Herrschaft abwickelten, hatte das Camel Rock Café hier seine Pforten offengehalten und seinen Gästen ihren Tee mit Sahne serviert. In jener Zeitspanne war der ANC verboten und wieder zugelassen worden. Nelson Mandela war des Landesverrats für schuldig befunden worden und hatte siebenundzwanzig Jahre der lebenslangen Haft, zu der man ihn verurteilt hatte, verbüßt, zum größten Teil auf der berüchtigten Gefangeneninsel Robben Island. War freigelassen worden und würde jetzt bald Präsident sein. In gewisser Weise war das, was das Camel Rock Café symbolisierte, das Gewöhnliche und Gleichbleibende, war ein Teil des Lebens, der schon lange so war und sich nicht ändern würde. Und während ich mich vom Kind zum Halbwüchsigen und weiter zum jungen Mann und schließlich zu dem Zweiundvierzigjährigen gewandelt hatte, der heute hierher zum Wählen kam, war das Camel Rock Café sich gleich geblieben. Es war eines der kleinen Elemente von Beständigkeit, von denen man in Südafrika nicht viele findet.

Hier wartete keine Menschenschlange. Zwei Polizeibeamte warfen müde Blicke auf uns, als wir die Treppe heraufkamen. Falls sie Waffen trugen, hatten sie sie unter ihren Trenchcoats gut versteckt. An der Tür war ein junger Mann postiert, der wegen des kalten Winds den Kragen seiner Tweedjacke hochgeschlagen hatte. Er ließ uns einzeln eintreten. Jill war als erste dran, und Peter nahm die Gelegenheit wahr, sie ein bißchen zu frotzeln. Barbara und ich standen schweigend hinter den beiden. Während ich auf den Aufruf wartete, ließ ich den Blick über das aufgewühlte Meer und das schwarze Gewölk streifen, das sich in mächtigen Ballen landeinwärts wälzte. Ich genoß das rauhe Wetter; seine Schönheit erschien mir gefährlich und faszinierend.

Dann winkte mich der Ordner nach drinnen. Über den Köpfen der Wahlhelferinnen prangte, mit Kreide auf eine Tafel gekritzelt, ein Menüvorschlag an der Wand: Lauch-Kartoffel-Suppe, gegrillter Gelbschwanz, Apfelkompott, Kaffee. Doch davon abgesehen, sah es hier drinnen nicht nach Restaurant aus. Der Raum wirkte eher wie die triste Anmeldestelle in einem Auffanglager für Bürgerkriegsflüchtlinge. Die Beleuchtung war trübe. Zigarettenqualm hing in der Luft. An einem Tisch in der Ecke saßen vier Männer in Mänteln und unterhielten sich. Der Aschenbecher zwischen ihnen quoll über; an ihren Kaffeebechern hatte die Flüssigkeit braune Streifen gebildet. Mir gegenüber saßen sechs Wahlhelferinnen hinter ihren Tischen, ohne Lächeln, mit erstarrten Gesichtern nach dem langen Tag. Die erste hob den Kopf, als ich eintrat: Ihr Gesichtsausdruck war leer, und roboterhaft nahm sie jetzt ihren Teil der programmgemäßen Verrichtungen vor. Sie verlangte mein Paßbuch, und ich reichte es ihr hin. Sie besah sich erst das Foto, dann mein Gesicht, und ihre Augen zeigten jene gelangweilte Reaktion, die Grenzbeamte bis zur Perfektion ausgebildet haben. Sie schob mir die Dokumente wieder zu und bestätigte damit, daß ich noch immer etwas von dem langhaarigen Fünfundzwanzigjährigen mit den weichen Gesichtszügen an mir hatte. Die nächsten Programmpunkte liefen ab: die Infrarotkontrolle und das Markieren meiner Finger mit der unsichtbaren Tinte. Ich bekam einen Stimmzettel ausgehändigt und trat in eine der Kabinen. Ich griff nach dem stark angekauten und mit einem Stück Schnur an dem behelfsmäßigen Tisch befestigten Bleistift und fuhr mit der Spitze über die Liste der siebzehn Parteien. Neben jedem Namen lächelte mir jemand freundlich entgegen: teils alte Bekannte, die meisten jedoch vollkommen Fremde, die bald wieder in der Versenkung verschwunden sein würden. Bemüht, mich nicht von neuem in die Tortur der Entscheidungsfindung zu verwickeln, machte ich mein Kreuz. Meine Wahl hatte ich schon vor Wochen getroffen und blieb jetzt dabei. Und dann fiel mir ein, daß ich in nicht allzu ferner Zeit, nachdem Mandela das höchste Staatsamt angetreten haben würde, ins Camel Rock Café würde zurückkommen müssen, um Tee und Sahnegebäck mit Aprikosenkonfitüre zu bestellen.

Als wir gingen, hatte Jill das Bedürfnis, etwas zu sagen. Zu sagen: «Jetzt bin ich eine Wählerin. Ich habe zum erstenmal gewählt.» Der junge Mann in der dünnen Jacke schenkte ihr ein breites Lächeln. «Ich auch», sagte er. «Bei mir war's auch das erste Mal.» Der Unterschied war der, daß Jill schon früher hätte wählen können, wenn sie gewollt hätte, er dagegen nicht. Im Augenblick war der Unterschied ohne Bedeutung.

Am Abend rief unsere Freundin Brenda an, die an der Südküste von Natal am Ende einer langen, ausgefahrenen Straße ein Restaurant betreibt. Die Region ist blutgetränkt vom Krieg zwischen Inkatha und ANC und überdies eine Hochburg der AWB-Killerkommandos. Aber Brenda machen die Schwarzen Mambas mehr Sorgen als die giftigen Elemente der Politik. Wie Jill ist sie Ende der Sechziger von England hierher ausgewandert. Und wie Jill war sie hier bis jetzt noch niemals zur Wahl gegangen.

«Es war phantastisch», sagte sie. «Es war wundervoll. Und auf der Heimfahrt hab ich eine Fußgängerin überholt, und du weißt ja, daß ich grundsätzlich nicht anhalte – und was soll ich dir sagen, diesmal hab ich angehalten. Ich sagte mir, nein, heute tust du das nicht. Also hab ich gewendet und bin zurückgefahren und hab sie einsteigen lassen und sie nach Hause gefahren.»

Später kam noch ein zweiter Anruf. Es war Lynette, eine Freundin in England, deren Stimme die Besorgnis anzuhören war, was in den Nachrichten verbreitet wurde, könnte womöglich nicht die volle Wahrheit sein. Sie war vor kurzem drei Wochen auf Urlaub hiergewesen. Am Tag ihrer Ankunft wurde die erste Seite der hiesigen Zeitung zur Hälfte von einem Foto eingenommen, das drei weiße Männer in Khakihemden und Khakishorts tot neben ihrem Mercedes liegend zeigte. Es waren Mitglieder eines Rollkommandos der Afrikaner Weerstandbewegin (AWB), die während des Umsturzes in Bophuthatswana von schwarzen Soldaten kurzerhand exekutiert worden waren.

«Ist alles in Ordnung?» fragte Lynette jetzt.

Ich erzählte ihr von Philip. Erzählte von Würde, von Gleichheit. Aber die Worte klangen unzulänglich, allzu sentimentalitätsbefrachtet, wenngleich ich die verständnisvolle Reaktion am anderen Ende der Leitung wahrnehmen konnte. Und dennoch, dachte ich – wie soll ich es jemandem erklären, der von dem Tag an, als er achtzehn wurde, wählen gehen konnte und sich über dieses Recht niemals im ungewissen war, sondern es immer als eine Selbstverständlichkeit empfand. Es gab nur eine Möglichkeit: die wartenden Menschenschlangen zu beschreiben und zu sagen, wie viele Stunden diese Menschen warteten. Das drückte aus, was es hieß, das Wahlrecht zu erhalten.

# 2

Von den folgenden Tagen habe ich nur ein verschwommenes Bild. In der Erinnerung sehe ich sie wie durch einen Nebel. Sie fingen mit so großen Erwartungen an und endeten in einer solchen Farce. Ich erinnere mich, daß wir ständig die Radios laufen hatten, das in der Küche und das im Wohnzimmer, und daß die Stimmen der Magazinmoderatorinnen Shado Twala und Patricia Glyn uns durch das ganze Haus verfolgten. Wir waren uns bewußt, daß wir die Zeit vertrödelten. Halbherzig nahmen wir uns etwas zu lesen vor, fortwährend die Ohren nach irgendwelchen unversehens eingeblendeten Nachrichten spitzend. Wir gossen ungezählte Tassen Kaffee in uns hinein. Durchs Fernglas beobachteten wir Spaziergänger auf dem sonnenbeschienenen Tafelberg. Wir sahen die Bergsteiger wie vierbeinige Spinnen über die Felswände gleiten. Und wie sie hatten wir das Gefühl, einer Kraft zu widerstehen, die uns ins Nichts abstürzen lassen würde, wenn wir nur den kleinsten Teil der neuesten Meldungen vom Tage versäumten. Doch abgesehen von diesen belanglosen Details, kann ich mich an nicht viel erinnern. Die Tage waren aus der Zeit gefallen. Radio und Fernsehen verwandelten das ganze Land in ein Dorf. Samstag, Sonntag, Montag, Dienstag waren wir eine Gemeinde, die durch die Stimmen von Shado und Patricia zusammengehalten wurde. So warteten wir auf die Wahlergebnisse. Shado und Patricia lauschend. Sie schliefen offenbar nie. Sie waren immer zur Stelle, um die ereignislosen Stunden mit sei's auch allerdürftigsten Neuigkeiten zu verkürzen. Ich stellte sie mir ähnlich vor wie die beiden Protagonisten in Becketts *Warten auf Godot*:

WLADIMIR: Warten wir ab, was er uns sagen wird.
ESTRAGON: Wer?
WLADIMIR: Godot.
ESTRAGON: Ach ja.
WLADIMIR: Warten wir ab, bis wir genau Bescheid wissen.
ESTRAGON: Andererseits wäre es vielleicht besser, das Eisen zu schmieden, bevor es eiskalt ist.
WLADIMIR: Ich bin neugierig darauf, was er uns sagen wird. Es verpflichtet uns zu nichts.
ESTRAGON: Worum haben wir ihn eigentlich gebeten?
WLADIMIR: Warst du nicht dabei?
ESTRAGON: Ich hab nicht aufgepaßt.
WLADIMIR: Nu ja... Eigentlich nichts Bestimmtes.

Und nichts Bestimmtes haben wir dann auch bekommen. Die Bekanntgabe der ersten Ergebnisse war auf Samstag, zwölf Uhr mittags, angesetzt. Sie wurde auf zwei Uhr nachmittags verschoben. Dann auf vier Uhr. Dann wurde uns gesagt, daß die Auszählung in den meisten Zählbüros noch gar nicht begonnen habe, weil das Personal noch geschult werde... weil die Urnen noch nicht eingetroffen seien... weil keiner von den Auszählern erschienen sei... weil ein Einklang – was immer das in diesem Zusammenhang bedeuten mochte – zu erreichen sei. Zuerst lächelten wir über das wirre Geschwätz. Dann lachten wir über den kolossalen Dilettantismus. Dann begriffen wir, daß wir in einer Zeit extremer Farce lebten.

Der Demnächst-Präsident warnte vor einem Desaster.

Dem Chef der Wahlkommission, seines Zeichens Richter am Obersten Berufungsgericht in Bloemfontain, platzte auf einer Pressekonferenz der Kragen.

Am nächsten Tag verstand sich der Chef der Wahlkommission zu einer Entschuldigung.

Im Radio nannten Kommentatoren die Auszählung ein Debakel.

Der Chef der Wahlkommission sagte: «Man kann nicht im Bordell arbeiten und gleichzeitig seine Unschuld behalten.»

Es wurde viel darüber gestritten, ob die Wahl eine freie und faire gewesen war.
Der Chef der Wahlkommission sagte, die Wahl war ein Kuddelmudel.
Der Chef der Wahlkommission sagte, was macht das schon.
Der Chef der Wahlkommission sagte, zwanzig Millionen Menschen haben ihren Willen kundgetan.
Ja, eine freie, aber keine faire.
Ja, eine faire, aber keine freie.
Laut diesem. Laut jenem.
Woran ich mich bestens erinnere, das sind ein paar kuriose Geschichten, die wir in jenen Tagen gehört haben. Geschichten von Wahlurnen, die mit Gras vollgestopft waren. Geschichten von Wahlurnen, in denen die Wahlzettel säuberlich gestapelt lagen und sämtlich das Kreuzchen neben dem Foto des über das ganze Gesicht strahlenden Buthelezi trugen. Geschichten von Lagerhäusern voller Wahlzettel. Geschichten von Urnen voller Wahlzettel, die an der Flutgrenze gottverlassener Strände gefunden wurden. Geschichten von Computerhakkern, die in den Computer der Unabhängigen Wahlkommission eindrangen und die Daten fälschten. Aber die beste Geschichte von allen war die von Nomaza Paintin.

Nomaza Paintin war von allen Wählern und Wählerinnen die erste gewesen, die ihre Stimme abgab. Da sie in Neuseeland lebte, hatte sie schon gewählt, als wir noch schliefen. Als wir am Dienstag, dem 26. April – dem Tag für die Stimmabgabe im Ausland und gemäß Ausnahmeregelungen –, morgens aufwachten, hörten wir sie im Radio mit vor Aufregung zitternder Stimme ihre Freude darüber kundtun, daß sie im Rahmen der ersten demokratischen Wahl, die in Südafrika stattfand, als erste Schwarze ihr Stimmrecht ausgeübt hatte. Und was noch mehr war: Sie war eine Nichte des zukünftigen Präsidenten. Sie sagte, ihre Stimmabgabe symbolisiere den Triumph der Gerechtigkeit über die Unterdrückung. Sie sagte, sie habe ihre Stimme ihrem Onkel gegeben. In die Farben des ANC gewandet und die geballte Faust zum ANC-Gruß erhoben, stand sie da und lächelte für die Fernsehkameras, ehe sie die Wahlkabine betrat. Wir hörten an diesem Tag ihre Geschichte wieder und wieder. Es war eine so gute Geschichte: so passend zur Situation.

Und dann hörten wir, daß sie gar keine Südafrikanerin war, daß sie in Simbabwe geboren war und nie in Südafrika gelebt hatte. Und dann hörten wir, daß sie nur entfernt mit Nelson Mandela verwandt war.

Und dann.

Und dann kam heraus, daß sie mit Joan Bolger, der Frau des neuseeländischen Ministerpräsidenten Jim Bolger, befreundet war. In Tränen aufgelöst hatte sie am Montag vor der Wahl ihre Freundin Joan angerufen und ihr gesagt, daß sie allem Anschein nach wohl nicht werde wählen können. Wahrscheinlich erkundigte Joan sich nach dem Warum, wahrscheinlich erzählte Nomaza ihr, daß ihre Papiere nicht mehr gültig seien, schließlich war sie ja schon so lange aus Südafrika fort. Wahrscheinlich tröstete Joan sie mit den Worten, sie wolle mal sehen, was sich machen lasse.

Und deshalb erhielt Nomaza noch am selben Tag einen Anruf von Naude Steyn, dem südafrikanischen Botschafter in Australien. Er sagte, er habe mit dem Chef der Unabhängigen Wahlkommission gesprochen und der habe gesagt, das sei schon in Ordnung, sie könne zur Wahl gehen. Der Chef der Wahlkommission hatte so etwas gesagt wie: Wenn sie die richtigen Papiere hat – ausgezeichnet; wenn nicht, dann markiert ihren Umschlag als ungültig, aber laßt sie halt in Gottes Namen so tun als ob.

Und so kam es, daß die erste abgegebene Stimme, die Stimme mit so hohem Symbolwert, ungültig war, und niemand kann sagen, ob Nomaza von der Lüge gewußt hat und ob sie ihr etwas ausgemacht hat.

Der Chef der Wahlkommission hat die ganze Angelegenheit zum bloßen «Sturm im Wasserglas» erklärt. Für mich ist sie eine Geschichte, die typisch ist für unser Land. In gewisser Hinsicht ist sie komisch, aus anderem Blickwinkel gesehen legt sie allerdings sehr präzise unsere wunde Stelle bloß. Nach meinem Dafürhalten zeigt sie, wie tief das Gefühl des Frevels sitzt, der in diesem Land praktiziert wurde. Nach meinem Dafürhalten zeigt sie aber auch, wie wir einander belügen. Wir lügen aus Gefälligkeit. Wir lügen, weil wir glauben, es ist nichts dabei. Wir lügen, weil wir glauben, daß angesichts so vieler Jahre des Elends eine Lüge zu einem guten Zweck gar keine Lüge sein kann. Und wir lügen, weil wir keine Selbstachtung besitzen. Wir lügen, weil wir Opfer sind. Wir lügen, weil wir überhaupt nicht in der Lage sind, uns ein anderes Bild von uns selbst zu machen.

Da ist beispielsweise Norman – er sieht sich als eines der Opfer.
Am Mittwoch, dem 2. März 1994, kam Norman zu mir, um mich um Geld zu bitten. Ich weiß das Datum so genau, weil es auf dem Kontrollzettel in meinem Scheckheft notiert ist. «Bitten» ist vielleicht nicht das richtige Wort, «betteln» wäre wohl besser. Bitten schließt eine gewisse Würde ein, und an Norman zeugte absolut nichts von Würde. Sein Vorgehen war kalkuliert und zynisch, hervorgegangen aus jahrelanger Übung. Sein Vorgehen speiste sich aus Apartheidsgeschichte und dem letzten Rest meines erlöschenden Schuldgefühls und der Komplexität der Beziehungen zwischen Besitzenden und Habenichtsen und der Tatsache, daß ich Kaffee trinkend und Hörnchen essend dasaß. Allerdings hatte ihn auch die wirtschaftliche Stagnation im Land dazu gebracht, um Geld zu betteln.
Nein danke, er wollte sich nicht setzen. Nein danke, keinen Kaffee. In des Wortes eigentlicher Bedeutung mit dem Hut in der Hand stand er da, legte das Gesicht in kummervolle Falten und hob an: «Mr. Mike...»
Norman hat mich nicht von Anfang an mit Mr. Mike angeredet. Er nannte mich gewöhnlich Mike, und wir genossen es, das Meer vor Augen, lange Gespräche miteinander zu führen,

in denen er der Erinnerung an die Zeit nachhing, als er noch jünger war und in den Kneipen und Kaschemmen der Stadt als Jazztrompeter auftrat. Er erzählte mir, daß er früher vom Trompetespielen gelebt hatte, aber jetzt nicht mehr oft spielte. Darüber war er betrübt. Er hatte die Hoffnung, daß man ihn eines Tages vielleicht auffordern wird, wieder in einer Band mitzuspielen. Als ich ihn kennenlernte, machte er Gelegenheitsarbeiten, mal als Maurer, mal als Gipser, mal als Anstreicher, ohne bei irgend etwas allzulange zu bleiben. Nach seiner Schilderung arbeitete er, bis er genügend Geld zusammenhatte, um sich eine Weile über Wasser halten zu können, dann setzte er sich in die Sonne oder radelte durch die Gegend, und wann immer ihm danach war, hielt er an und machte einen kleinen Schwatz. Und ihm war oft danach. In all den Jahren erfuhr ich nie, ob Norman verheiratet war und Kinder hatte, und es kam mir auch nie der Gedanke, ihn danach zu fragen.

Dann kam der Tag, an dem wir uns entschlossen, unseren kleinen Hinterhof pflastern zu lassen. Ich fragte Norman, ob er an der Arbeit interessiert sei; er sagte ja und nannte einen lächerlich geringen Preis. Am Ende zahlte ich sehr viel mehr, aber das hatte ich vorausgesehen. Damals, während der Arbeit in unserem Hof, begann er mich mit Mr. Mike anzureden. Ich konterte, indem ich ihn Mr. Norman nannte, aber der Sarkasmus fruchtete nichts. Er meinte Geld aus mir herauspressen zu müssen, und das konnte er nur, wenn ich in die Position des weißen Baas verwiesen wurde, während er die subalterne Position des geduckten, malträtierten Arbeitssklaven einnahm.

So wurde ich zu Mister Mike und bin es seitdem geblieben.

Und nun stand er also vor mir und sagte: «Mister Mike, die Zeiten sind wirklich schlecht. Heute morgen bin ich mit dem Rad bis nach Constantia gefahren, weil ich mich nach einer Arbeit umsehen wollte, aber jetzt wollen sie da erst mal abwarten bis nach der Wahl, und 'ne andre Arbeit hab ich erst wieder ab Samstag. Sagen Sie selbst, was soll ich machen? Wenn einer nichts hat, was soll er da machen? Meine kleine Tochter hat heute morgen zu mir gesagt: ‹Papa können wir heut abend nicht Schnitzel essen?› Sie muß jeden Morgen zur Schule und hat noch nicht mal 'ne Tasse Tee im Bauch. Das ist nicht richtig, Mister Mike. Es ist nicht richtig, daß kleine Kinder hungern müssen. Wenn sie so was sagt, dann krieg ich direkt einen Stich ins Herz, direkt hier drin, und ich kann ihr dann bloß noch sagen, doch, das machen wir, ich besorg ein bißchen Geld, und heut abend essen wir was. Ich kann ihr nicht sagen, wir essen Schnitzel, Schnitzel sind zu teuer, aber vielleicht ein schönes Stück Fisch. Und was soll ich jetzt machen, Mister Mike? Ich bin bis nach Constantia gefahren, aber da wollen sie abwarten bis nach der Wahl. O ja, man kann hingehen und stehlen und zum Verbrecher werden, aber das ist nicht richtig. Ich hab schon mal dringesessen, im Gefängnis. Ich weiß, wie's da ist, in Pollsmoor. Sie verstehen, was ich meine, Mister Mike? Da hat ein anständiger Mensch nichts verloren. Nein, Mister Mike, wenn einem keine andere Wahl bleibt, kann man sich nur aufs Bitten verlegen. Und ich würde es nicht tun, wenn es bloß um mich ginge, aber ich tu's für die Kleine, Mister Mike. Nur für ein paar Lebensmittel. Für ein bißchen Zucker und ein bißchen Mehl. Man kann ja nur bitten. Wir leben in schlechten Zeiten. Sie wissen schon, was ich meine. Jeder wartet ab. Was mich betrifft, ich wähle die Nationale Partei. Ich meine, was haben die mir schon getan? Ohne die wäre dieses Land heute nicht das, was es ist. Sehen Sie sich nur einmal das übrige Afrika an, das ist das reine Chaos. Und dann sehen Sie sich mal an, was *wir* haben. Der ANC wird uns allen unsere Häuser wegnehmen, Mister Mike. Die werden sich alles nehmen, was wir uns erarbeitet haben. Die Schwarzen mögen die Mischlinge nicht, das ist Tatsache. Haben Sie denn gar keine Angst, wenn Sie daran denken, was da auf uns zukommt?»

Ich sagte ihm, ich hätte keine Angst, und schrieb hastig einen Barscheck aus, weil ich ihn aus dem Haus haben wollte, und weil ich wollte, daß dieses Um-den Bart-Gehen und diese aufgesetzte Unterwürfigkeit aufhörten, und weil ich von seinen verdrehten Vernünfteleien nichts mehr hören wollte – aber vor allen Dingen wollte ich aufhören, mich elend zu fühlen. Und das konnte ich nur, wenn ich Norman loswurde.

Als ich ihm den Scheck gab, nahm ich eine leichte Alkoholfahne wahr. Ich hatte ihn niemals betrunken gesehen; ich hatte ihn auch niemals mit Dagga-Hanf vollgepafft gesehen, und bis zu diesem Augenblick war ich nie auf den Gedanken gekommen, er könne das Geld für Alkohol haben wollen.

Norman ahnte, was in meinem Kopf vorging.

«Ich komme wieder und zeige Ihnen die Lebensmittel, damit Sie sehen, daß ich die Wahrheit gesagt habe», sagte er rasch.

Er verstand sich auf das Spiel. Er hatte es selbst ausgeheckt, selbst die Spielregeln festgesetzt.

«Ich glaube Ihnen auch so», sagte ich und haßte mich selbst dafür, weil mir noch im selben Moment bewußt wurde, daß ich in eine der alten Sprachregelungen verfallen war, die uns in unseren Rollen festhielten. Normans Furcht indessen rührte zum Teil davon her, daß er keinerlei Wandel der Verhältnisse wollte. Denn in gewandelten Verhältnissen wäre er zu einem Anachronismus und seine armselige, aber bequeme Lebensweise problematisch geworden.

«Am Samstag bekommen Sie Ihr Geld zurück, das verspreche ich, Mister Mike», sagte er im Gehen. Wir wußten beide, daß er log.

Vierzehn Tage später, am Mittwoch, dem 16. März 1994, kam er wieder, um sich noch mal Geld zu leihen. Wieder habe ich den Kontrollzettel im Scheckbuch als Erinnerungsstütze. Wieder kreuzte er zur Mittagszeit auf, nur daß ich diesmal nicht beim Essen war. Er klopfte an der Eingangstür, und ich machte auf.

«Hallo, wie geht's, Mister Mike», sagte er und nickte mit dem Kopf, um seiner Begrüßung Nachdruck zu verleihen. «Passen Sie auf, Mister Mike, ich wollte Ihnen nur schnell sagen, daß Sie nächsten Samstag Ihr Geld zurückkriegen, ich will mich nämlich nicht vor Ihnen verstecken müssen. Ich hab jetzt wie gesagt einen Job bei Mr. Groenewold in Plumstead, dem bau ich da eine Mauer, und sobald der mich bezahlt, komm ich schnurstracks hierher, und Sie kriegen Ihr Geld zurück.»

Er pausierte, um zu sehen, wie ich reagierte.

«Fein.» Ich lächelte.

«Ach, Mister Mike, könnten Sie mir nicht noch was leihen – nur soviel, daß ich bis Samstag über die Runden komme. Für Lebensmittel. Für meine Kleine.»

Ich traute meinen Ohren nicht. Seine Unverfrorenheit war atemberaubend. Andererseits – hätte sich jemand so benommen, der nicht völlig verzweifelt war? Also schrieb ich noch einmal einen Scheck aus. Dafür bekam ich dann eine komplizierte Geschichte zu hören, mit der er sondierte, ob er seine Schulden bei mir nicht vielleicht mit einem großen Päckchen Dagga begleichen konnte.

«Sie kennen sich doch da oben in Lakeside aus», sagte er, «und auch bei dem Postamt da. Also da bin ich neulich längs gefahren, da hör ich auf einmal eine Polizeisirene, und wie ich mich umdrehe, sehe ich, daß da ein Cortina gerast kommt und hinter ihm die Polizei. In dem Cortina sitzen zwei Kerle drin, und wie die gerade ein paar Meter an mir vorbei sind, schmeißen sie ein Päckchen aus dem Auto, und das landet da im Gras. In dem Polizeiauto hat das keiner gesehen, die rasen mit Affenzahn weiter, immer hinter dem Cortina her. Ich bin dann abgestiegen und hab mir das Päckchen angesehen, und da ist Dagga drin – erstklassiger Dagga. Mister Mike, so guten Dagga hab ich schon lang nicht mehr gesehen. Aber was hab ich davon? Ich rauche nicht. Ich will nicht behaupten, daß ich nicht geraucht hätte, wie ich noch allein gelebt hab, aber jetzt, wo ich Familie habe, läuft in der Richtung nichts mehr, das verstehen Sie sicher. Ich glaub, das beste wird sein, daß ich das Zeug einfach verbrenne...»

Er legte eine Kunstpause ein.

«Das glaube ich auch», sagte ich, und erst jetzt ging mir auf, daß ich eine Figur in seinem Spiel war.

«Ja, also dann tschüs, Mister Mike, bis demnächst. Wie gesagt, am Wochenende komm ich und bring Ihnen Ihr Geld vorbei.»

Er ging, und seitdem habe ich ihn nicht wiedergesehen. Irgendwann werden wir uns auf der Straße begegnen, und er wird mir versprechen, mir das geliehene Geld am nächsten Samstag zurückzugeben, wenn er seinen Lohn für die Arbeit bekommen haben wird, die er dann angeblich gerade macht. Selbstverständlich wird es ihm nicht Ernst damit sein, und so werden wir die Unaufrichtigkeit zwischen uns beibehalten. Und seine Lügen werden in sein Leben einsinken und es durchsetzen bis hinunter auf den Grund von Elend und Unglück, den er mit Alkohol und Dagga überdeckt.

Normans Geschichte stimmt so sehr überein mit der Nomazas. Bezeichnet so Wesentliches, so Unabwendbares. Etwas, das so sehr Teil dieses unseres Lebens ist, in dem die Fakten und die Fiktionen durcheinandergehen. Der springende Punkt ist, daß es schon immer so gewesen ist. Andere haben versucht, die Dinge in ein versimpeltes Schema zu pressen: Gut gegen Böse, Schwarz gegen Weiß, System gegen Widerstand, und alles geheiligt durch die gerechte Sache. Die Sache, die das Töten zu entschuldigen und jenen, die schon Unerträgliches litten, noch mehr Leiden aufzubürden vermochte. Als in der zweiten Hälfte der achtziger Jahre nordamerikanische Firmen wie wild ihr Anlagekapital zurückzogen, hörte ich Erzbischof Desmond Tutu immerzu nach mehr Disinvestment, nach noch härteren Maßnahmen, noch strengeren Sanktionen rufen. Ich konnte es mir nicht anders vorstellen, als daß er in der Stille der Nacht, wenn er zu seinem Gott betete, für die Existenzen betete, auf deren Rücken Politik gemacht wurde. Ich konnte es mir nicht anders vorstellen, als daß er betete und weinte und sich einsam und geängstigt fühlen mußte. Denn in welcher Form sonst hätte er es ertragen können, von so vielen kleinen Existenzen, die hungerten, zu wissen? Den kleinen Existenzen, die ihre

Würde verloren hatten. Die ihre Kinder verloren hatten, weil sie sie nicht mehr hatten ernähren können. Was wird aus ihnen, so fragte ich mich: Was wird aus diesen häufig verschreckten, häufig verstörten Menschen?

1988 fuhr ich nach New Brighton, einem Township vor den Toren von Port Elizabeth, um mich dort mit einigen Leuten zu unterhalten, die ihre Arbeitsplätze verloren hatten, als Ford und General Motors ihr Kapital abzogen. Ich sammelte damals Material für einen Illustriertenbericht und wollte herausfinden, wie die Sanktionen sich auf diejenigen auswirkten, die de facto die politische Zeche zahlten. Ich hatte einen Verbindungsmann namens Benny, der das Interview arrangiert hatte, weil zur damaligen Zeit niemand reden wollte. Überall herrschte Furcht. Furcht vor der Polizei. Furcht vor den eigenen Genossen.

«Sie müssen sich im klaren darüber sein», sagte Benny in seinem Büro in der Stadt zu mir, «daß sie möglicherweise nicht mit Ihnen reden wollen, daß sie möglicherweise nicht wollen, daß ihre Namen genannt werden, und daß sie möglicherweise nicht fotografiert werden wollen.»

Ich nickte.

«Okay. Sie können Ihr Auto hier stehenlassen, meins ist im Township bekannt. Wir wollen kein Aufsehen erregen.»

In Port Elizabeth herrschte klares Winterwetter, aber im zehn Kilometer entfernten New Brighton, wo die Leute keine Elektrizität hatten, war der Himmel vom Rauch vernebelt und die Sonne ein verschwommener gelber Fleck. In jenen Tagen war die Atmosphäre gespannt. In den Townships patrouillierten Polizei und Militär, und in der Einwohnergemeinde gab es radikale Gruppierungen, die die Menschen zu immer extremeren Aktionen aufstachelten. Erst drei Tage zuvor war auf einer Hauptstraße ein Mann mit einem «Halsreifen» abgefackelt worden.

Die Männer erwarteten uns in Bennys Haus. Da war Javu, kahlköpfig und achtunggebietend. Er war Ende Fünfzig. Und

Timothy und Jacob, beide jünger und zurückhaltend. Wir schüttelten uns die Hände, und ich trug mein Anliegen vor. Sie nickten und wiesen nachdrücklich darauf hin, daß sie keine Namensnennung wünschten (wovon sie allerdings einige Tage später wieder abrückten).

Javu sagte: «Die bloße Tatsache, daß wir uns mit Ihnen getroffen haben, bedeutet, daß sie bei uns auftauchen werden. Sie werden sich erkundigen, was Sie hier gewollt haben. Warum wir mit Ihnen gesprochen haben.»

«Sie», das wurde als bekannt vorausgesetzt, war die Polizei. Aber genausogut hätten es auch Gruppierungen in der Einwohnergemeinde sein können.

Benny und Timothy zündeten sich jeder eine Zigarette an. Die Atmosphäre war von Anspannung und Verlegenheit dominiert. Ich war gekommen, um in ihrem Leben herumzuschnüffeln, bloßliegende Nervenstränge zu berühren und die Reaktion zu beobachten. Sie waren nervös und gaben Benny, der als Dolmetscher fungierte, zunächst nur einsilbige Antworten zu übersetzen. Dann brach sich die Frustration in Javu Bahn.

Auf englisch ließ er eine Schimpfkanonade gegen Ford los, weil die Gesellschaft den Arbeitern das Rückzugsvorhaben verheimlicht hatte, weil nichts getan worden war, um Gerüchte zu stoppen und die schon Monate vor der Liquidierung in der Belegschaft einsetzende quälende Ungewißheit abzustellen, weil man per Management-buy-out in Pretoria unter anderem Namen – Delta – wieder aufgemacht hatte, ohne den Leuten hier Arbeitsplätze anzubieten, weil man die Belegschaft nicht in persönlicher Form, sondern per Massenrundschreiben über die Schließung informiert hatte, weil keine angemessenen Renten gezahlt wurden, weil Abfindungen gar nicht erst angeboten worden waren, und was das allerärgste war: weil man es nicht einmal für nötig gehalten hatte, den Leuten für zehn Jahre Arbeit danke schön zu sagen.

Daß der Dank ausgeblieben war, ging Javu am stärksten an die Nieren. Wieder und wieder kam er darauf zurück.

Javu war nicht entlassen worden, sondern hatte aus Solidarität mit seinen Arbeitskollegen von sich aus gekündigt, weil er seinen «Namen sauberhalten wollte».

«Am 12. Dezember 1985 haben sie die Fahnen am Werk in Neave eingeholt. Das war für die Leute da der letzte Arbeitstag. Und wir alle wußten, daß sie das Cortina-Werk schließen würden. Ich wollte für diese Leute nicht arbeiten, also hab ich gekündigt. Der Vorarbeiter hat zu mir gesagt: ‹Aber, Javu, du bist doch ein ordentlicher Kerl, ein guter Mann – warum willst du gehen?› Ich habe gesagt: ‹Für die kann ich nicht arbeiten.›»

Ich fragte ihn, ob er verheiratet sei.

«Ja, ich bin verheiratet.»

«Kinder?»

«Drei Töchter.»

«Was haben die zu Ihrer Kündigung gesagt?»

«Ich hab mit ihnen gesprochen. Ich hab ihnen erzählt, wie's da zugeht, in dem Betrieb. Sie haben eingesehen, daß ich da nicht bleiben kann.»

«Haben Sie sich um eine andere Arbeit bemüht?»

«Bemüht, ja. Aber wer beschäftigt schon einen Mann in meinem Alter? Die sagen sich alle, nächstes Jahr wird der sechzig, dann können wir ihm 'ne Rente zahlen. Wenn Ford mich ausbezahlt hätte, hätte ich mein eigenes Geschäft aufgemacht.»

«Wieviel hat Ford Ihnen gezahlt?»

«Tausend Rand.» (Das entsprach damals ungefähr neunhundert Mark.)

«War das Ruhestandsgeld?»

«Ja. Reines Ruhestandsgeld.»

«Was haben Sie damit gemacht?»

«Ich bin hergegangen und hab mit dem Ganzen eine Abschlagszahlung auf meine offene Möbelrechnung geleistet. Ich hab denen gesagt, daß ich arbeitslos bin und von jetzt ab nichts mehr abzahlen kann, und die haben gesagt, das ist schon in Ordnung so, Sie haben die ganze Zeit pünktlich gezahlt, zahlen Sie die nächste Rate, wenn Sie wieder Geld haben. Dann bin ich zum Mietbüro und hab denen dasselbe gesagt, und die haben auch gesagt, das ist schon in Ordnung, zahlen Sie wieder, wenn Sie Arbeit haben.»

«Wo nehmen Sie das Geld für Essen und Kleidung her?»

«Meine Frau arbeitet bei einem Bauunternehmen.»

«Ist es für Sie ein Problem, daß Sie nicht der Geldverdiener in der Familie sind?»

«Ja, so gehört sich das nicht. Für einen Mann gehört sich das nicht. Das ist im höchsten Grade peinlich.»

«Empfinden Sie Zorn, wenn Sie daran denken, was da geschehen ist?»

«Großen Zorn.»

«Auch Verzweiflung?»

«Manchmal ja. Aber ich habe Gott. Gott ist gerecht. Ich bete zu Gott, und ich weiß, daß ER uns helfen wird.»

«Und wie sehen Sie die Zukunft? Was tun Sie für Ihre Zukunft?»

«Ich habe etwas Hoffnung. Man spricht von einem ‹package deal›, den Ford anstrebt. Dieses Geld ist meine Hoffnung. Dieses Geld und Gott.»

Javu lächelte – ein breites Lächeln, mit dem er schon zuvor die eindringlichsten Punkte seiner Rede unterstrichen hatte. Es war ein ungezwungenes Lächeln, aber seine Augen blieben hart.

Direkt neben ihm saß der siebenunddreißigjährige Timothy, der innerhalb einer Stunde fünf Zigaretten geraucht hatte. Er war Mitte des Jahres 1986 entlassen worden und lebte seither von der Mildtätigkeit seiner Schwester. Sie kümmerte sich um seine zwei Kinder, gab ihm zu essen und gelegentlich auch Geld. Auch seine Frau finde keine Arbeit, sagte Timothy.

Via Benny fragte ich ihn, ob er irgendwelche Eßwaren im Haus habe. Er schüttelte den Kopf. Überhaupt nichts an Tee, Zucker, Brot, Marmelade? Erneutes Kopfschütteln. «Fragen Sie ihn, was er zum Frühstück gehabt hat.» – «Seine Schwester hat ihm gestern abend drei Stücke Brot gegeben, und davon hat er sich eins für das Frühstück heute morgen aufgehoben», dolmetschte Benny.

«Wie wird er damit fertig?»

Benny übermittelte die Frage, und einen Moment lang entstellte Schmerz Timothys Gesicht zur Schreckensmaske, und es sah so aus, als würde er gleich anfangen zu weinen. Aber er tat es nicht. Er antwortete Benny, der daraufhin referierte: «Manchmal schließt er sich in seinem Zimmer ein. Dann setzt er sich da hin und heult.»

Benny gefiel das Ganze nicht, auch er war jetzt schon nahe am Kettenrauchen. Auch mir gefiel es nicht. Ich sehnte mich nicht danach, diese Fragen zu stellen und die Antworten zu hören. Ich haßte das Reportagemachen. Aber trotzdem machte irgendein perverses Element in mir immer weiter.

Benny erhob sich, um seiner Tochter zu sagen, sie solle Tee machen, und die allgemeine Anspannung ließ ein wenig nach. Als er wiederkam, fragte ich ihn nach Jacob, der die ganze Zeit stumm dagesessen und mit den Fingern an seinem Bärtchen herumgespielt hatte.

Er lebte mit seiner Mutter und zwei Brüdern zusammen. Der ältere, Sandy, hatte Tbc und war arbeitsunfähig. Früher hatte er eine Schwerbehindertenunterstützung aus einem staatlichen Hilfsfonds bezogen, aber seit 1980 hatte er nichts mehr bekommen. Der jüngere Bruder, Connie, war Epileptiker und ebenfalls arbeitsunfähig. Bevor Ford zum Kapitalabzug übergegangen war, hatte Jacobs Einkommen ausgereicht, die Familie zu ernähren und den größten Teil der übrigen Lebenshaltungskosten zu decken. Aber jetzt bestand das gesamte Haushaltseinkommen in dem spärlichen Dienstmädchenlohn, den die Mutter mit heimbrachte.

Jacob lächelte selten, seine Stirn war ständig von Sorgenfalten überzogen. Via Benny berichtete er, daß er täglich nur eine Mahlzeit zu sich nahm, das Abendessen. «Manchmal ist das Suppe, Brot und Kaffee, manchmal nur Brot und Kaffee», gab Benny weiter.

«Hat er irgendwelche vorübergehenden Beschäftigungen gehabt?»

«Nein», dolmetschte Benny. «Aber er sucht dauernd nach Jobs als Aushilfskraft.»

Am frühen Nachmittag hatten wir dann alle eine Pause nötig. Ich kam mit Javu überein, ihn am Abend zu Hause zu besuchen, dann zogen Benny und ich eine Weile ziellos durch das Township. Wir machten einen Abstecher zu dem Fordwerk, zu dem diese Männer Morgen für Morgen an so vielen Tagen ihres Lebens zu Fuß marschiert waren. Die Gebäude waren inzwischen vom Ministerium für Erziehung und Bildung und, den Sicherheitsvorkehrungen nach zu schließen, von der Polizei übernommen worden.

Auf den Straßen des Townships herrschte reges Leben. An den Ecken boten Frauen Apfelsinen zum Kauf an. Kinder vergnügten sich auf einem Dreirad mit zwei Rädern. In den kleinen Höfen hinter den Häusern saßen Männer in der Sonne oder standen in Gruppen beisammen und unterhielten sich. Im Straßenbild sah man mehr Männer als Frauen. Die Frauen, die an uns vorüberkamen, hatten etwas Zielstrebiges, schienen alle eiligst irgendwohin zu wollen.

Oft blieb Benny stehen, um sich mit einem Bekannten zu unterhalten. Und ein Bekannter war er für viele Leute im Township. Manchmal bezog er mich in das Gespräch ein, und ich versuchte dann, Bennys Bekanntem Stellungnahmen zum Disinvestment zu entlocken. Doch jedesmal vergeblich. Der Betreffende sah mich lächelnd an und blieb stumm.

Und jedesmal verlor mein Gegenüber an diesem Punkt das Interesse an mir; die Unterhaltung bekam etwas Gezwungenes, und Bennys Bekannter begann mit Benny Xhosa zu sprechen. Es war, als sei das Wort Disinvestment politisch zu stark belastet: Niemand wollte zu diesem Thema eine Meinungsäußerung riskieren, und sei's auch nur, indem er sich auf die unbedenkliche Position von der Apartheid als der Quelle allen Übels retirierte.

In der einsetzenden Abenddämmerung kamen wir bei Javus Haus an. Bevor wir hineingingen, riet Benny mir, ich solle ja nicht das Wort «Disinvestment» in den Mund nehmen, sondern lieber davon reden, daß «Ford» sich abgesetzt hätte. Er fügte hinzu, daß es faktisch dasselbe sei und sie dann vielleicht reden würden.

Ich sagte, ich würde mich daran halten. Wollte aber wissen, warum diese Wortklauberei nötig war.

«Weil», erklärte er mir mit einiger Gereiztheit, «hier niemand etwas aussprechen wird, was Wasser auf die Mühlen von Tutu-Gegnern sein könnte. Mag sein, daß sie die Leidtragenden sind und daß es ihnen dreckig geht, aber woher sollen sie wissen, ob sie Ihnen trauen können? Woher sollen sie wissen, ob sie überhaupt jemandem trauen können? Wenn der Erzbischof sagt, Sanktionen müssen sein, dann werden sie mit ihm nicht darüber rechten. Jedenfalls nicht vor Ihren Ohren.»

Bei Javu in der Diele und im Wohnzimmer lagen neue Teppiche, die mit Plastikschonern überzogen waren. Die Möbel waren ebenfalls neu und die Sitzgelegenheiten ebenfalls in Plastik verpackt. Auf einem Tischchen in einer Ecke stand ein Großbildfernseher, obwohl die Häuser in diesem Teil von New Brighton keine Elektrizität hatten. Der Fernseher wurde normalerweise mit Strom aus einem Generator betrieben, aber der war seit einigen Monaten kaputt.

Ich fragte Javu, ob er noch viel für das Mobiliar zu zahlen habe.

«Nein.» Breites Lächeln. «Wir haben alles vollständig abbezahlt. Vom Lohn meiner Frau.»

«Und die Teppiche?»

«Da sind noch fünfhundert Rand offen.»

Das Tageslicht im Raum nahm rasch ab, und Javus Tochter stellte Paraffinlampen auf den Eßtisch und den Fernseher.

Es klopfte an der Tür, und ein Mann Anfang Dreißig wurde eingelassen. Er hatte nichts dagegen, interviewt zu werden, aber seinen Namen durfte ich nicht nennen.

«Ja», warf Javu ein, «so muß es auch sein. Dann kommt es aus dem Volk.»

Ich saß so, daß das bärtige Gesicht des Mannes für mich im Dunkel verschwand, aber während er sprach, hatte ich manchmal das Gefühl, daß er den Tränen nahe war, besonders wenn er heftig die Hände im Schoß rang.

Er hatte sich bei Ford vom einfachen Arbeiter bis zum Kontrolleur hochgearbeitet, bevor er im Juni 1986 entlassen wurde. In den vergangenen zwei Jahren hatte er immer nur sehr wenig Geld gehabt.

«Manchmal können wir bloß hundert Rand im Monat für Essen ausgeben. Das ist schlimm. Einmal am Tag, am Abend, müssen wir essen. Jeden Tag gehe ich auf Arbeitssuche. Ich klappere zu Fuß sämtliche Fabrikbetriebe ab und frage nach Arbeit. Ich frage sie, ob sie nicht, bitte, einen Arbeitsplatz für mich haben. Ich bewerbe mich auf die Stellenanzeigen, aber trotzdem habe ich bis jetzt noch keinen Job.»

Einem plötzlichen Impuls nachgebend, entschloß ich mich Bennys Rat betreffend das Wort «Disinvestment» zu ignorieren. Frustriert, wie ich war, versuchte ich mein Gegenüber mit der nächsten Frage zu provozieren: «Sie gehören zu den Opfern, der Schaden trifft Sie – halten Sie das Disinvestment trotzdem für eine gute Sache?»

Schweigen. Der Ankömmling schnalzte mit der Zunge, hielt die Hand vor den Mund, lachte und sah weg. «Haben Sie schon davon gehört, daß Ausnahmezustand herrscht?» fragte er. Mehr war dazu nicht aus ihm herauszukriegen. Mehr war dazu aus keinem von ihnen herauszukriegen.

«Wissen Sie», erklärte Javu nicht ohne triumphierenden Unterton, «über diese Dinge sprechen wir nicht einmal mit unseren Freunden.» Er war zu höflich, um hinzuzufügen: Warum sollten wir dann ausgerechnet mit Ihnen darüber sprechen? Aber ich hatte die «Message» mitgekriegt.

Es lief letzten Endes immer darauf hinaus, die «Message» mitzukriegen. Nichts wurde klipp und klar festgestellt, alles mußte man sich aus indirekten Andeutungen erschließen. Wie sollten wir jemals dieses Problem lösen, wenn sie sich weigerten, darüber zu sprechen? Würde mir das bitte mal jemand erklären?

Keine Antwort. Nur Lächeln. Möglicherweise steckte Angst dahinter, Angst vor allem und jedem: Angst vor der Polizei, Angst vor den Genossen, die Angst, politische Führer zu desavouieren, zu denen man sich noch nicht einmal offen zu bekennen wagte. Manchmal schien auch Unverständnis mit im Spiel, das Gefühl, daß es ihr Begriffsvermögen überstieg, warum die Politik so sein mußte, wie sie war.

Am nächsten Tag sprach ich mit Javus Frau Lilian auf der Baustelle, wo sie als Teemamsell arbeitete. Zart und feingliedrig saß sie in dem winzigen Raum mit Kühlschrank, Spüle und Beistelltisch, auf dem sie den Tee zubereitete, und zerknüllte ein Papiertuch zwischen den Fingern. Sie sprach sehr leise, und es dauerte nicht lange, bis ihr die Tränen kamen. Aber ich blieb eine Zeitlang hartnäckig.

«Haben Sie vorausgewußt, daß Javu arbeitslos sein würde?»

Sie nahm die Brille ab und wischte sich die Augen: «Ja, er hatte es mir gesagt. Ich habe gewußt, daß er da unglücklich war.»

Sie weinte jetzt lautlos, ohne sich die Augen zu trocknen, so daß ihre Tränen in den Schoß tropften und auf ihrer Kittelschürze feuchte Flecken bildeten, die sich langsam immer weiter ausbreiteten.

«Wie war Ihnen zumute, als er nach Hause kam und sagte: So, das war's, da geh ich nie wieder hin?»

«Nicht sehr rosig. Ich habe nächtelang nicht mehr schlafen können.»

«Hatten Sie irgend jemanden, mit dem Sie darüber sprechen konnten?»

«Nein, niemand.»

Sie weinte.

Mir blieb nichts, als untätig zuzusehen. Ich versuchte sie zu trösten. Ich bat sie um Entschuldigung. Ich stand nutzlos herum. Männer in Schutzhelmen hasteten vor der Tür vorbei. Sie versorgte sie tagsüber mit Tee. Die meisten kannten sie seit fünf Jahren als Arbeitskollegin. Wahrscheinlich wußte keiner, wie es bei ihr zu Hause aussah.

«Tut mir leid, ich bin eine Heulsuse», sagte sie. Aber es gelang ihr nicht, die Tränen zum Stocken zu bringen.

Es war Feierabendzeit, und ich fuhr sie nach Hause. Im Auto sagte sie: «Ich muß arbeiten gehen. Anders geht es nicht. Was soll sonst aus meiner Familie werden?»

Nachdem ich sie vor dem Haus abgesetzt hatte und losgefahren war, sah ich dann Javu am Straßenrand stehen, der mir winkte, ich solle anhalten.

«Was hat Ihnen meine Frau erzählt?» wollte er wissen.

Ich sagte ihm, daß sie sehr besorgt sei.

«Ja, aber was hat sie gesagt? Etwas über mich oder Ford, oder von wegen dem Geld?»

Er verlor sich in einer langen Suada, aus der sich schließlich als Quintessenz herausschälte, daß die Frauen immer nur Geld haben wollen, um im Supermarkt einkaufen zu können und sich neue Kleider kaufen zu können. Aber das Leben ist hart, sagte er. Und: So ist das Leben nun mal, warum kapieren die Frauen das nicht?

«Wissen Sie, was ich mache? Ich werd's Ihnen sagen. Ich setze in der Pferdewette. Jeden Tag ist ein Rennen, und montags, mittwochs und samstags wette ich. Davon leben wir.»

Als ich wegfuhr, lehnte Javu hinter mir auf seinem Vorgartentor und winkte mir lächelnd nach. Man erfährt jedesmal wieder ein bißchen was Neues, dachte ich. Auch wenn man es nicht unbedingt möchte.

Im Winter 1994 sah ich Javu wieder. Fast sechs Jahre waren seit unserer ersten Begegnung vergangen. Er erinnerte sich noch an damals, aber seine politische Rhetorik war jetzt auf Jubel gestimmt.

«Endlich ist dieses Land wieder unser Land», sagte er. «Dafür hat es sich gelohnt zu leiden.»
«Hat es das?» fragte ich.
Wir saßen in seinem Wohnzimmer. Die Teppiche waren noch immer in Plastikschoner eingehüllt, aber von der Couch waren sie zu irgendeinem Zeitpunkt entfernt worden, und auf der Armlehne lugte jetzt der weiße Spannstoff durch den Bezug. Eine unbehaglich warme Wintersonne lag auf dem Boden und dem Sessel, in dem ich saß. Viel zu dick angezogen für die Backofenhitze, die sie erzeugte, rutschte ich unruhig auf meinem Platz hin und her. Es war Samstag nachmittag, und Javu hatte den Fernseher laufen, um die Pferderennen im Gosforth Park von Port Elizabeth verfolgen zu können. Es gab immer noch keine Elektrizität im Haus; der Apparat wurde mit einer 12-Volt-Batterie gespeist.
Javu Antwort auf meine Frage nach dem Wert des politischen Opfers kam wie aus der Pistole geschossen.
«Selbstverständlich hat es sich gelohnt.»
«Keine Arbeit zu haben? Nichts zu essen zu haben?»
«Wir hatten immer zu essen.»
«Manche nicht», erinnerte ich ihn. «Ihr Nachbar Jacob zum Beispiel.»
«Ich habe Jacob zu essen gegeben. Kann sein, daß er manchmal nicht satt geworden ist, aber er war nie am Verhungern. Es war immer etwas zu essen für ihn da. Ich sage Ihnen, nur weil wir uns so verhalten haben, hat de Klerk auf eine andere Gangart umschalten müssen. Hätte er nicht umgeschaltet, hätte es große Probleme gegeben. Aber jetzt ist alles gut. Wir können wählen. Mandela ist Präsident. Meine Töchter werden sich bald nicht mehr erinnern können, wie es vorher war. Sie werden ganz normale Menschen sein.»
Für Javu und Lilian war das Leben immer noch «hart», wie er es mir gegenüber einmal ausgedrückt hatte. In den vergangenen sechs Jahren hatte er im Stücklohn in diversen technischen Werkstätten und Autoreparaturbetrieben gearbeitet, aber nir-

gendwo in Dauerstellung. Das längste Beschäftigungsverhältnis hatte acht Monate gedauert. Lilian arbeitete nach wie vor bei der Baufirma und dazu seit achtzehn Monaten für einen Nebenverdienst von dreißig Rand an Samstagen als Dienstmädchen. Javu setzte noch immer in der Pferdewette. Nach eigener Aussage gewann er mehr, als er verlor, aber das Pferd, auf das er gesetzt hatte, «High Flyer», belegte in dem Rennen, das wir uns ansahen, noch nicht einmal einen Platz.

«Manchmal läuft's halt so», kommentierte er mit der Unbekümmertheit des abgehärteten Wetters.

Ich fragte, wieviel er verloren hatte.

«Zwanzig Eier», sagte er lächelnd. «Die hol ich mir wieder. Kein Problem.»

Im Aussehen unterschied er sich in nichts von dem Mann auf dem Illustriertenfoto aus dem Jahr 1988. Er war noch immer schlank und hatte sich seine markanten Züge bewahrt. Die Augen zeigten keine Anzeichen von Ermüdung; sein Blick war noch ebenso offen, fest, fast herausfordernd, wie ich ihn zuerst kennengelernt hatte. Er holte eine Literflasche Bier und schenkte uns jedem ein Glas ein. Dann erzählte er von den vergangenen sechs Jahren. Was er schilderte, war ein Leben in Bedürftigkeit, aber trotz allem war er unverzagt geblieben.

«Nein, ich bin nicht verbittert», sagte er. «Wir haben gekämpft, und wir haben gesiegt. Wir haben einen Sieg für alle Menschen dieses Landes errungen. Warum sollte ich da verbittert sein? Wir können hier in der Sonne sitzen und Bier trinken. Das Leben ist schön, mein Freund.»

Bald darauf verabschiedete ich mich von Javu. Das nächste Rennen stand an, und ich wollte nicht mitansehen müssen, wie er das ganze Geld, das Lilian heute verdienen würde, in der Pferdewette verlor. Ich wollte ihn auch nicht gewinnen sehen. Ich wollte den Schlußstrich unter diese Geschichte ziehen, solange ich in der Vorhand war.

Die ersten Wahlergebnisse, die mir zu Ohren kamen, wiesen die Nationale Partei im Bezirk Westliches Kap als Spitzenreiter aus. Das kam nicht ganz unerwartet. Im Januar hatte Jill einen Artikel über die Stimmung in der «braunen»* Geschäftswelt des Großraums Kapstadt geschrieben, und bei ihren einschlägigen Recherchen hatte sich deutlich gezeigt, daß man in diesen Kreisen dem bevorstehenden Tag der Befreiung mit Bangen entgegensah.

Jill notierte, daß viele Geschäftsleute das unsichere politische Klima als Wachstumsbremse betrachteten. Wörtlich schrieb sie: «Im Hinblick auf die bevorstehende Wahl [nehmen viele] eine abwartende Haltung ein, aber nirgendwo schien jetzt, wo die Ära der per Gesetzgebung dekretierten Apartheid zu Ende geht, offenkundiger Optimismus angesagt. Die derzeitige Gewalttätigkeit, zumal in den Townships, so hieß es, hemmt das Geschäftsleben und beschneidet die Wachstumschancen. So war beispielsweise Wochen vor der Eröffnung des offiziellen Wahlkampfs ein Bombenanschlag auf einen Supermarkt verübt worden, der hohen Sachschaden verursachte. Auch der Taxikrieg beeinträchtigte das Geschäftsleben, denn potentielle Kunden mieden das stärker belebte Stadtgebiet, wo viele dieser Geschäfte angesiedelt waren.»

In Anbetracht dieser Sachlage wie auch der Ansichten, die Norman verlautbart hatte, und der lippenstiftverschmierten Wahlplakate mit dem Foto F. W. de Klerks an den Mauern der lokalen Fabriken, deren Belegschaft sich vorwiegend aus der Mischlingsbevölkerung rekrutierte, wäre ein anderes Ergebnis in der westlichen Kapregion eine Überraschung gewesen. Die

---

* *Bruinmense*, «Braune», lautet die Afrikaans-Bezeichnung für Mischlinge, die im südafrikanischen Englisch *coloureds* heißen; der Ausdruck «Farbige» wurde allerdings in dieser Übersetzung vermieden, weil er durch den bei uns bekannteren amerikanischen Sprachgebrauch mit anderer Bedeutung besetzt ist. – Anm. des Übers.

Gemeinsamkeit des Blutes, der Muttersprache Afrikaans und der Religion im Verein mit Konservativismus und Furcht sorgte schließlich dafür, daß nicht nur in Mitchell Plains, Mannenberg, Retreat, Bontheuwel, Grassy Park und anderen Vororten von Kapstadt, sondern auch draußen auf dem Lande, in den *dorps* (Ortschaften) und auf den Farmen, viele Menschen hingingen und die NP wählten – selbst wenn sie damit Männer wählten, die ihnen noch vor wenigen Jahren den Zugang zu einer anständigen Bildung, zu öffentlichen Einrichtungen, zur Menschenwürde verweigert hatten. Der Beobachter des Vorgangs genoß einen Anschauungsunterricht in Geschichte und Politik. Demonstriert wurde ihm die Kraftlosigkeit der ersteren und die Selbstsucht in der letzteren. Wie Norman gesagt hatte: «Die Schwarzen mögen die Mischlinge nicht, das ist Tatsache.»

Für den *Cape Times*-Kolumnisten Sandile Dikeni war die Niederlage des des ANC im Wahlbezirk Westliches Kap eine schmerzliche Nachricht.

«Mit der Kultur der Sklaverei, die für ganz Südafrika in der Kapprovinz begann, wird es erst dann aus und vorbei sein, wenn die Ketten ins Meer geworfen werden», schrieb er. «Bei allem Respekt vor dem Sieg der Nationalen Partei in unserer Provinz bin ich doch der Meinung, daß Hernus Kriel [der ehemalige Polizeiminister; heute Premier der Westprovinz] niemals als Befreier angesehen werden wird. Das ist die Wahrheit, die der Südost über das Land trägt, besonders wenn er von Khayelitsha her weht, wo das Gedröhn der Niederlage sich an den Wellblechbaracken bricht, in denen wir immer noch wohnen.»

Doch wie im Bezirk Westliches Kap kamen auch anderswo die langsam, beinahe zögernd einlaufenden Wahlergebnisse nicht völlig überraschend. Und so errang der ANC in sieben der neun Wahlbezirke eine klare Mehrheit. Allerdings hatte niemand damit gerechnet, daß er in KwaZulu/Natal so weit abgehängt werden würde: Die Inkatha-Partei erhielt hier

50 Prozent der Wählerstimmen, der ANC nur 32 Prozent. Und niemand hatte damit gerechnet, daß die Inkatha-Partei landesweit auch nur entfernt an die 10-Prozent-Marke herankommen würde. Die aufgrund von Meinungsumfragen aufgestellten Prognosen für Natal verfehlten in manchen Fällen die tatsächlichen Ergebnisse um fast hundert Prozent. Oder besser gesagt: Die Prognosezahlen waren schon richtig, nur hatte man sie den falschen Parteien zugeordnet. Dennoch fragte man sich verwundert, wie eine politische Partei, die bis eine Woche vor dem 27. April willens war, die Wahl zu boykottieren, es geschafft hatte, innerhalb so kurzer Frist überall im ländlichen KwaZulu/Natal solche Massen von Anhängern zu mobilisieren.

Spätestens gegen Montag abend begannen wir der Unzulänglichkeit jenes Richters am Obersten Berufungsgericht, der die Wahl leitete, überdrüssig zu werden. Seine Unabhängige Wahlkommission stümperte zum Gotterbarmen. Was zunächst noch erheiternd gewesen war, begann jetzt zu nerven. Jedermann wollte, daß es weiterging. Jedermann wußte, wie das Endergebnis aussehen würde. Aber noch war weniger als die Hälfte der Stimmen ausgezählt, und es sah nicht so aus, als ob die Arbeit, die eigentlich am Sonntag abend hätte beendet sein sollen, jemals ans Ziel gelangen würde. Bei den Politikern war die Stimmung gereizt. Sie wollten feiern, denn die wenigsten würden Anlaß haben, die Ergebnisse dieser Wahl zu beklagen. In Radio Metro sagte Tim Modise: «Hier wird es keinen Sieg der Schwarzen über die Weißen geben. Hier werden wir alle gewinnen. Schwarze und Weiße und Mischlinge und Inder zusammen.» Und die Menschen – Schwarze, Weiße, Mischlinge, Inder – riefen ihn an und sagten: Ja, Bruder, das war eine Sache für alle.

Am Montag nachmittag gestand de Klerk die Niederlage ein. Mit Tränen in den Augen stand er vor seinen Anhängern in der Zentrale der Nationalen Partei in Pretoria und verabschiedete sich von ihnen. Später sagte er zu einem Fernsehreporter: «Mr. Mandela verdient die Glück- und Segenswünsche und die Gebete ganz Südafrikas. Ich strecke ihm in Freundschaft und Kooperationsbereitschaft meine Hand entgegen. Unsere größte Aufgabe wird es sein, dafür zu sorgen, daß unsere junge und verletzliche Demokratie Wurzeln schlägt und gedeiht.»

Am nächsten Tag feierte der ANC auf den Straßen von Johannesburg. Die offizielle Siegesfeier wurde am Abend im Ballsaal des im Zentrum der Stadt gelegenen Hotels Carlton abgehalten. Und zum erstenmal sah man Nelson Mandela in der Öffentlichkeit weinen. Er wurde bejubelt, und er vergoß Tränen. Und wir vergossen Tränen mit ihm.

«Südafrikaner», rief er aus, «dies ist ein Abend der Freude. Ich freue mich darauf, gemeinsam mit euch für unser geliebtes Heimatland zu arbeiten.»

Ich weiß heute noch nicht, ob es je zu einem amtlichen Endergebnis gekommen ist. Muß es wohl. Muß es ganz bestimmt. Ich erinnere mich, daß der Chef der Wahlkommission am Freitag Zahlen bekanntgab, und daher weiß ich wohl, daß der ANC 62 Prozent der Stimmen erhielt, die NP 20 Prozent, die Inkatha 10 Prozent, die Freiheitspartei 2 Prozent und die Demokratische Partei und der Panafrikanische Kongreß einen so unbedeutenden Stimmenanteil, daß auf sie nur sieben beziehungsweise fünf Parlamentssitze entfielen. Aber zu diesem Zeitpunkt war natürlich das genaue Endergebnis kaum noch von Belang.

# 3

Im Mai und Juni herrschte weithin Feier- und Hochstimmung. Selbst die Junistürme vermochten der Begeisterung, mit der wir uns dem Glück der Stunde überließen, kaum Abbruch zu tun. Jetzt fielen mir Emma und Howard wieder ein, und ich fragte mich, ob die beiden nicht ein Paradebeispiel für das, was die Leute «unser neues Südafrika» nannten, abgeben müßten.

Ich hatte Emma und Howard im August 1989 kennengelernt, als ich für eine italienische Illustrierte, die einen Artikel über «Liebe über die Farbschranke hinweg» haben wollte, ein Interview mit den beiden machte. Damals waren sie pessimistisch und ohne Hoffnung gewesen: Jetzt müßte sich ihre Welt von Grund auf gewandelt haben, dachte ich mir. Das hatte sie auch, aber nicht so, wie ich angenommen hatte. Vielmehr bekam ich eine kuriose Geschichte von Liebe, Verweigerung und verlorenen Illusionen zu hören.

Howard und Emma haben eine schwierige Beziehung. Zwei Jahre nach der Heirat wurden sie geschieden und haben danach nicht wieder geheiratet. Sie leben zusammen, haben zwei Kinder, und Emma ist zur Zeit wieder schwanger. Aber leicht ist das Zusammenleben für die beiden nicht gewesen. Schon manches Mal haben sie sich getrennt und sich geschworen, jeder seinen eigenen Weg zu gehen, aber stets haben sich ihre Wege wieder vereinigt.

Nach der Nomenklatur des südafrikanischen Rassismus sind Howard und Emma ein «gemischtes Paar». Howard ist Mischling. Emma ist Weiße. Vor zehn Jahren war ihre Liaison gesetzwidrig, und sie mußten sich vor der Polizei verstecken. Als ich sie 1989 besuchte, war das Gesetz gegen die Unmoral schon aufgehoben, aber sie konnten immer noch nicht legal zusammenleben. Ebensowenig konnte Emma mit ihrer Tochter Taryn, die als Mischling klassifiziert worden war, legal zusammenleben. Das Gruppengebiete-Gesetz wurde jedoch nicht streng durchgeführt, und so hatten sie in Claremont, einem weißen Vorort von Kapstadt, eine kleine Wohnung mieten können. Sie waren beide Mitte der Zwanziger. Sie wußten, daß sie auf die Gnade der Nachbarn angewiesen waren, um hier wohnen zu können.

Hier nun die Geschichte, die sie mir damals erzählten. Es ist gut, sich zu erinnern, wie die Dinge noch vor wenigen Jahren bei uns standen und was uns da angetan wurde.

EMMA: Die ganze Situation stinkt mir. Es braucht bloß einer von den Nachbarn zu meckern, und sie können uns jederzeit vor die Tür setzen. Den Gedanken daran werd ich niemals los. Neulich morgens ist da was gewesen: Ich komme ins Bad und sehe oben auf der Fensterkante zwei weiße Hände. Da hatte jemand reingelinst. Ich hab mich mächtig erschrocken. Erst hab ich gedacht, es war bloß ein Spanner, aber Howard hat gesagt, kann sein, daß es ein Rechtsradikaler war.

Ein andermal ist einer vom Sozialamt gekommen, weil da Anzeigen eingegangen waren, ich schlage meine Tochter und lebe mit einem Mischling zusammen, der mich verdrischt. Ein Glück nur, daß ich in einer Kinderkrippe arbeite, die von einem Wohltätigkeitsverband unterhalten wird. Ich habe den Beamten an die Leiterin der Krippe verwiesen, und damit war der Fall ausgestanden. Aber uns beiden war dann klar, daß uns irgend jemand einzuschüchtern versucht.

Solche Sachen passieren am laufenden Band. Erst neulich war der Hausverwalter hier und wollte wissen, ob ich in der Wohnung politische Versammlungen abhalte. Irgend jemand hatte ihm erzählt, daß ich hier eine Menge Besuch von Schwarzen und Mischlingen bekomme, und daraufhin hatte er automatisch angenommen, wir wären politisch aktiv. Er wollte mir nicht glauben, daß es alles nur Freunde und Bekannte sind, und warnte mich vor dem Weggegen, ich soll mich ja in acht nehmen.

HOWARD: Ich finde es etwas schrecklich Komisches, wenn ich sagen soll, ich bin verheiratet und wir sind ein gemischtes Paar, also rede ich am Arbeitsplatz lieber nicht darüber, wenn es sich vermeiden läßt. Bei einem Vorstellungsgespräch würde ich nie sagen, daß ich über die Farbschranke weg verheiratet bin, weil ich mir damit die Aussichten auf den Job vermasseln würde. Mein derzeitiger Arbeitgeber weiß Bescheid, und ich glaube nicht, daß es ihm besonders gefällt, aber es hat an seiner Haltung mir gegenüber nichts geändert.

Ich würde sagen, daß ein gemischtes Paar einen schrecklichen Streß in seiner Beziehung hat, schon allein weil es mit der Apartheid zu kämpfen hat. Schon allein weil es mit der Tatsache zu kämpfen hat, daß es ein gemischtes Paar ist. Anfangs, wenn wir zusammen ausgegangen sind, haben uns die Leute auf der Straße nachgeguckt, und ich war immer befangen deswegen. Ich hab mich immer umgedreht, ob die Leute uns nachgucken. Das tu ich nicht mehr. Die Leute gucken uns immer noch nach, aber mich stört das nicht mehr.

Aber wie Emma schon gesagt hat – da ist dieses Gefühl, daß wir ständig bespitzelt werden, daß wir anders sind als die Weißen und daß wir eine Provokation für sie sind. Als der Beamte vom Sozialamt uns wegen Taryn besuchte, war ich ziemlich wütend. Das ist schlimm, das tut weh, aber dagegen ist man machtlos. Und gerade, daß man gegen so was so machtlos ist, bringt einen noch mehr in Wut, und weil niemand da ist, an dem man seine Wut auslassen kann, fangen wir an zu streiten. Ich reg mich so auf, daß ich mit Emma Streit anfange.

EMMA: Ich würde sagen, daß die Apartheid mit ein Hauptgrund für unsere Scheidung war. Nicht der einzige Grund – wir hatten auch persönliche Probleme, wie alle Verheirateten. Aber wenn man sich dann noch dazu mit dieser Sache, mit dieser Situation herumzuschlagen hat – das macht es einem sehr schwer. Das bedeutet, daß man sich noch sehr viel mehr anstrengen muß. Und das tun wir jetzt gerade.

Ich glaube, keiner von uns beiden hat sich gesagt, daß wir über die Farbschranke hinweg lieben. Wenn man jemand liebt, dann liebt man ihn so, wie er ist. Da denkt man an so was nicht. Ich hab mir nicht gesagt, Howard ist ein Mischling. Wenn du mit jemand befreundet bist, guckst du nicht danach, was der für 'ne Hautfarbe hat. Dann ist das dein Freund oder dein Geliebter, aber nicht jemand Brauner oder Schwarzer oder Weißer.

Wie ich das mit Howard meinem Vater erzählt hab – meine Mutter ist gestorben, als ich acht war –, hat er das akzeptiert. Er respektiert meine Entscheidungen. Er hat nie etwas gegen Howard gesagt.

Für meine weißen Freunde war das auch keine große Affäre, daß ich mit einem Mischling ging. Nach dem Schulabschluß hab ich eine Friseurlehre angefangen. In der Berufsschule hab ich mich mit einem Mischlingsmädchen angefreundet. Einmal hab ich bei ihr zu Hause übernachtet, und am anderen Tag sind wir zusammen durch das Viertel gegangen, wo sie wohnt, da haben uns ein paar Jungens aus einem Haus zugerufen, wir sollen reinkommen, sie laden uns zu einem Drink ein. Wir sind dann auch da reingegangen, und bei der Gelegenheit hab ich Howard kennengelernt.

HOWARD: Ich entsinne mich, daß wir gerade den Berufsschulabschluß gemacht hatten und das Ereignis zusammen feierten. Ich glaube, wir hatten alle einen sitzen, und das hat uns dann animiert, die beiden Mädchen einzuladen, als wir sie draußen auf der Straße haben vorbeigehen sehen.

Wir haben viel zusammen gelacht und herumgealbert, Sie wissen ja, wie das so ist, und schließlich kamen Emma und ich ins Gespräch miteinander, und wir haben uns beide gegenseitig gemocht, also haben wir angefangen miteinander auszugehen.

Natürlich war das seinerzeit, im Jahr 1983, eine riskante Sache, und wir mußten uns dementsprechend in acht nehmen.

Aber im Mischlingsgebiet war alles einfacher, und gewöhnlich waren wir mit anderen gemischten Paaren zusammen, es war also alles in allem halb so schlimm. Ich kann mich nicht einmal erinnern, wie unser erstes Rendezvous war. Wahrscheinlich waren wir bei Bekannten von mir auf einer Party, damit wir während der Zeit nicht allzu beunruhigt sein mußten.

Wir sind nur ein einziges Mal von der Polizei angesprochen worden. Da hatten wir mit anderen gemischten Paaren im Wald eine Grillparty *(braai)* veranstaltet, und auf einmal kam ein Streifenwagen angefahren. Die Beamten haben ein paar Fragen gestellt und uns dann darauf hingewiesen, daß wir gegen das Gesetz verstoßen, das war dann aber auch schon alles. Klar, es war unerfreulich. So was ist nicht angenehm, man ist gekränkt, man ist wütend, aber man ist machtlos dagegen. Also frißt man das alles stumm in sich hinein.

Zwischen unseren respektiven Freundeskreisen gibt es keinerlei gesellschaftliche Kontakte, wir bewegen uns entweder in meiner Welt oder in Emmas Welt. Es ist, als könnten die Freunde des einen nicht mit den Freunden des anderen verkehren, weil sie in ganz verschiedenen Welten leben, verschiedene Berufe haben, sogar verschieden denken. Das ist für eine Beziehung ein enormer Streß. Ich glaube, wir haben die meiste Zeit nur mit meinen Verwandten und Bekannten verkehrt.

EMMA: Meine weißen Freunde finden nichts dabei. Für die ist es kein Problem. Aber mit denen haben wir jetzt nicht mehr viel Umgang.

Es lebt sich viel einfacher unter Mischlingen, weil die Sie nämlich, wenn sie erst mal ihre Neugier befriedigt haben, als Normalmenschen akzeptieren. Die Weißen haben uns dauernd im Auge und warten auf Anzeichen von Gestreßtheit. Sie warten auf die Bestätigung dafür, daß es nicht richtig ist, was wir tun. Infolgedessen spielt sich unser gesellschaftliches Leben größtenteils «auf dieser Seite» ab, bei Howards Verwandten und Freunden.

Ich kann mich noch erinnern, wie wir uns 1987 entschlossen

haben, uns scheiden zu lassen, da sagte jeder in meiner Familie: Das mußte ja so kommen. Ja, und erst neulich hat mich mein Vater gefragt, ob ich Howard nicht geheiratet hätte, um so eine Art Rache an ihm zu üben. Nicht daß er Howard nicht leiden könnte, er mag ihn wirklich, aber...

HOWARD: Aber irgend etwas steht zwischen uns, und daran wird sich nie etwas ändern.

EMMA: Ich mache mir Sorgen um die Zukunft. Immer wenn ich etwas von der Konservativen Partei höre, frage ich mich, was wird, wenn die an die Macht kommen – stecken die vielleicht die Mischlinge in Homelands, und was wird dann aus unserer Familie? Wo geht es mit uns hin? Kann so etwas passieren? Ich weiß nicht, in welche Richtung es politisch mit dem Land geht, also schieb ich diese Fragen einfach weg. Langsam ist jetzt bei uns allen der Kampfgeist am Ende. Als 1985 der Immorality Act und der Mixed Marriages Act abgeschafft wurden und wir legal heiraten konnten, haben wir wirklich geglaubt, daß es jetzt anders werden wird. Klar, da war immer noch der Group Areas Act, aber wir dachten, das würde vielleicht auch bald abgeschafft. Wurde es aber nicht. Und dabei ist es ein solcher Unfug. Mich packt jedesmal wieder die Wut, wenn ich daran denke, daß sie dieses Gesetz nicht aufheben, damit wir wie normale Menschen leben können. Zum Beispiel gibt es hier in der Straße eine Schule, die wäre für Taryn ideal. Aber es ist eine staatliche Schule nur für Weiße, und Taryn ist als Mischling registriert. Eine öffentliche Grundschule für Mischlingskinder gibt es hier in der Gegend nicht, die einzige Möglichkeit wäre, daß wir sie auf eine Privatschule schicken, aber das ist sehr teuer. Sie sehen, man schickt uns von einer Sackgasse in die andere. Aber wir leben immerzu in der Hoffnung, daß sich irgendwann einmal irgend etwas tut. Wenn ich allerdings anfange, richtig darüber nachzudenken, kommt mir die Situation so aussichtslos vor, daß ich sie einfach verdränge. Ich will nicht darüber nachdenken.

HOWARD: Vier Jahre hat es gedauert, bis die Apartheid

durchgesetzt war, viertausend Jahre wird es dauern, bis sie wieder abgebaut ist. Was wir tun müssen, ist, uns arrangieren, stark werden und die da oben sich selbst und ihren kindischen Gesetzen überlassen. Sie werden uns ausnutzen, gar keine Frage, aber das muß uns Wurst sein, denn das System wird uns noch sehr lange erhalten bleiben. Gar nicht daran zu denken, daß die Afrikaner den Schwarzen Macht abtreten. Die sitzen ja so fest im Sattel. Die haben jeden unter Kontrolle, egal, wer du bist. Die kontrollieren das Land seit Jahren und sind auf keine Weise zu entmachten.

Was wir uns wirklich wünschen, ist ein eigenes Haus in einem Vorort, wo wir gern wohnen würden. Und daß es ein Ende hat mit Group Areas Acts und der ganzen Apartheid.

Und das gilt genauso für Taryn. Wir möchten nicht, daß sie die Kränkungen, den Ärger und die Frustration auskosten muß, die wir in unserm Leben mitmachen mußten und heute noch mitmachen müssen.

Das zweite Mal traf ich mich mit Emma und Howard in «Theresa's Restaurant» in Muizenberg, weil Howard mir am Telefon gesagt hatte, sie möchten das Interview lieber nicht bei sich zu Hause machen. «Lassen Sie uns in ein Pub gehen und zusammen ein Bier trinken», hatte er vorgeschlagen.

Das Bild, das ich von den beiden im Gedächtnis hatte, war falsch. Ihn hatte ich klein und schmal und sie rundlich in Erinnerung, dabei war sie dünn, um nicht zu sagen hager. Howard war groß und kräftig und hatte ein volles Gesicht. Seine Zuversicht war seit dem letztenmal gewachsen. Er redete mit großem Nachdruck; wenn er über Dinge sprach, die ihn innerlich stark bewegten, unterstrich er seine Worte mit eindringlichen Gesten. Zudem war er entspannt: Seine Hände ruhten unbewegt zu beiden Seiten seines Bierglases auf der Tischplatte, oder er lehnte sich auf seinem Stuhl zurück und beobachtete mich. 1989 war er meinem Blick ausgewichen und hatte während des ganzen Gesprächs stocksteif dagesessen. Emma war noch immer die nachdenkliche, klar formulierende Person, die wußte, woran sie war und was gespielt wurde. Wahrscheinlich ahnte sie, daß «unsere Zukunftspläne», wie sie beide es nannten, keine Lösung boten, aber ich glaube, sie wollte es nicht wahrhaben. Sie versuchte sich einzureden, daß das Land zu verlassen ihnen die Chance verschaffen würde, die sie bisher nicht gehabt hatten. Howard dagegen war felsenfest überzeugt, daß mit der Verwirklichung ihrer Pläne Ruhe und Friede in die Welt einkehren würden.

Howards Traumhaus in einem Vorort hatten sie immer noch nicht. Was sie hatten, war eine «separate Wohneinheit» in Form einer umgebauten Doppelgarage. Sie war eine von einer Anzahl Behausungen auf einem Vorortgrundstück.

EMMA: Wir wohnen in einem Mischlingsgebiet, und das hat eigentlich die Unterschiede in unserer Erziehung zum Vorschein gebracht. Dinge, die für mich überhaupt kein Thema sind, sind in dieser Umgebung vollkommen normal. Es ist vollkommen normal, in Frauen nur Bürger zweiter Klasse zu sehen. Sie haben zu kochen und zu putzen und sich mit allem, was ihre Männer tun und sagen, abzufinden. Bei so was könnte ich glatt durchdrehen. Bei so was fange ich an, vor Wut zu kochen. Ich bin der Ansicht, was ich tue, ist wichtig, und niemand hat das Recht, mich wie einen Putzlappen zu behandeln. Für Howard hat es größeren Reiz, in einem Mischlingsgebiet zu wohnen. Seine sämtlichen Kumpel kommen ihn besuchen und sagen zu ihm: Laß dich bloß nicht von deiner Frau unterbuttern. Da hat man also 'ne neue Belastung. Die Frauen haben gefälligst zu Hause zu sitzen und sich um die kleinen Kinder zu kümmern. Was anderes gibt's in dieser Umgebung nicht. In gewisser Weise war mit dem amtlichen Rassismus einfacher umzugehen, denn der war Recht und Gesetz, und dagegen gingen wir an, und damit war der was Reales, das konnte man erst mal so hinnehmen. Aber das ist etwas, dafür gibt es keine objektive Begründung. Das geht sehr ins Persönliche, und dafür gibt es keine Entschuldigung.

Ich fühle mich in meiner Lage sehr isoliert. Mir ist aufgefallen, daß, wenn wir zu mehreren zusammensitzen, die Leute sich überall hinsetzen, bloß nicht neben mich. Ich komme mir vor, als wär ich 'ne Fremde. Das wird da wohl schon immer so gewesen sein, aber früher haben wir nur mit gemischten Paaren verkehrt, da ist es nicht so aufgefallen.

HOWARD: Ich glaube nicht, daß ich jemals auch nur einen Funken Rassismus in mir gehabt habe. Als Kind vielleicht schon. Das war damals sogar recht stark. Ich erinnere mich, daß ich als Teenager mächtig viel Wut im Bauch hatte. Ich entsinne mich, daß wir einmal zu einer Party in Claremont eingeladen waren. Unsere Lehrerin – eine Weiße – gab bei sich zu Hause eine Party und hatte uns eingeladen. Ich muß wohl so um die sechzehn gewesen sein. Zu der Zeit waren die Boykotts und Krawalle, und jeder war voller Wut. Da brauchte einer bloß weiß zu sein und ein falsches Wort zu sagen, und schon ging ich auf ihn los. Auf der Party lief alles paletti, bis diesem weißen Typ der Alkohol zu Kopf stieg und er anfing, rassistische Gemeinheiten von sich zu geben. Ich bin einfach auf ihn los, hab ihm welche verpaßt und die Kleider vom Leib gerissen. Ich sehe es sogar noch plastisch vor mir, wie ich auf den losgedroschen habe. Ich kann mich erinnern, daß ich den Kerl auf die Schultern genommen hatte und ihn die Treppe hinunterwerfen wollte. Ich wollte ihn da runterfallen sehen – das war das einzige, was mich in dem Augenblick interessierte. Ich wollte bloß noch den da runterfallen sehen. Aber meine Freunde haben mich festgehalten und mich schließlich beruhigt, und der Kerl hat sich nach Hause verdrückt. Wenn ich mir das heute rückblickend vorstelle, wird mir angst wegen dieser Wut. Ich entsinne mich, wie ich einmal in einem Nachtclub für Mischlinge in Salt River war, wo sie weiße Rausschmeißer hatten. Und dieser eine *whitey* will mich herumkommandieren. Es hätte nicht viel gefehlt, und ich hätte mich mit allen fünf Rausschmeißern auf einmal angelegt. Diese Wut macht mir tatsächlich angst. Und das kommt alles von dem Rassenproblem.

Ich glaube, ich bin jetzt soweit, daß ich nur noch meine Kinder groß werden sehen will. Wir haben bei Null angefangen und haben uns hochgearbeitet, dann sind wir abgerutscht, und jetzt liegt es an mir, uns wieder hochzubringen. Und dazu bin ich fest entschlossen. Ich hab jetzt einfach ein Stadium erreicht, wo ich reifer bin. Ich wünsch mir immer noch ein schönes Zuhause.

Aber seit zwei Monaten hab ich jetzt das Gefühl, daß ich nicht mehr in Südafrika leben will. Ich will hier weg und lieber in Swasiland oder sonstwo leben. In Afrika ja, aber...

EMMA: Ich glaube, ein wichtiger Faktor in unserer Beziehung ist, daß meine Familie unrealistische Erwartungen an uns gerichtet hat. Taryn hat das ausbaden müssen. Kürzlich mußte sie in die Square-Hill-Grundschule überwechseln, die ist mindestens zwei Stufen unter dem Niveau von dem, was sie bisher gehabt hat. Bei dem, was sie bisher gehabt hat, haben wir uns so durchgemogelt. Für die Schuluniform hatten wir kein Geld, aber sonst haben wir es irgendwie geschafft, sie da durchzubringen. Dann sind wir nach unserer letzten Trennung so weit gekommen, daß uns klargeworden ist, daß wir ihr nur soviel geben können, wie wir uns auch leisten können. Das hat ihr ziemlich arg zugesetzt. Sie hätte ein Recht auf sehr viel mehr. Mir geht gerade auf, daß wir ihr hier in Südafrika nicht viel bieten können. Die Verhältnisse ändern sich, aber wir beide können es uns immer noch nicht leisten, sie weiter auf eine anständige Schule zu schicken. Wir haben uns der Tatsache gestellt, daß wir, wenn wir weiter in Südafrika bleiben, unseren Kindern nur das Zweitbeste bieten können.

HOWARD: In diesem Land sind die Schwarzen gegenüber allen anderen Bevölkerungsgruppen total in der Überzahl. Wir sind denen zahlenmäßig unterlegen. Diese Leute sind seit zig Jahren unterdrückt gewesen. Ich will nicht sagen, daß sie mir das Wasser abgraben, wenn sie jetzt ankommen und sagen: «Hallo, da sind wir, wir sind die ganzen Jahre unterdrückt gewesen und wollen jetzt die Chancen und die Arbeitsplätze und die Häuser und überhaupt alles für uns haben.» Ich meine, «Coloureds» haben ja ein Luxusleben gehabt, wenn man es mit dem vergleicht, was diese armen Teufel die ganzen Jahre mitgemacht haben. Ich bin darauf vorbereitet, für die alles hier aufzugeben. Das ist so mein Gefühl. Nach meinem Gefühl habe ich hier keine Chance. Ich arbeite in einer guten Branche. Ich bin Autoelektriker. In ganz Südafrika gibt es nur zweieinhalbtausend qualifizierte Autoelektriker. Das ist eine komplizierte Arbeit, aber nach meinem Gefühl wird bald der ganze Arbeitsmarkt, der ganze Wohnungsmarkt von Schwarzen überlaufen sein. Das sage ich nicht, weil ich Rassist wäre. Was jetzt passiert, geht auf Schäden zurück, die vor vielen Jahren angerichtet worden sind. Mir wird kotzübel, wenn ich daran denke, daß die Leute, die das verschuldet haben, ungeschoren davonkommen. Die werden auch in Zukunft nicht dafür büßen müssen. Dabei sollte man sie sich schnappen und aufhängen.

EMMA: Auch de Klerk?

HOWARD: Den sollte man aufhängen.

EMMA: Überleg doch mal, was der Mann getan hat.

HOWARD: Aufhängen sollte man ihn.

EMMA: Aber er hat so gehandelt, weil er einen Sinn für Recht und Gerechtigkeit hat.

HOWARD: Er konnte gar nicht anders.

EMMA: Er hätte Mandela nicht freizulassen brauchen.

HOWARD: Und hätte dann in einem Land ohne Geld gelebt.

Beide verstummten für geraume Zeit. Dann fragte Howard: Warum mußte es überhaupt so etwas wie Schwarz und Weiß geben? Das müßte mir mal jemand erklären. Warum? Das würde ich gern wissen. Solange mir das niemand erklären kann, kümmere ich mich bloß noch um meine Familie. Die Zeiten sind vorbei, wo ich für die gemeinsame Sache aller Mischlinge gekämpft habe. Das funktioniert nicht. Hier, die Narbe überm Auge, die hat mir ein Polizist bei einem Protestmarsch mit seinem Knüppel beigebracht. Damit ist es jetzt vorbei. Jetzt gibt es für mich nur noch meine Familie.

Er trank sein Bier aus.

Die Mischlinge werden die Zeche bezahlen müssen. Wir haben ja schon eine Arbeitsplatzreservierung. Nicht mehr lange, und die Mischlinge werden herumlaufen und nach Arbeit suchen. Es wird Gesetze geben, daß die Arbeitsplätze als erstes den Schwarzen zustehen. Mir ist klar, daß es mir schlechter gehen wird, aber ich bin den Schwarzen deswegen nicht böse. Ich trete beiseite und mache ihnen Platz. Wir waren ja nicht diejenigen, denen es in der Vergangenheit schlechtgegangen ist. Ich kann nicht sagen: Jetzt sind wir endlich frei. Wir haben in Häusern gewohnt, sie in Baracken. Wenn Sie mich fragen, haben die Schwarzen den Wechsel sehr friedlich vollzogen. Ich meine, was hier so an Gewalttätigkeit vorgekommen ist, das war doch bloß die Spitze vom Eisberg im Vergleich zu dem, was eigentlich hätte passieren müssen.

EMMA: Ich will hier weg, weil unsere Beziehung jetzt zehn Jahre alt ist und wir in diesen zehn Jahren erst im Weißengebiet gewohnt haben und dann ins Mischlingsgebiet umgezogen sind. Wir haben dieses ausprobiert und jenes ausprobiert, und immer hat es in irgendeinem Trauma geendet. In jeder normalen Ehe treten Probleme auf, aber bei uns kriegen sie ein zusätzliches Gewicht. Ich bin jetzt soweit, daß ich das satt habe. Ich möchte in ein Land ziehen, wo man so akzeptiert wird, wie man ist. Ich möchte nicht mehr, daß Taryn heimkommt und mir erzählt, daß sie in der Schule «Milchschoko» gerufen wird. Die arme Kleine. Es war ein enormer Kulturschock für sie, auf eine Mischlingsschule überwechseln zu müssen, und ich mache mir Vorwürfe deswegen. Und dann mache ich mir wieder Vorwürfe, weil ich mir Vorwürfe mache.

Sie sagt zu mir: «Mami, ich mag diese Schule nicht, die Kinder da fluchen und rauchen und fassen mich an den Hintern.» Solche Sachen hat sie vorher nie erlebt. Sie hatten Boesak [Allan Boesak, ein ehemaliger Priester, bei der Wahl ANC-Kandidat für das Amt des Ministerpräsidenten der Westprovinz] in der Schule, und der hat sie aufgefordert, die Faust zum

Black-Power-Gruß zu erheben und dabei Boe-sak, Boe-sak, Boe-sak zu rufen. Und ihre Lehrerin hat ihr gesagt, ich müsse unbedingt den ANC wählen. Das ist ein starkes Stück. Sie ist Belastungen ausgesetzt, die sie nicht aushalten kann.

Wir wollen irgendwo Wurzeln schlagen. Wir haben nie Wurzeln schlagen können.

HOWARD: Wir haben immer Bekannte gehabt, die nach Australien oder sonstwohin ausgewandert sind. Aber wir haben immer gesagt: Nein, wir bleiben hier und fechten das aus. Und jetzt sehen Sie mal: Das Land hat sich verändert, aber nicht für uns. Sie verstehen, was ich meine? In unserer Generation kommen die Verhältnisse nicht in Ordnung. Das Land ist im Arsch. Tut mir leid, daß ich es so sagen muß, aber das Land ist im Arsch. Und daß die Verhältnisse in Ordnung kommen, werden erst unsere Kinder erleben. Für die ist dann Rassenzugehörigkeit kein Thema mehr.

EMMA: Ich bin froh, daß alles so gekommen ist. Ich glaube daran, daß die Verhältnisse in diesem Land sich ändern werden, und zwar zum Besseren. Das Problem ist nur, daß unser Leben verfahren ist. Ich möchte in ein Land auswandern, wo die Verhältnisse normal sind und wo man weiß, was einem als nächstes bevorsteht.

HOWARD: Ich glaube nicht, daß wir das Leben hier aushalten können, während das Land seinen Wandlungsprozeß durchmacht. Das hört sich jetzt vielleicht defätistisch an – aber das würde uns umbringen.

EMMA: Ich brauche ein bißchen Ruhe und Frieden.

HOWARD: Nächstes Jahr wandern wir aus.

EMMA: Wir haben die Hoffnung aufgegeben. Ich setze meinen Glauben in Taryn. Sie hat auf so viel verzichten müssen.

HOWARD: Ich habe diese Vorstellung im Kopf, daß unsere Kinder da, wo es keine Rassenunterschiede, wo es nichts von der Schattenseite des Lebens gibt, vollwertige Bürger werden. Sie müssen glückliche Menschen werden, aber es ist so schwer, in diesem Land einem Kind beizubringen, wie man das wird.

EMMA: Wir passen hier nicht her. Und jetzt sehe ich es Taryn genauso gehen. Es tut noch mehr weh, wenn man mit ansieht, wie das einem Kind passiert.

Auf dem Weg nach draußen sagte Emma: «Na, ich glaube, für Sie war das heute ein Flop.»
«Das glaube ich fast auch», stimmte ich ihr zu. Aus der Mixtur meiner augenblicklichen Gedanken und Gefühle hob sich zum einen Enttäuschung, zum anderen Bedauern für die beiden heraus, dazu die Erkenntnis, daß ich wieder einmal eine Lektion über die ganz gewöhnliche Komplexität des Menschenlebens erhalten hatte.
«Noch eine letzte Frage», sagte ich, während wir uns bereits anschickten, uns voneinander zu verabschieden. «Was hat die Wahl für Sie bedeutet?»
Howard antwortete als erster, wie aus der Pistole geschossen, ohne sich zu bedenken: «Das war toll. Obwohl – wenn ich ganz ehrlich sein soll, war ich ziemlich ratlos, was ich wählen sollte.»
«Anfangs warst du doch total für die Nationale Partei», warf Emma ein.
«Ja», gab Howard widerstrebend wie ein ertappter Sünder zu. Dann gab er sich einen Ruck: «Emma hat recht. Zuerst war ich total für die NP. Aber wie ich dann in der Schlange vorm Wahllokal gestanden hab, hab ich angefangen mich zurückzuerinnern und hab mir gesagt: ‹Wieso soll ich diese Schweinehunde von der NP wählen, die mir diese ganze Kacke in meinem Leben eingebrockt haben? Ich werd meine Stimme dem ANC geben.› Also hab ich ANC gewählt. Ich hab mich mein ganzes Leben lang nicht parteipolitisch engagiert, aber an dem Tag hab ich mir gedacht: ‹Hier soll sich mal was ändern!›»
«Wie du heimgekommen bist und mir das erzählt hast, war ich von den Socken, weil du doch immer so für die ‹Nats› warst», sagte Emma.
Howard lachte.

«Hinterher ging's mir gut. Ich hab mich richtig gut gefühlt. Ich hab mich gut gefühlt, als sie im Carlton Hotel ihren Wahlsieg gefeiert haben und Mandela da gestanden und geweint hat. Wir haben ein sympathisches Foto von Mandela im Wohnzimmer hängen. Er ist ein außergewöhnlicher Mann. Ein sehr guter Mann.»

«Das ist er wirklich», meinte Emma. «Ich hab Vertrauen zu Mandela. Ich glaube ihm. Aber was die Partei angeht, da bin ich mir sehr unsicher. Die haben derart große Versprechungen gemacht. Der ANC und die ‹Nats›, die haben alle beide mit ihren Versprechungen das Maul so voll genommen, daß ich nicht mit gutem Gewissen hätte wählen gehen können. Ich wußte nicht, wem ich glauben sollte. Aber Mandela ist ein ehrlicher Mensch.»

## 4

Wenn ich mich an den Tag von Mandelas Amtseinführung erinnere, entsinne ich mich zuerst der Emotionen. Ich erinnere mich, daß ich am Nachmittag, als die Zeremonie vorüber war, Radio Metro hörte und daß das Kribbeln hinter meinen Augen nicht aufhören wollte, als ein Hörer nach dem anderen im Studio anrief, um Gefühlen Luft zu machen, die er unbedingt mit anderen teilen mußte. Ihre Stimmen waren fast erstickt vor Rührung. Sie sagten, es sei wunderbar gewesen. Sie sagten, es sei herrlich gewesen. Sie sagten, Nelson Mandela sei ein ganz außergewöhnlicher Mensch. Sie sagten, zum erstenmal in ihrem ganzen Leben freuten sie sich, daß sie hier leben. Ich wußte, was sie meinten. Ich blinzelte, um die Tränen aufzuhalten, aber es gelang nicht. Ich stand hinterm Haus und schaute zum Tafelberg hinauf und lauschte diesen Stimmen und der Stimme des Moderators, die gebrochen klang wie die Stimmen der Anrufer, und ich wußte, was sie sagen wollten. Ich hatte nie gedacht, daß ich für dieses Volk und dieses Land einmal solche Empfindungen in mir verspüren würde.

Abends rief Catherine an und sagte, daß sie in Rührung schwimme. Catherine ist Französin. Nach Südafrika kam sie vor fast zwei Jahrzehnten, und ihr erstes Erlebnis im Land war eine Tränengasattacke der Polizei, als die Ordnungshüter eine Anti-Apartheid-Demonstration im Zentrum von Kapstadt sprengten. Jetzt meinte sie: «Das jetzt ist großartiger als alles, was ich Ende der Sechziger in Frankreich erlebt habe. Ich bin froh, daß ich hier bin.»

Sie hatte das ganze Inaugurationsverfahren mit dem Videorecorder aufgezeichnet und sah es sich bei einem Glas Wein wieder und wieder von vorn an. «Es ist kaum zu fassen», meinte sie. «Kaum zu fassen, daß jetzt ein solcher Mann da ist. Als er aufgestanden ist, um seine Rede zu verlesen, und seine Brille aus der Jackentasche geholt hat, hab ich angefangen zu heulen. Eine so einfache Geste. Da schien alles drinzuliegen, was er in seinem Leben durchgemacht hat.»

Ich habe viele Geschichten darüber gehört, wie einzelne Menschen diesen Tag begingen. Manche haben mir erzählt, sie hätten getanzt. Manche erzählten mir, sie hätten gesungen. Manche haben die Sektkorken knallen lassen. Manche haben nur still und stumm dagesessen, teils weil sie mit Trauer daran dachten, was es gekostet hatte, den Weg bis zum heutigen Tag zurückzulegen, teils weil das Geschehen so inhaltsschwer war, daß es die Möglichkeiten des gesprochenen Worts überstieg. Dies waren private Feiern, bei denen die Feiernden den Trost des Alleinseins brauchten, um den Tag begehen zu können.

Der Tag war der 10. Mai 1994. In Pretoria strömten auf dem Rasen vor den Union Buildings Tausende von Menschen zusammen, um Zeugen der Amtseinführung von Präsident Nelson Mandela zu werden. Sechstausend ausländische und heimische Würdenträger waren zugegen, darunter PLO-Führer Jassir Arafat, Israels Staatspräsident Ezer Weizman, der kubanische Staatschef Fidel Castro, Tansanias Gründungspräsident Julius Nyerere, die pakistanische Ministerpräsidentin Benazir Bhuto, US-Vizepräsident Al Gore, Hillary Clinton, der britische Außenminister Douglas Hurd, Prinz Philip – die Teilnehmerliste war lang und voll beeindruckender Namen.

Bei seinem Eintreffen am Ort der Feierlichkeiten sagte Castro: «Dies ist ein historischer Tag. Ich freue mich, hier zu sein. Ich wünsche Ihnen Frieden, Harmonie und Einigkeit für die großen Aufgaben, die vor Ihnen liegen.»

Achtzehn Jahre zuvor hatte er Soldaten losschicken müssen, die dem bedrängten Regime in Angola halfen, südafrikanische Invasionstruppen zurückzuschlagen.

Den ganzen Morgen über trafen die Würdenträger ein. Die Radioreporter berichteten ihren Zuhörern, was sie anhatten und wer sie waren. Sie besprachen Winnie Mandelas sonderbar kronenartigen Hut und den Tropenhelm, den Marika de Klerk als die zum Anlaß passende Kopfbedeckung erachtete. Sie verbreiteten sich über Saris und Militäruniformen, nannten erst frühere Erzfeinde, die man hier friedlich nebeneinandersitzen sah, und nannten dann jetzige Erzfeinde, die man hier friedlich nebeneinandersitzen sah. Sie wiesen auf James Gregory hin, der ein Vierteljahrhundert lang Mandelas Gefängniswärter gewesen war. Auf Wunsch des Präsidenten war er zusammen mit seiner Frau nach Pretoria geflogen worden. Und sie vergaßen auch nicht zu erwähnen, was für eine grandiose Veranstaltung das Ganze war.

Um 12 Uhr 30 wurden die beiden stellvertretenden Präsidenten vereidigt. F. W. de Klerk schwor auf die Heilige Dreifaltigkeit, Thabo Mbeki sagte: «So wahr mir Gott helfe.» Sie hielten ihre Reden. Sie gelobten Loyalität.

Zehn Minuten später rief der Oberste Richter den Präsidenten auf. Nelson Mandela stand auf, und die Versammelten erhoben sich ihm zu Ehren von den Plätzen. Ich staunte, welche Selbstbeherrschung er in einem Moment wie diesem bewies. Wahrscheinlich ist es das Erbe von Robben Island in ihm, dachte ich. Der Oberste Richter sprach die Eidesformel, und der Präsident sagte: «So wahr mir Gott helfe.»

Man händigte ihm das Manuskript seiner Rede aus, und er holte seine Brille aus der Innentasche seiner Jacke. Er setzte sie auf. Er blickte auf die Menge der Versammelten, dann senkte er den Blick auf das Manuskript.

Ich dachte: Ohne ihn wäre dies hier nicht dasselbe. Der Häftling war Präsident geworden. Wir brauchten, wofür er gekämpft hatte, wofür er ins Gefängnis geschickt worden war, wofür er freigelassen worden war. Wir brauchten diese symbolische Verdichtung unserer gesamten Geschichte in einem einzelnen Menschen.

Mandela las vor: «Wir alle, die wir heute hier zusammengekommen sind oder an anderen Orten unseres Landes oder der Welt feiern, geben damit der neugeborenen Freiheit Glanz und Hoffnung mit auf den Weg.»

Er sagte: «Die Zeit ist gekommen, da es gilt, Wunden zu heilen. Der Augenblick ist gekommen, da es gilt, die trennenden Klüfte zwischen uns zu überbrücken. Die Zeit zum Aufbauen ist für uns angebrochen.»

Er sagte: «Wir sind uns nach wie vor bewußt, daß es keinen mühelosen Weg zur Freiheit gibt. Wir wissen sehr wohl, daß keiner von uns allein aus eigener Kraft zum Erfolg gelangen kann. Wir müssen gemeinsam handeln, als ein einiges Volk, müssen gemeinsam hinwirken auf die nationale Versöhnung, den Aufbau der Nation, die Geburt einer neuen Welt. Möge da Gerechtigkeit für alle herrschen. Möge da Friede für alle herrschen. Möge da Arbeit, Brot, Wasser und Salz für alle sein.

Möge ein jeder wissen, daß Leib, Geist und Seele befreit wurden, damit sie zu ihrer Erfüllung kommen.

Nie, nie und abermals nie soll es wieder vorkommen, daß dieses schöne Land die Unterdrückung des einen durch den anderen erlebt und die Schmach erdulden muß, in der Völkerfamilie wie ein Aussätziger gemieden zu werden.

Möge da Freiheit herrschen.

Über einer solch glorreichen menschlichen Errungenschaft wird die Sonne niemals untergehen.

Gott segne Afrika!

Ich danke Ihnen.»

Er sprach diese drei Worte langsam aus, mit Sorgfalt und Bedacht. Mit ihnen beendet er jede seiner Reden. Und es liegt etwas in dieser Kadenz, das mich jedesmal überrieselt. Denn in ihr sind siebenundzwanzig Gefängnisjahre. In ihr ist der Winterwind, der vom Meer her weht und über Robben Island hinwegfegt und an der Seele nagt, so wie Salz Eisen anfrißt. In ihr ist die Melodie der Hoffnung, die über die Verzweiflung obsiegt.

Während Mandela unter Beifall, Rufen und Schreien Platz nahm, begann der Rhapsode Mzwakhe Mbuli zu deklamieren:

Laßt mich meinen Hymnus der Verkörperung des Widerstands
    widmen
Laßt mich meinen Hymnus der Verkörperung von Hoffnung
    und Inspiration widmen
Laßt mich meinen Hymnus der Quelle von Weisheit und
    Inspiration widmen
Ich spreche von Nelson Rolihlahla Madiba Mandela
Ich spreche von Nelson Madiba
Ich spreche von einem Führer gleich einem goldenen
    Diamanten
Ich spreche von einem Führer gleich Diamanten und Gold
Du hast die Feuer der Zeit durchschritten, um geläutert zu
    werden
Du hast alle Formen des Lebens durchschritten
Ich spreche von Nelson Rolihlahla Mandela
Wie ein Eichbaum hast du allen Wettern standgehalten
Genosse Mandela, du bist ein Held, du bist ein alter Kämpe
Du bist ein ganzer Kerl, du bist ein Katalysator, der Einigkeit
    wirkt
Du bist der Vater einer neuen Nation im Werden.

Doch am deutlichsten signalisiert vielleicht der nächste Programmpunkt, was sich geändert hatte. Denn von Süden her erschien am Himmel eine Formation Militärflugzeuge, Truppentransporter in schaukelndem Flug. Sie wurden gefolgt von Düsenjägern, die Rauchstreifen in den Farben der neuen Nationalflagge – Schwarz, Rot, Grün und Weiß – hinter sich herzogen. Den Abschluß machten Kampfhubschrauber, an deren Kufen die neue Flagge selbst flatterte.

Das war der Moment, in dem die Menschen die Arme hoben und riefen: «Das sind jetzt unsere Flugzeuge. Das sind jetzt unsere Flugzeuge.»

Eine Frau brach weinend zusammen und sagte: «Diese Flugzeuge haben meinen Sohn getötet. Aber jetzt gehören sie uns. Sie gehören dem Volk.»

Es war ein Tag, wie meine Phantasie ihn sich nicht hätte ausmalen können. Vor allen Dingen hätte ich mir im voraus niemals diese lebhaften Gefühle vorstellen können. Doch zugleich wußte ich, daß dieser Tag kommen würde – wußte es gleich vielen anderen.

Im Jahr 1976 spürte ich zum erstenmal sein nicht mehr allzu fernes Bevorstehen und wurde zum erstenmal in meinem Leben der Bewegung der Geschichte gewahr. Sie manifestierte sich in Rauchwolken und dem Gewummer von Schnellfeuergewehren und den Protestrufen, mit denen die Kinder von Soweto gegen das Bildungssystem rebellierten. Sie verlieh einer Frage neuen Sinn, die ich zuvor nur als akademisches Problem formuliert gefunden hatte: Wie lange wird Südafrika überleben?

Diese Worte umschlossen die Furcht des weißen Südafrika. Wer sie aussprach, stellte die Frage, wie lange die Apartheid noch aufrechtzuerhalten war beziehungsweise wie viele Jahre es noch dauern würde, bis das afrikanische Chaos Einzug halten würde und mit ihm Schlaglöcher auf den Autostraßen, Stromausfälle, Lebensmittelknappheit, von den Umständen erzwungene Krankenhausschließungen, der Zusammenbruch des Telefonnetzes, das Ende des Bildungssystems, Blutbäder auf den Straßen. Vor 1976 war dies eine Frage, die den Separatismus nährte, denn sie interpretierte das Land unter dem Vorzeichen einer Aufspaltung in zwei Lager: Siedler und Eingeborene. Sie erfand diese beiden Gruppen und stattete die erstere mit sämtlichen positiven Attributen der Zivilisation, die letztere mit sämtlichen unaufgeklärten, unmenschlichen Zügen wilder, primitiver Völker aus. Sollten Unterschiede hervorgekehrt und die Legende, die das weiße Südafrika leben wollte, gestärkt werden, mußte diese Art Frage gestellt werden. Draußen, außerhalb der Wagenburg, war ein «unfaßbarer Taumel» zu konstatieren: «ein Wirbel von schwarzen Gliedmaßen, eine Masse von klatschenden Händen, stampfenden Füßen, sich wiegenden Leibern, rollenden Augen», wie es in Joseph Conrads *Das Herz der Finsternis* heißt. Ich meine, daß diese Legende von den getrennten Welten nach 1976 zusammenbrach: Mit einemmal zeigte sich sehr klar, daß die «andere Welt» ganz und gar keine andere war, sondern ein Stück von der Welt, in der wir lebten.

Die Frage, wie lange Südafrika überleben könne, stellte ich selber erstmals im Jahr 1974 – verhältnismäßig spät in meinem Leben also, und dieser Umstand sagt viel darüber aus, in welch komfortablem Land ich aufgewachsen bin. Wie ich schon sagte, war es ein Raum, der vermittels Apartheid gegen allen anderen Raum abgeschottet war. Es war ein Land, das nur in unseren Köpfen existierte, und wir bewahrten uns die Privilegien, die es in sich schloß, indem wir niemals, weder in Gedanken noch in der Tat, den Fuß über seine Grenzwälle hinauszusetzen uns erkühnten. Wenn wir die von draußen zu uns einließen, so nur, damit sie unser Haus putzten oder unseren Rasen mähten. Doch selbst dann nahmen wir sie nicht wahr, und des Abends kehrten sie wieder in das Dunkel jenseits der Tore zurück. Solcherart war die Fiktion und war die Bilderwelt, welche die Apartheid schuf und wir auslebten. Über diese Kolonie zu schreiben, in der ich nicht lange gelebt habe, berührt mich heute seltsam. Es ist, als beschriebe ich ein fremdes Land, in dem ich mich, mit unbehaglichen Gefühlen, einmal kurze Zeit aufhielt.

1974 zeigten sich nicht zu mißdeutende Anzeichen dafür, daß die ganze Geschichte, die man mir darüber erzählt hatte, wie sich mein späteres Leben gestalten würde, Lüge war. In Mosambik und Angola machten Revolutionen dem portugiesischen Kolonialismus in Afrika ein Ende. Und vor diesem Hintergrund hieß die Frage zu stellen, wieviel Zeit Südafrika noch geblieben war, soviel wie sämtliche Prämissen in Zweifel zu ziehen, auf die sich meine Zukunftserwartungen gründeten. Doch die Brüche in der Geschichte sprangen nicht auf Anhieb in die Augen. Als ich das erste Mal jene Frage stellte, erhielt ich die einfache Antwort: Zwanzig bis fünfundzwanzig Jahre. Der diese Einschätzung traf, war ein politischer Reporter. Ich war zur fraglichen Zeit dreiundzwanzig. Für mich belief sich der genannte Zeitraum auf eine Lebensspanne.

Drei Jahre später las ich das Buch *How Long Will South Africa Survive?* von R. W. Johnson. Darin hieß es:

[...] die Zukunft von Südafrikas weißem Establishment abzuwägen ist keine einfache Aufgabe. Daß es letzten Endes wird verschwinden oder scheitern müssen, scheint eine historische Gewißheit zu sein. Indes, die Frage zu stellen: «Wie lange kann (das weiße) Südafrika überleben?», heißt, um es mit Herman Kahns berühmtem Diktum zu sagen, «das Undenkbare denken». So viele Faktoren sind hier von Bedeutung. Die meisten sind komplex, viele unterm Aspekt der Menschlichkeit gesehen abstoßend und einige nicht wenig erschreckend. Gleichwohl hat man sie alle zu bedenken.

Johnson schrieb sein Buch nach den historischen Ereignissen des Juni 1976. Jene Frage war jetzt keine akademische mehr; überall sah und hörte ich die Bilder und Chiffren aus Yeats' Gedicht *The Second Coming*: Der Falke war auf und davon, die wirbelnde Bewegung griff immer weiter aus, eine blutgetrübte Flut war losgelassen, die Zeremonie der Unschuld wurde überspült. Gewiß hatte man unter Yeats' «struppiger Bestie» die Geschichte zu verstehen, und gewiß war ihre Stunde schließlich gekommen.

Im Juni 1976 diente ich eben noch meine einmonatige Kündigungsfrist bei einem konservativen Nachrichtenmagazin namens *To the Point* (Zur Sache) ab. Verantwortlich für meinen Entschluß zu gehen war teils das Bedürfnis nach neuen Tapeten, teils der Umstand, daß ich neuerdings für meine Texte vor der Publikation das Imprimatur des Chefredakteurs einholen mußte und ich das Auge des Patriarchen als initiativtötend empfand. Ich hatte mich vom unbekümmerten Literatur- und Filmkritiker zum Reporter gemausert, dem man auf die Finger sehen mußte, um der Peinlichkeit vorzubeugen, daß einer seiner naiven Ausfälle gegen die Zensur in das Blatt rutschte. Nicht nur hatte ich die Stirn gehabt, den Informationsminister Connie Mulder zu kritisieren, sondern ich hatte obendrein noch den Versuch gemacht, eine Besprechung von Martin Amis' Roman *Dead Babies* (Tote Babys) zu veröffentlichen, in der ich die moralische Tonlage des Buches lobte. Zur gleichen Zeit hatte die Sekretärin des Chefredakteurs bei der Zensurbehörde Protest gegen den Roman eingelegt und dessen Verbot gefordert. Zufällig hatte sie mein Exemplar auf meinem Schreibtisch liegen sehen, einige Seiten darin gelesen und auf der Stelle erkannt, daß sie hier eine richtig üble Sache in der Hand hielt. (Wie Salman Rushdies *Satanische Verse* stehen die *Dead Babies* bis auf den heutigen Tag unter Verbot.)

Im Juni 1976 wickelte ich also mein auslaufendes Arbeitsverhältnis ab. Am Nachmittag des 16., eines Mittwochs, war ich im Kino und sah mir Antonionis *The Passenger* an. Als ich nach der Vorstellung auf die Straße hinaustrat, war auf der Titelseite der Johannesburger Abendzeitung *The Star* Soweto in Flammen abgebildet.

Am folgenden Tag beschwatzte ich den Nachrichtenredakteur des Magazins, mich nach Soweto gehen zu lassen. Er war keineswegs überzeugt, daß er einen Augenzeugen vor Ort brauchte. Er meinte, ein «Feature» ließe sich auch aus den Tageszeitungsberichten und den Telexmeldungen der Agenturen zusammenstoppeln. Ich bohrte weiter, und er zog los, um die Sache mit dem Chefredakteur zu besprechen. Als er zurückkam, war er noch skeptischer als vorher, meinte aber, wenn ich das Gefühl hätte, ich müsse unbedingt dorthin, wolle er mich nicht daran hindern, allerdings müsse ich mein eigenes Auto benutzen, und für eventuelle Schäden an dem Wagen könne das Magazin nicht aufkommen. Ich solle mir jedoch keine grauen Haare wachsen lassen, denn im Falle meines Todes oder einer Verwundung würde die Versicherung die anfallenden Kosten übernehmen. Wie so viele Nachrichtenredakteure hatte er einen ausgefallenen Humor.

Am Donnerstag, dem 17., nach Soweto zu kommen, war nicht einfach. Die Polizei hatte auf allen Einfallstraßen Sperren errichtet und ließ nur Bewohner des Townships passieren. Ich war eindeutig kein Bewohner des Townships. Also verbrachte ich den Nachmittag bei einer Straßensperre in der Nähe des Baragwanath-Krankenhauses und sprach mit geschockten Handlungsreisenden, Pharmarepräsentanten und Ärzten, die beim Verlassen des Krankenhausgeländes ihre Autos durch ein Sperrfeuer von Steinwürfen hatten steuern müssen. Die meisten waren verletzt und bluteten. Einige weinten. An den Autos gab es kaum noch heile Fensterscheiben. Ich füllte die Seiten meines Notizblocks und schoß Fotos. Unter anderem machte ich eine Aufnahme von einem Mannschaftswagen der Polizei, wie er durch die Straßensperre fuhr und weiter in die Richtung, wo sich, wie ich mir nicht anders vorstellen konnte, hinter der nächsten Straßenecke vor den Augen der Insassen Rauchwolken und ein Tohuwabohu enthüllen würden. Ein Polizeibeamter kam auf mich zu: Ich solle es gefälligst unterlassen, die Polizei zu fotografieren – das sei verboten. Er ließ sich von mir die Kamera aushändigen, öffnete sie, riß den Film heraus und warf ihn auf den Boden, wo er sich schwarz und glänzend ringelte wie eine abgestreifte Schlangenhaut. Ich machte mich auf den Heimweg. Und während ich von der Kammhöhe hinunter in die nördlichen Vororte von Johannesburg hineinfuhr, staunte ich noch immer darüber, daß die Angst und die Aufgeregtheit und die Aufbruchsstimmung mit einer Straßensperre so vollständig eingedämmt werden konnten. Hier war ein gewöhnlicher Winterabend: vergilbte Rasenflächen, kahle Alleen, Pendler auf dem Nachhauseweg, da und dort angehende Lichter, im Dunst am Horizont verlöschend.

Am Freitag morgen fuhr ich nach Alexandra, einem Township nicht weit von der Magazinredaktion. Von den Fenstern im fünfzehnten Stock aus war es selbst nicht zu sehen, deutlich sichtbar waren allerdings die Türme aus schwarzem Rauch, die sich über ihm erhoben. Ich parkte mein Auto an der Louis Botha Avenue und legte das letzte Stück Weg zum Township zu Fuß zurück. Es stand in Flammen. Mir fielen die Anfangszeilen von Mongane Wally Serotes Gedicht auf seinen Geburtsort ein; ich konnte in diesem Augenblick an nichts anderes denken:

> Wäre da eine Möglichkeit zu sagen:
> Mutter, ich habe schönere Mütter gesehen,
> Eine überaus liebevolle Mutter,
> Und ihr zu sagen: dorthin will ich –
> Alexandra, ich wäre längst fortgegangen von dir.

Ich kam zu einer Stelle, wo ein kleines Einkaufszentrum geplündert und niedergebrannt wurde. Irgend etwas war im Gang, das mit Plünderung und Brandstiftung nichts zu tun hatte. Auf jeden Fall lagen überall Glasscherben herum. Auf der Straße lagen große Steinbrocken. Menschen schrien und brüllten. Ein Stück weiter die Straße entlang brannte ein Putco-Bus und sandte eine riesige schwarze Wolke in die Luft. Polizisten feuerten mit Repetiergewehren auf menschliche Gestalten in dem Nebel von Rauch und Rußpartikeln um die Brandstätte. Und eine Ahnung von Aufbruch lag in der Luft. Dies hier, so wurde mir plötzlich klar, war Geschichte. Die Geschichte bestand nicht nur in Vergangenem. Nicht nur in Jahreszahlen und Orten und Begebenheiten. Geschichte war auch das Hier und Jetzt. Der Geruch von verbranntem Gummi. Die dumpfen Schläge der Gewehrschüsse. Vor allem jedoch der Lärm der Stimmen: Angstgeschrei, Jubelgeschrei. Das Chaos. Ein Polizei-Hippo kam angefahren. Die Polizisten, die eben noch geschossen hatten, drängten sich hinein, und das Gefährt, das wie der Phantasie eines H. G. Wells entsprungen wirkte, verschwand in den Rauchschwaden. Alles wirkte ein bißchen so, als sei es ein Traum. Menschliche Gestalten tauchten auf und verschwanden wieder. Was geschah, schien zusammenhanglos und spontan zu geschehen und mit Gewaltanwendung verbunden zu sein. Jemand riß mich am Arm. «Weg hier!» schrie er. «Sieh um Gottes willen zu, daß du hier wegkommst!» Er zog mich mit sich, und ich stolperte hinter ihm her. Vor uns bemerkte ich eine Valiant-Limousine; sie fuhr Schrittempo, und die hinteren Türen standen weit offen. Ängstliche Gesichter mahnten uns zur Eile. Ich wurde ins Innere gezwängt. Der Wagen brauste los. «Wir haben alles verloren», sagte der Mann neben mir, der mich mitgezerrt hatte. «Alles.» Die anderen Insassen schwiegen. An der Louis Botha Avenue setzten sie mich ab. Ich fuhr zurück zur Redaktion, um zu Papier zu bringen, was ich gesehen hatte.

Diese Episode hat zwei Fußnoten verdient:

Mein kurzer Augenzeugenbericht erschien in der nächsten Ausgabe des Magazins ganz unten auf einer Nachrichtenseite. Die Titelgeschichte war den Bodenschätzen Südafrikas gewidmet. Der Chefredakteur John Poorter konferierte einmal in der Woche mit Premierminister B. J. Vorster, der womöglich Einfluß gehabt hat auf seine Entscheidung, die Krawalle herunterzuspielen – wenn nicht direkt, so zumindest als Anlaß zu einer freiwilligen Selbstzensur.

Dieser Tage, achtzehn Jahre nach dem Geschehen, versuchte ich mich vergeblich zu erinnern, ob die Mannschaftswagen der Polizei seinerzeit Hippos oder Casspirs waren. Ich rief das Polizeimuseum an, das sich zufällig in Muizenberg befindet.

«Nein, nein, nein», sagte der hilfsbereite Sergeant, den ich an der Leitung hatte. «Der Casspir hat sich bei den Township-Krawallen in den achtziger Jahren sehr gut bewährt, aber sechsundsiebzig hatte die Polizei Hippos im Einsatz. Aber wozu soll *ich* Ihnen das erzählen – neben mir steht ein Captain, der bei den Sechsundsiebziger-Krawallen mit dabei war.»

Der Hörer wurde an den Captain weitergereicht.

«Wie heißen Sie?» wollte er wissen.
Ich sagte es ihm.
«Wozu brauchen Sie die Information?»
Ich sagte es ihm. Seine Ruppigkeit hatte etwas pervers Wohltuendes. Er redete genauso, wie ich es von einem Polizisten erwartete. Besser gesagt, er redete nicht, er verhörte. Mit jedem Wort gab er zu verstehen, daß er es war, der hier die Fragen stellte.

Es gelang mir dann noch, meine Frage anzubringen, was für Fahrzeuge die Polizei im Juni 1976 in Alexandra eingesetzt hatte.

«Jeeps und Streifenwagen», bekam ich zur Antwort.
«Nur Jeeps und Streifenwagen?»
«Ja. Zum größten Teil.»
«Und Mannschaftswagen, was ist mit denen?»
«Ja, Mannschaftswagen hatten wir auch.»
«Den Hippo?»
«Ja, aber nicht in jedem Township.»
«Aber in Alexandra? War der Hippo da im Einsatz?»
«Ja.»
Eine belanglose Einzelheit, ein historisches Detail ohne irgendwelche staatsgefährdenden Implikationen, und dennoch hatte er nicht anders als ausweichend zu reagieren vermocht. Er vermochte die Gepflogenheiten, die er in Jahren kultiviert hatte, nicht abzuschütteln. Er vermochte sich nicht mehr anzupassen wie der junge Sergeant, der anscheinend glaubt, die Polizei habe dasselbe Anrecht, sich auf die Ereignisse des Juni 1976 etwas zugute zu halten, wie die Jugend von Soweto. Der universelle Geist der Versöhnung konnte sich zuweilen schon in recht seltsamer, abstruser Form manifestieren.

Die Ereignisse des Juni 1976 scheinen mehr als alle anderen Verweigerungskampagnen die nachfolgende Entwicklung beschleunigt zu haben. Die Gefängnisverwaltung auf Robben Island maß seinerzeit den Vorfällen so viel Bedeutung bei, daß sie alle Anstrengungen machte, das Durchsickern der Neuigkeit zu den Gefangenen zu verhindern, und tatsächlich hatte sie zwei Monate lang Erfolg damit. Doch als erstmals seit Soweto wieder neue politische Gefangene auf Robben Island eingeliefert wurden, drangen auch zu Mandela und seinen Mithäftlingen Berichte von dem Aufruhr durch. Diese Nachrichten weckten bei den politischen Gefangenen solche Hoffnungen, daß manche von ihnen glaubten, die NP-Regierung stünde kurz vor dem Sturz. Gerüchte liefen um, daß ihre Freilassung nur noch eine Sache von Wochen, höchstens Monaten sei.

Mandela, Walter Sisulu, Govan Mbeki und die anderen «Hochverratsprozeßler» hatten bereits dreizehn Jahre auf der Gefängnisinsel hinter sich. Bis zu ihrer Freilassung sollte noch einmal soviel Zeit vergehen. Und selbst nach Ablauf dieser Zeitspanne war Mandela erst in dem Augenblick bereit, in seine Freilassung einzuwilligen, als die Absicht der Nationalen Partei, sich auf eine demokratische Verfassung zuzubewegen, zweifelsfrei feststand.

Aber mit dem Sonntag, dem 11. Februar 1990, kam der Tag, der zwangsläufig einmal kommen mußte: der Tag, an dem der des Hochverrats für schuldig Befundene und zu lebenslanger Haft Verurteilte das Gefängnistor in Richtung Freiheit durchschritt.

Jill und ich hatten uns gleich Tausenden und Abertausenden anderer Menschen auf dem Rathausplatz von Kapstadt, dem «Grand Parade», eingefunden, um Mandelas erste öffentliche Rede seit siebenundzwanzig Jahren zu hören. Dies war einer jener Augenblicke in der Weltgeschichte, in denen die Vergangenheit wieder aufgerufen wird. Daß der Schauplatz in Kapstadt lag, nicht weit von der Stelle, wo fünf Jahrhunderte zuvor d'Almeida von den Khoikhoi getötet worden war, war der Sache angemessen. Daß es der Grand Parade war, wo die Kolonialtruppen in den ersten Jahrhunderten der weißen Herrschaft ihre Paraden abgehalten hatten, war ebenfalls nicht unpassend. Daß es der Ort war, wo Kapstadt ein halbes

Jahrhundert lang alljährlich den Geburtstag der Königin Viktoria gefeiert hatte, erschien als eine Pointe voll berechtigter Ironie. Ich fragte mich, ob nicht der Geist von König Cetshwayo – des Herrschers, den man 1882 aus seinem Verlies im nahe gelegenen Schloß hervorgeholt hatte, damit er Zeuge wurde, wie die britischen Soldaten ihre Queen auf dem Paradeplatz ehrten – wiedergekehrt war, um mit triumphierendem Lächeln zu verfolgen, was sich heute am selben Ort abspielte.

Es war ein heißer Tag. Wir hatten feuchte Achselhöhlen, und in einem fort rannen uns die Schweißtropfen über die Oberlippe: Es war ein erbarmungsloser Kapstädter Februartag, einer von denen, die mit hundert Prozent Luftfeuchtigkeit aufwarten und mit einer Sonne, die mit pulsierenden weißen Strahlen vom Himmel herunter auf den Granit des Tafelbergs einhämmert. Aber selbst die mörderische Hitze konnte eine einzelne Gruppe von Menschen nicht davon abhalten, zur Phalanx formiert, schunkelnd und tanzend und Freiheits- und Siegeslieder singend unaufhörlich den Grand Parade zu umkreisen. Sie waren allesamt schweißgebadet, aber sie machten immer weiter und ließen in ihrem Feuereifer nicht eine Sekunde nach. Jedesmal, wenn sie bei uns vorbeikamen, schielten einige mit erhobenen Fäusten zu uns herüber, während andere lachend versuchten, uns in ihre Reihen zu ziehen, die jetzt, wo immer mehr Menschen auf dem Platz eintrafen, mehr und mehr anschwollen.

Für die Mittagsstunden fanden wir ein spärlich beschattetes Plätzchen unter einigen Zierbäumen. Im Schatten zusammengedrängt, saßen wir auf dem kiesbestreuten Boden: Jill und ich und bei uns ein alter Mann mit seiner kleinen Enkelin. Der Alte hatte einige Pfirsiche bei sich, die er in Schnitze zerlegte und mit uns teilte. Es war nach Stunden die erste Erfrischung, die wir hatten, und ich biß hastig in die Frucht, voller Gier, den süßen, scharfen Saft in meine Mundhöhle laufen zu spüren. Der Mann hob die Hand und deutete mit dem Messer auf die Phalanx.

«Was sagen Sie zu denen da?» fragte er.

Es war eine rhetorische Frage, und ich machte mir gar nicht erst die Mühe, mir eine Antwort zu überlegen.

«Sehen Sie sich die bloß mal an», sagte er. «Die reinsten Wilden!»

Er kaute an seinem Pfirsich.

«Wissen Sie, ich und meine Familie, wir haben auch unter der Apartheid gelitten. Wir haben aus unserem Haus ausziehen müssen, damit Weiße drin haben wohnen können. In der Bahn und im Bus haben wir auf den hinteren Plätzen sitzen müssen. Wir haben nicht ins Kino oder ins Theater oder an den Strand gedurft, aber wir sind trotzdem zurechtgekommen. Mein Vater hat ein neues Geschäft aufgemacht. Wir haben ein Haus. Wir haben Autos. Wir haben ein gutes Einkommen. Aber sehen Sie sich *das* an. Das ist nicht unser Stil. Wie wollen solche Leute ein Land verwalten?»

Ich muß zugeben, wenn ich mir die schwitzende, grölende Horde ansah, dachte ich bei mir, daß es mein Stil auch nicht war. Aber war das von irgendwelcher Bedeutung? Für diese Leute jedenfalls nicht. Und für mich eigentlich auch nicht, wenn ich es mir richtig überlegte. Also beantwortete ich seine Frage lediglich mit einem Schulterzucken, und er wiegte den Kopf, betrübt, aber auch angsterfüllt vielleicht.

Als wir die Pfirsiche aufgegessen hatten, begann die Kleine ihren Großvater an der Hose zu zupfen und zu greinen, sie wolle jetzt wieder nach Hause.

«Aber wir müssen noch zwei Stunden warten», sagte er zu ihr.

Sie ließ sich nicht beirren.

«Okay, okay», seufzte er, wandte sich zu uns und reichte uns die Hand, erst Jill, dann mir.

«Hoffen wir, daß alles glattgeht», sagte er, und es war mir nicht klar, ob er die heutige Massenversammlung oder die Zukunft des Landes meinte. Die beiden entfernten sich, der Alte von seiner Enkeltochter durch das immer dichter werdende Gewühl gezerrt. Ich sah ihnen nach und fragte mich, welche

Motive ihn hierhergeführt haben mochten, um mitzuerleben, wie der prominenteste politische Häftling der Welt seine ersten Stunden in der wiedergewonnenen Freiheit verbrachte. Sicher hatte ein gewisses Bedürfnis mitgespielt, den Anlaß feierlich zu begehen, oder auch das Bedürfnis, Hochachtung für den Hauptakteur zu bezeigen, ihm mit der eigenen Anwesenheit zu dokumentieren, daß all die Jahre seines Lebens, die er hinter Schloß und Riegel verbracht hatte, keine verlorene Zeit waren. Als er heute morgen aufstand, was genau war da in ihm vorgegangen, das ihn bewog hierherzugehen? Er war weg, und ich würde es nie erfahren. Erfahren hatte ich allerdings, daß ihm nicht wohl war, wenn er in die Zukunft blickte. Mochte die Gegenwart ihn auch als Stiefkind behandeln, er hatte sich jedenfalls wohnlich in ihr eingerichtet. Vor dem, was die Zukunft bringen würde, fürchtete er sich.

Bald zwang uns das anschwellende Menschenmeer zum Aufstehen. Der fidele Umzug war zum Stillstand gekommen, denn der Grand Parade war jetzt gesteckt voll Menschen. Einige waren auf die Sockel der Statuen geklettert, andere hatten sogar auf halber Höhe der Laternenmaste Halt gefunden. Vom Rathausbalkon aus bemühte sich Allan Boesak, die Menge zum Ruhigbleiben anzuhalten.

«Bitte bewahren Sie Ruhe, bitte haben Sie Geduld!» flehte er, als jetzt eine wogende Bewegung die Menschenmasse durchlief und die Vordersten gegen die Mauer gedrückt wurden. «Er wird bald hier sein. Er hat die Haftanstalt bereits verlassen. Sie werden nicht mehr lange warten müssen.»

Ein fliegender Händler mit Erfrischungsgetränken kam vorbei. Wir kauften eine Dose Cola; der Inhalt war warm und klebrig-süß, aber immerhin flüssig. Ein Halbwüchsiger sah uns beim Trinken zu. Wir versuchten, mit den Augen seinem Blick auszuweichen, aber er setzte sich trotzdem in Marsch auf uns zu.

«Gebt uns auch was ab», sagte er und riß Jill die Dose aus der Hand. Er trank den Rest aus und warf uns die leere Dose vor die Füße. «Amandla!» rief er und lachte, als er uns vor seinem aggressiven Gehabe zurückzucken sah. Und konnte dann nicht widerstehen, noch einmal «Amandla!» hinauszubrüllen, ehe er an seinen alten Platz in der Menge zurückkehrte.

Uns überlief es kalt vor Bestürzung über seine unverhohlene Feindseligkeit.

Ein Polizeihubschrauber erschien über den Hochhäusern, kam heran und kreiste über dem Platz; mit seinem aufreizenden Lärm erregte er den Unmut der Menge. Auf dem Dach des Parkhauses hinter uns und auch auf dem Postamt zu unserer Rechten bemerkte ich Polizisten mit Gewehren in der Hand. Ich machte Jill auf sie aufmerksam. Wollen wir nicht lieber gehen? wollte ich sie gerade fragen, aber sie hatte meine Gedanken erraten und sagte, bevor ich den Mund aufmachen konnte: «Nein. Nachdem wir so lange gewartet haben.»

Ein paar Bekannte, die sich mit Schultern und Ellbogen den Weg aus der Menge gebahnt hatten, kamen zu uns herüber. Ihr dürft hier nicht stehenbleiben, redeten sie uns zu. Wenn es Ärger gibt, sitzt ihr in der Falle.

Sie gingen weg, aber wir blieben, wo wir waren, bis die ersten Schüsse fielen.

Um halb vier war Mandela immer noch nicht da. Trotz des langen Wartens und der Hitze blieb die Menge bei Laune, nur an den Rändern kam es zu Unruhe und Tumulten. Etliche halbwüchsige Burschen kamen mit Rennschuhen und T-Shirts in den Händen vorbeigeschossen. Plötzlich ertönte ein Ruf, und eine Woge von Menschen rollte auf uns zu. Ich packte Jill, und gemeinsam brachten wir uns hinter einer Telefonzelle in Sicherheit. Menschen rannten vorüber, die lachend die Jacken und Hemden und Schuhe schwenkten, die sie beim Plündern erbeutet hatten. Ordner bemühten sich, die Ruhe wiederherzustellen, und versuchten das Plündern zu unterbinden. Ich hörte die dumpfen Detonationen von Gewehrfeuer. Es kam von hinten. Wir rannten los. Hand in Hand, hinter parkenden Autos Deckung suchend, rannten wir davon. Über die nächste Kreuzung zog sich eine Kette von blauuniformierten bewaffneten Polizisten mit Schäferhunden, die bellend oder mit gebleckten Zähnen knurrend an ihren Leinen rissen. Die Straße war mit Getränkedosen und Steinen übersät. Zwei Männer standen mitten auf der Fahrbahn und verhöhnten die Polizisten. Der eine hielt einen Stein, der andere eine Limonadendose in der Hand. Wir bogen in eine Seitenstraße ab und gelangten durch die Passage, wo sonst gewöhnlich die Blumenverkäufer ihre Stände hatten, in die Adderley Street und, nachdem wir diese überquert hatten, in unbelebte Straßen, wo heute nichts weiter als ein ganz gewöhnlicher Sonntag war.

Als wir nach Hause kamen, fanden wir im Anrufbeantworter eine Nachricht von zwei britischen Fotografen, die fragten, ob wir sie vielleicht für eine Nacht unterbringen könnten. Eine Stunde später waren sie da.

Was war los? wollten wir wissen. Sind noch mehr Schüsse gefallen. Wann kam Mandela an?

Sicher, sagten sie. Es sind noch mehr Schüsse gefallen. Sie hatten Bilder von Menschenkörpern auf dem Asphalt im Kasten.

Dann beschlagnahmten sie das Telefon und verwandelten unser Haus in eine Nachrichtenagentur.

Später, als sie zum Abendessen ins Restaurant gegangen waren, rief ich die Nachrichtenredaktion der *Cape Times* an, weil im Radio über das Ereignis nicht berichtet worden war. Man sagte mir, daß Mandela so um halb acht Uhr abends eingetroffen sei, ein Stück knochentrockene Parteirhetorik aufgesagt habe und anschließend gleich wieder verschwunden sei. Man sagte mir, daß es einen Toten gegeben habe: Ein Halbwüchsiger sei bei dem Versuch, aus dem demolierten Schaufenster eines Spirituosengeschäfts Flaschen zu stehlen, erschossen worden.

Es sollte vier Jahre dauern, bis Nelson Mandela abermals vom Balkon des Kapstädter Rathauses herunter zu einer dichtgedrängten Menschenmenge auf dem Grand Parade sprach. Dann sollte er es allerdings in der Rolle des Präsidenten der Republik tun. Dann sollte er nicht aus der Haftanstalt, sondern aus dem Parlament kommend vor sein Publikum treten.

An jenem Montag morgen, dem 9. Mai 1994, waren in dem Gebäude, das seit dem letzten Jahrhundert das Zentrum der weißen Herrschaft gewesen war, die Mitglieder des neuen Parlaments vereidigt worden.

Während er die Treppenstufen hinaufschritt, sagte Tokyo Sexwale, der neugewählte Premier der Region Johannesburg: «Ich hätte nie gedacht, daß es so kommen würde. Wir waren auf den gewaltsamen Sturz der NP-Regierung, auf die Beseitigung des Regimes mit Waffengewalt eingeschworen.» Er lächelte und winkte den Fotografen zu. «Ich fühle mich als Sieger.»

Drinnen hoben die neuen Demokraten die Hände und gelobten Treue dem Land und der Verfassung. Als zur Nominierung von Kandidaten für das Amt des Präsidenten aufgerufen wurde, wurde nur ein Name genannt.

Oberrichter Michael Corbett verkündete: «Somit erkläre ich Mr. Nelson Rolihlahla Mandela zum ordnungsgemäß gewählten Präsidenten der Republik Südafrika.» Die Abgeordneten und die Besucher auf der Publikumsgalerie erhoben sich von ihren Plätzen, applaudierten, stießen Hochrufe aus, jauchzten und weinten. Mandela, mit weißer Rose am Revers, verfolgte das Ganze wie ein unbeteiligter Zuschauer. Und das Erbe der Gefängnisinsel in ihm sorgte dafür, daß er ernst und würdevoll blieb.

Auf der Rednertribüne stimmte der Enkomiast das protokollarische Preislied auf den Präsidenten an, das auch dessen Ahnen und den Märtyrern und Helden des ANC Tribut zollte: Das Blut der schwarzen Menschen rufe mit Donnerstimme, der Tafelberg wanke, und die Gebeine der Chris Hani, Oliver Tambo und Albert Luthuli hätten sich aus der Erde erhoben, um voller Stolz die Freiheit ihres Volkes zu feiern.

Und dann wurde Mandela zum Grand Parade gefahren, wo ihn abermals eine Menschenmenge stürmisch bejubelte.

An seiner Seite teilte Erzbischof Tutu in prächtigem violettem Ornat den Segen aus. Er sagte, dieser Tag habe dreihundert Jahre warten müssen – «dieser Tag der Befreiung für uns alle, Schwarze und Weiße gemeinsam». Er sagte den Versammelten, sie seien «Regenbogenmenschen» und forderte sie zum Willkommensgruß für unseren «funkelnagelneuen Staatspräsidenten» auf.

Der hob die Hand zum Gruß und sagte: «Heute feiern wir nicht den Sieg einer Partei, sondern einen Sieg für alle Menschen Südafrikas. Wir kommen nicht als Eroberer, sondern als Mitbürger.»

Ich hörte mir das Ganze im Radio an. Ich hörte Mandela aus seiner Lebensgeschichte die Gefängnisinsel evozieren, mit der zugleich die Schatten anderer, die dort inhaftiert gewesen waren, vor das innere Auge des Zuhörers traten. Ich dachte an die Berühmtesten von ihnen. An Siyolo, den im Achten Grenzkrieg 1850–1853 bei den Kolonialmilizen Verhaßten, der erst zum Tode verurteilt und dann auf die Insel verbannt worden war. Und an Maqoma, der den britischen Truppen in den Grenzkriegen ebenfalls verheerende Verluste beibrachte.

In der South African Library gibt es eine Daguerreotypie von Maqoma, aufgenommen wahrscheinlich während seiner Haftzeit auf Robben Island. Sie zeigt ein klares Gesicht unter einer hochgewölbten, kahlen Stirn. Die Lippen sind scharf konturiert, wie gemeißelt; der Blick ist fest. Die South African Library besitzt zudem ein 1859 aufgenommenes Foto von den auf die Insel verbannten Häuptlingen der Territorien östlich der Linie, die von der Kapkolonie zur Grenze ihres Gebiets erklärt worden war. Die Abgebildeten stehen vor einer großen Hütte. Einige Personen, unter ihnen die Ehefrauen von Siyolo und Maqoma, kauern in Decken gehüllt auf der Erde. Das umstehende Buschwerk ist niedrig und spärlich; durch die kärgliche Vegetationsdecke schimmert der Sandboden durch. Das Bild ist trostlos, absolut trostlos.

Solche Dinge gehören mit zu Mandelas geistigem Gepäck.

Diesen Sachverhalt meine ich, wenn ich sage, er verkörpert unsere Geschichte. Und aufgrund ebendieses Sachverhalts ist er Träger eines Symbolwerts, der den Menschen Mandela übersteigt. Es ist keine leichte Last, die er da trägt; in ihr ist ihm eine Verantwortung auferlegt, die weder recht noch billig ist. Aber genau wie Schriftsteller pflegen wir nun mal mit unseren Helden nicht nach dem Prinzip von Recht und Billigkeit zu verfahren. Wir richten gern unsere Forderungen an diese Menschen, und wir messen sie gern an der Elle des Augenblicks. In gewisser Weise wurde dieser Maßstab auch an F. W. de Klerk gelegt.

Als die Menge an jenem sonnigen Montagnachmittag *Nkosi Sikelel' iAfrika* sang, stand auch de Klerk auf dem Rathausbalkon, allerdings im Hintergrund und abseits, im Schatten. Einige der Versammelten hatten ihn bei seinem Erscheinen pflichtbewußt hochleben lassen, doch sein Name hatte zugleich auch ein verdrossenes Murren auf dem Platz ausgelöst. Man sollte jedoch nicht aus den Augen verlieren, daß er bewußt und aus freien Stücken die Macht abgegeben hat, etwas, das wohl noch keiner vor ihm vollbracht hat. Vom ersten Augenblick an, als er 1989 sein Amt übernahm, war zu sehen, daß dies sein Ziel war, und beachtlich ist, daß er von seinem Kurs niemals auch nur eine Handbreit abwich. Dieser Dinge sollte man sich im Zusammenhang mit F. W. de Klerk stets erinnern. Ebenso, wie man sich klarmachen sollte, daß Südafrika, hätte de Klerks Vorgänger P. W. Botha nicht den bekannten leichten Schlaganfall gehabt, noch immer das Land sein könnte, das es 1988 war.

Daß Mandela und de Klerk sich dem Gebot der Stunde gewachsen zeigten, ist, um das mindeste zu sagen, ein Glücksfall. Man sagt, daß im Lebensdrama der Nationen nur einmal in jedem Jahrhundert ein herausragender Akteur die Bühne betritt. Gleich zwei davon und auch noch beide zu gleicher Zeit im Ensemble zu haben, das ist schon etwas Außergewöhnliches. Da haben wir im Moment, in diesen Wintertagen, etwas, wofür wir dankbar sein können.

Zwei Wochen nach der Amtseinführung hielt Mandela im Parlament seine Rede zur Lage der Nation. Sie war aus mehreren Gründen bemerkenswert. Sie sprach die Forderungen der Gegenwart an, ordnete sie jedoch zugleich in den Kontext der Vergangenheit ein. Wichtiger noch: Sie beschwor den Geist einer afrikaanssprachigen Dichterin, die mit einunddreißig Jahren im Juli 1965 vom Mouille Point in Kapstadt in die kalten Fluten des Atlantiks watete und sich ertränkte. Sie suchte den Tod, weil sie die mit der Apartheid verbundenen Ungerechtigkeiten nicht länger mitansehen konnte. Ihr Name war Ingrid Jonker. Mandela erwähnte in seiner Rede nur sie, doch ihr Name ist unauflöslich mit einem anderen verbunden. Auf der anderen Seite des Erdballs, in New York, sprang im selben Monat der aus seinem Heimatland verbannte Schriftsteller Nat Nakasa von einem Hochhaus in den Tod. Es kann nicht schaden, sich dieser Dinge zu erinnern. Und in einem Land, wo die Poesie nicht sehr hoch im Kurs steht, kann es nicht schaden, einige Zeilen aus William Plomers Elegie auf jene Frau und jenen Mann zu zitieren:

> Wo ein trockener Strom von Schafen
> In einem Miasma von Staub
> Zwischen Felsen verebbt,
> Wo Zeit Wolle ist,
> Ist er nicht da.
>
> Wo Türme aus grünem Wasser
> Einstürzen und neue Form geben
> Weißen Konturen des Sands,
> Der Samt ist für den nackten Fuß,
> Ist sie nicht da.

Dies sind die ersten Strophen von Plomers Gedicht *Der Geschmack der Frucht*.

Mandelas Bezugnahme auf Ingrid Jonker zeugte von Sensibilität und tiefem Mitgefühl. Er erweckte sie wieder zum Leben und bewies, indem er eines ihrer Gedichte vorlas, eine humane Gesinnung, an der es unserer Gesellschaft nur allzu häufig gebricht. In einem Land, in dem der Gesellschaftsvertrag soviel Geringschätzung erfahren hat und mancherorts noch immer mit Füßen getreten wird, setzten Mandelas Worte neue Maßstäbe:

«Die Zeit wird kommen, wo unsere Nation das Andenken all der Söhne, Töchter, Mütter, Väter, Jugendlichen und Kinder ehren wird, die uns durch ihr Denken und Handeln das Recht gegeben haben, uns mit Stolz Südafrikaner, Afrikaner und Weltbürger zu nennen.

Mit der Gewißheit, die eine Frucht des Alters ist, kann ich sagen, daß wir unter diesen eine Afrikaanerin finden werden, die die partikulare Erfahrung transzendierte und zur Südafrikanerin, Afrikanerin, Weltbürgerin wurde.

Ihr Name ist Ingrid Jonker.

Sie war beides: Dichterin und Südafrikanerin. Sie war beides: Afrikaanerin und Afrikanerin. Sie war beides: Künstlerin und Mensch.

In der tiefsten Verzweiflung feierte sie die Hoffnung. Im Angesicht des Todes bejahte sie die Schönheit des Lebens.

In der finsteren Zeit, als alles hoffnungslos zu sein schien in unserem Land, als viele sich weigerten, ihrer klangvollen Stimme zu lauschen, nahm sie sich das Leben.

Ihr und ihresgleichen gegenüber haben wir eine Schuld an das Leben selbst abzutragen.

Ihr und ihresgleichen schulden wir den Einsatz für die Armen, die Unterdrückten, die Unglücklichen und die Verachteten.

Unter dem Eindruck des Massakers bei der Anti-Paß-Demonstration in Sharpeville schrieb sie:

Das Kind ist nicht tot
das Kind erhebt die Fäuste gegen seine Mutter, die ‹Afrika!›
                                         schreit...

Das Kind ist nicht tot
Nicht in Langa noch in Nyanga
noch in Orlando, noch in Sharpeville
noch bei den Polizeiposten in Philippi
wo es mit einer Kugel im Gehirn daliegt...

das Kind ist bei allen Versammlungen und aller Gesetzgebung
zugegen
das Kind lugt durch Häuserfenster
und in Mütterherzen
dieses Kind, das in Nyanga nur in der Sonne spielen wollte
ist überall

zum Mann herangewachsen, wird das Kind weiterziehen
durch ganz Afrika
zum Riesen herangewachsen, durchwandert das Kind die
ganze Welt
ohne Paß!

Und mit dieser großartigen Vision belehrt sie uns, daß unsere Anstrengungen der Befreiung der Frau, der Emanzipation des Mannes und der Freiheit des Kindes zu gelten haben.

Diese Ziele müssen wir erreichen, wenn unsere Anwesenheit in diesem Sitzungssaal einen Sinn und unser Platznehmen auf dem Regierungssessel einen Zweck haben soll.

Und daher müssen wir, beengt zwar durch den kumulativen Effekt unserer historischen Bürden, aber seiner nicht achtend, die Zeit dazu nutzen, für uns selbst zu bestimmen, wie wir unser gemeinsames Schicksal gestalten wollen.»

Gegen Ende seiner Rede kam er noch einmal auf Ingrid Jonker zu sprechen.

«Am morgigen Afrikatag wird Ingrid Jonkers Traum in Erfüllung gehen. Zum Mann herangewachsen, wird das Kind durch Afrika ziehen. Zum Riesen herangewachsen, wird das Kind die ganze Welt durchwandern – ohne Paß!»

Während ich in jenen Tagen Mandelas Reden lauschte, wurde mir bewußt, daß ich hier etwas Neues zu hören bekam. Da war nichts mehr von den schnellfertigen Propagandasprüchen und der billigen Rhetorik, mit denen er im Wahlkampf und zuvor bei den Verweigerungskampagnen seine Anhänger aufgeputscht hatte. Da zeigte sich auch nirgends der Dogmatismus, der die Verlautbarungen der vorigen Regierung verkrustet hatte. Hier war vielmehr trotz einiger glatter Floskeln das Bemühen um eine gehobene Sprache nicht zu verkennen. Die Sätze hatten einen neuen Rhythmus und dokumentierten einen ausgeprägten Sinn für die Wahl, die Kombination und das Arrangement der Wörter und ihre Wirkung auf die Zuhörer. Diese Sprache wurde sorgfältig gepflegt. Sie war als empfindlich und verjüngungsbedürftig diagnostiziert worden und wurde entsprechend behandelt. Mochte man hier auch keine denkwürdigen Formulierungen und einprägsamen Merksätze finden, so war da doch eine Aufgeschlossenheit für die stilistische Seite der politischen Rede, wie man ihr hierzulande seit den Verweigerungs-Massenkundgebungen der fünfziger Jahre nicht wieder begegnet war. Ich gewann den Eindruck, daß Mandela gewissermaßen die Menschen aufforderte, sich ein neues Bild von sich selbst zu schaffen. Möglich, daß er den Wahltag als Beginn dieses Prozesses betrachtete und auf weitergehende Veränderungen hoffte.

# 5

Für viele Menschen war die Wahl ein schieres Wunder. Dieses Wort gebrauchten sie immer wieder, wenn sie über jene Zeit sprachen. Es geisterte durch Radio-Talk-Shows und Fernsehdiskussionen. Man gebrauchte es fast in seiner eigentlichen Bedeutung: fast so, als wolle man damit einen göttlichen Eingriff in das irdische Geschehen bezeichnen. Wenn ich es aus dem Mund der Moderatoren hörte, sah ich im Geiste Gott den Herrn in die Karru hinausgehen und mit den Malefaktoren reden. Ich sah Ihn auf den Felsen stehen, während sie um Ihn her zusammenströmten, und ich hörte ihren Wortführer rufen: «Wie lange richtest Du nicht und rächest nicht unser Blut?» Und ich sah Gott den Herrn seinen Arm erheben, um ihnen Stille zu gebieten.

Ich denke, sie war nicht schwer zu verstehen, diese Sehnsucht nach dem Wunderbaren, in dem der Beweis dafür läge, daß wir nicht mit unserer Geschichte allein gelassen worden waren. Wie passend also, daß Rabbi Harris bei der Amtseinführung des Präsidenten die Verse aus dem Buch Jesaja zitierte: «Ich habe dich einen kleinen Augenblick verlassen, aber mit großer Barmherzigkeit will ich dich sammeln.»

Und: «Ich habe mein Angesicht im Augenblick des Zorns ein wenig vor dir verborgen...»

Und: «Man soll keinen Frevel mehr hören in deinem Lande...»

Wohltönende Worte, mit sonorer Stimme vorgetragen. Es schien, als wären sie speziell für diesen Augenblick geschrieben.

Selbst der Präsident begann davon zu sprechen, daß «ein

neuer Geist im Lande umgeht». Das reichte, um alle Schleusen des Gefühls in mir zu öffnen und mich erbeben zu lassen. Dann entsann ich mich einer Textstelle in J. M. Coetzees *Eiserne Zeit (The Age of Iron)*, und das Blut gefror mir in den Adern:

Ich sage Ihnen, wenn ich auf dem Boden hier gehe, hier in Südafrika, habe ich das wachsende Gefühl, daß ich auf schwarzen Gesichtern gehe. Sie sind tot, aber die Seele ist noch nicht aus ihnen gewichen. Sie liegen da, schwer und verhärtet, und warten darauf, daß meine Füße weitergehen, warten darauf, daß ich mich entferne, warten darauf, wieder zum Leben erweckt zu werden. Millionen von roheisernen Gestalten, die unter der Außenhaut der Erde flottieren. Das eiserne Zeitalter, das seiner Wiederkehr harrt.

In einem Land, wo alles in ein Umfeld von Gewalttätigkeit eingebettet war, wo die meisten Geschichten, die man sich erzählte, sich zu einem Zyklus der Gewalttätigkeit zusammenfügten – wie anders konnte hier eine solche augenblicksweise Manifestation des guten Willens empfunden werden denn als ein reines Wunder? Und wenn man hinzunahm, daß ein großer Teil der Bevölkerung sich auf seine Christenknie niedergelassen und für den Frieden gebetet hatte, hatte man dann nicht die Erfüllung dieser Gebete erlebt? War dieses erstaunliche Ereignis nicht ein wahres Wunder?
Und war nicht eine Gnadenzeit für uns angebrochen?
Die Tyrannen und die Terroristen hatten zusammen im Parlament Platz genommen. Afrikaaner Patrioten hatten das neue demokratische Südafrika als ein Ereignis bejubelt, das für sie eine Befreiung bedeute. Und im Gegenzug hatte der neue Präsident von einem «gerüttelt Maß Großmut» gesprochen, «das unterdrückte und leidende Menschen bewiesen, die ihren Führern und Repräsentanten das Mandat erteilten, eine politische Zukunft im Zeichen des Friedens, der Versöhnung und der Geschlossenheit auszuhandeln».

Im Fernsehen sagte Adelaide Tambo, die Witwe des früheren ANC-Präsidenten Oliver Tambo: «Ich schulde weißen Südafrikanern Dank, weil sie sich seit der Ankündigung der Wahlen sehr hilfsbereit gezeigt haben. Im Land herrscht eine so schöne Stimmung.»

Südafrika war wieder im Commonwealth und erneut Mitglied der Vereinten Nationen. Mandela hatte die Jahrestagung der OAU eröffnet. Er hatte von Südafrika als dem Brotkorb des afrikanischen Südens gesprochen. Gestern kündigten die Zeitungen einen Hilfsflug mit medizinischem Bedarf und Lebensmitteln für die Flüchtlinge aus Ruanda an. Pepsi Cola war nach Südafrika zurückgekehrt. Andere Konzerne, so war zu hören, würden demnächst Hunderte Millionen Dollar im Land investieren.

«Weißt du, was das bedeuten könnte?» sagte mein Vater, als wir uns über die wundersamen Zeitläufte unterhielten. «Kannst du dir vorstellen, *wie* dieses Land vielleicht einmal florieren wird?» Und dabei lag so viel Hoffnung in seiner Stimme.

Aber war es ein Wunder? Oder war es der Ausfluß einer jener Glücksmomente, wie sie manchmal in der Geschichte eintreten? Wie sie in der Geschichte aller Völker und Nationen vorkommen. Wir mit unserer blühenden Phantasie glauben, derlei Ereignisse seien in Südafrika häufiger als anderswo gewesen – diese sonderbaren Momente, die sonderbar sind, weil sie Glück bringen. Sonderbar, weil unser Daseinshintergrund ganz überwiegend nicht das Glück, sondern das Unheil ist.

Aber zugleich war es in den jüngstvergangenen Jahren eine landläufige Erfahrung, Politiker, Geschäftsleute, Black-Sash-Vorsitzende, Geistliche, die Gebannten, die Gefolterten oder die Hinterbliebenen derer, die vom Staat oder von bewaffneten Kämpfern der Rechten oder der Linken ermordet worden waren, von einem «Reservoir an gutem Willen» sprechen zu hören. In diesem Land, wo das Wasser knapp und ein großer Teil des Bodens halbwüste Steppe ist, gebrauchen wir das Wort «Reservoir», wo andere von einem «Vorrat» sprechen. «Reservoir» läßt nicht nur an Gelagertes, Gespeichertes, sondern auch an beiseite Getanes, Reserviertes denken. Und an Selbstbeschränkung. Das Wort evoziert Bilder von schlammigen Tümpeln im Oranjefreistaat oder vom tiefen Grün des Clanwilliamdamms vor dem Granitgrau der Cedarberge oder von dem kühlen Wasser in dem «Reservoir» einer Farm, einem Wellblechtank neben der Windmühle, in dessen klarem Inhalt kleine Käfer schwimmen. Dieser Reservoire sind immer Orte der Stille. Zuweilen werden sie vom Wind gestreichelt. Öfter noch reflektieren sie die Strenge ihrer Umgebung.

Im Parlament meinte einer der Abgeordneten im Zusammenhang mit der Wahl, «die Leute haben sich dafür entschieden, das Gute zu tun». Kein Zweifel, diese Gesellschaft, die bisher noch in jeder politischen Analyse für «gespalten» befunden wurde, ging hin und tat Gutes. Tat es im Namen der Befreiung, aber auch weil da eine ausgehandelte Regelung und eine Interimsverfassung waren und ein Mann, der sie mit der Kraft seiner Persönlichkeit ansprach. Gutes zu tun, dazu war selbst diese gepeinigte Gesellschaft in der Lage. Und zwar nicht obwohl, sondern gerade weil es kaum zu erwarten war. Hätten wir nicht so beharrlich im Trubel des Bösen gelebt, hätten wir dann auch so viel Klarblick aufgebracht? Ich glaube nicht.

«Das Erstaunliche an diesem Land», sagte mir der nigerianische Schriftsteller Kole Omotosa einmal auf einer Cocktailparty zum Start eines Verlagsprojekts, das, solide finanziert aus der Kasse eines Bollwerks des afrikaanschen Verlagswesens, der schwarzen Literatur wie der Literarisierung der Schwarzen Auftrieb geben sollte – «das Erstaunliche an diesem Land ist, daß der ANC in dem Moment, wo er in der Übergangsregierung mit drin saß, die Kampfparolen aus seinem Vokabular gestrichen hat. So etwas hat es in keinem anderen afrikanischen Staat gegeben. Da hat man überall den ideologischen Ballast in die Regierungsphase mitgeschleppt. Ich habe mit eigenen Ohren gehört, wie Terror Lekota [der Premier des Oranjefreistaats] den Leuten sagte, sie sollten jetzt wieder an ihre Arbeit gehen, die Zeit für Protestmärsche sei vorüber. Die Sache ist die, daß diese Leute nicht wie Afrikaner denken. Die haben eine sehr westliche Einstellung, ganz anders als anderswo in Afrika. Die haben die westliche Haltung viel stärker assimiliert, als das anderswo der Fall ist.»

Vielleicht lag es an der Verfassung, vielleicht an Mandela, vielleicht am «Reservoir an gutem Willen», daß alles so lief, wie es lief. Wir standen an einem Höhepunkt unserer Geschichte; wahrscheinlich wird sich dergleichen kein zweites Mal ereignen. Aber meiner Meinung nach reichte es, daß so etwas einmal geschehen war, daß immerhin *diese* Geschichte zum Erzählen da war, falls irgendwann in der Zukunft die Umstände sich plötzlich verdüstern sollten.

Indes, es ist eine sehr fragile Geschichte, und das sollte man nie vergessen. Und wenn man sie in ihrer ganzen Zerbrechlichkeit und mit den Akzenten an den richtigen Stellen begreifen will, muß man sie vor den Hintergrund dessen stellen, was vorausgegangen ist.

Am Morgen nach der Amtseinführung des Präsidenten las ich in der *London Review of Books* einen Artikel von R. W. Johnson. Noch immer in der Euphorie des Vortags, fand ich, daß der Verfasser – zumindest im Ton – völlig danebengegriffen hatte. Er schilderte ein Land im Chaos. Einen Satz las ich wieder und wieder: «Es ist alles ein einziges Durcheinander, nichts ist auch nur entfernt in funktionsfähigem Zustand, es wird zwangsläufig noch mehr Gemetzel geben.» Johnson hatte den Artikel vor der Wahl geschrieben; die Ausgabe, in der er abgedruckt war, datierte vom 28. April. Ich wußte nicht, wie ich mich zu dem Artikel stellen sollte. Johnson hatte in allem recht und doch wieder nicht recht. Er ging mit keinem Wort auf Dinge ein, wie ich sie an den Menschen beobachtet und im

Radio gehört hatte. Er wollte auch nicht für einen einzigen – sei's noch so zerbrechlichen – Moment das Recht auf Triumph zugestehen. Und er deutete auch nicht mit einer einzigen Silbe die Möglichkeit dessen an, was dann tatsächlich eingetreten ist. Gegen Ende des Artikels schrieb Johnson, daß wir uns anschickten, mit unserer Geschichte neu zu beginnen. Für mich war es jedoch gar keine Frage, daß wir mit unserer Geschichte nicht von vorn anfangen konnten: Wir waren Teil von ihr, lebten in ihr und hatten uns alle Tage unseres Lebens mit ihr auseinanderzusetzen. In den Wochen, die vor uns lagen, würde viel von «Neuanfang», «Tabula rasa», «Bruch mit der Vergangenheit» geredet werden. Die Menschen, die diese Worte gebrauchten, taten dies in der allerbesten Absicht, aber sie befanden sich trotzdem im Irrtum, und paradoxerweise war es Johnsons Artikel, der mir den Beweis dafür lieferte. Er bot ein eindrucksvolles Resümee all dessen, was wir in letzter Zeit durchgemacht hatten, und veranlaßte mich damit, aus meinem Zettelarchiv eine Sammelmappe hervorzuholen, auf deren Etikett nichts weiter als das Wort GEWALT stand. Hier ein Auszug aus Johnsons Artikel:

Schwer zu sagen, was als Normalität zu gelten hat in einer Gesellschaft, in der Dutzende von Afrikanern von anderen Afrikanern auf offener Straße niedergeschossen werden können, und niemand denkt auch nur im entferntesten daran, die Mörder zu ergreifen. In der Eugene Terre'Blanche sich im Fernsehen brüsten kann, der AWB-Einfall in Bophuthatswana sei ein «Sieg» gewesen, weil seine Männer hundert unschuldige Afrikaner umgebracht haben, und niemand deutet auch nur an, daß er in diesem Fall als Mörder verhaftet gehört. In der Taxikriege toben, die Hunderte von Todesopfern fordern. In der Männer mit Kalaschnikows unter «Bula aba thakathi»-(Tötet die Hexen-)Rufe in Vorortzüge eindringen und dann darangehen, jede «Hexe», die sie finden, aus dem fahrenden Zug zu werfen. In der eine vorbestrafte Geistesgestörte an die Spitze des Frauenverbands ihrer Partei und ins Parlament gewählt und ... ins Kabinett berufen werden kann. In der afrikaanse Konservative mit Kriegsdrohungen nach einem *volkstaat* schreien, aber dir ums Verrecken nicht sagen können, *wo* der liegen soll.

Das ist ein Bild, in dem wir uns wiedererkennen können, eine realistische Wiedergabe unserer Lebensumstände. Ein Bild von Dingen, die man immer im Gedächtnis behalten muß. Von Dingen, die nie vergessen werden dürfen. Ein Bild, das mich veranlaßte, meine Sammelmappe durchzusehen.

Ich stellte fest, daß an dem Tag im Oktober 1993, als die Verleihung des Friedensnobelpreises an F. W. de Klerk und Nelson Mandela bekanntgegeben wurde, die Mörder des hochangesehenen ANC-Veteranen Chris Hani zum Tod durch den Strang verurteilt worden waren. Gegenüber dem Rand Supreme Court, wo das Urteil verhängt wurde, versammelten sich in der Johannesburger Central Methodist Church Trauergäste, um an einem Gedenkgottesdienst für fünf junge Leute teilzunehmen, die am Freitag davor bei einem Feuerüberfall von Soldaten der südafrikanischen Streitkräfte auf einen vermeintlichen PAC-Schlupfwinkel in Umtata ums Leben gekommen waren. Während der 27-Minuten-Attacke bestrichen die Angreifer das Gebäude mit Gewehrfeuer. Einige der Todesopfer wiesen bis zu achtzehn Schußwunden auf. Zwei waren unter zwölf Jahre alt. Der Überfall soll von de Klerk genehmigt worden sein. Während des Gottesdiensts stimmten die Trauergäste einen Sprechgesang an: «Im Namen Jesu Christi... ein Siedler, eine Kugel.» Drei Tage später brachte Radio Metro ein Interview mit Nelson Mandela. Er verurteilte de Klerk wegen des Feuerüberfalls und meinte in bezug auf die Hani-Mörder, der ANC sei zwar grundsätzlich gegen die Todesstrafe, beuge sich aber in diesem Fall dem Volkswillen.

Am Tag der Friedensnobelpreisbekanntgabe berichtete die *Weekly Mail & Guardian*, daß im Zeitraum Juli bis September auf den Bahnlinien zum Witwatersrand 85 Pendler getötet und 105 Personen verletzt worden waren. Tags darauf meldete die *Cape Times*, daß es bei einer bewaffneten Auseinandersetzung in Natal vier Tote gegeben hatte, daß in Nyanga ein Fünfundsechzigjähriger erstochen worden war, daß am East Rand zwei Polizisten erschossen worden waren, daß ein Schulmädchen einer Frau, die von drei Angreifern niedergestochen worden war, das Leben gerettet habe. Eine Woche später ernannte das *Vrye Weekblad* Südafrika zu einem der blutigsten Länder der Welt. Am selben Freitag wurde Michael Phama im Rand Supreme Court für schuldig befunden, einundzwanzig Menschen erschossen zu haben. Sechzehn davon waren Inkatha-Mitglieder, die sich auf einem Friedensmarsch befunden hatten. Im Lauf der Verhandlung hatte der vorsitzende Richter unsere Gesellschaft als «brutal», «gestört» und «verwirrt» bezeichnet. Während der Dauer des Prozesses kochte die Volksseele so stark, daß es in den Townships am East Rand zu neuen Gewaltausbrüchen kam. Noch mehr Menschen kamen ums Leben. Der ANC hat nie auch nur ein einziges Wort der Kritik an Phama verlauten lassen. Ein hochrangiger ANC-Sprecher erklärte einem Reporter, Phama sei eine Art Held. «Eigentlich mochte ich den Mann ganz gern», sagte er.

Es wäre niederschmetternd, wollte man die Morde und Gewalttaten, die für die Monate Januar, Februar, März und April 1994 kennzeichnend waren, allesamt einzeln aufzählen. Eine solche Litanei des Todes zu lesen würde über meine Kräfte gehen. Ich würde verzweifeln. Jeder würde verzweifeln. Ich würde diese Gesellschaft verdammen. Wir würden für brutal, gestört und verwirrt angesehen werden. Aber trotzdem – ich muß hier eine Vorstellung davon vermitteln, wie es in jener Zeit bei uns zuging.

Ich erinnere mich an Bombenanschläge und die Todesanzeigen für die Opfer. Ich erinnere mich, wie ich einen Mann im Radio weinen hörte, nachdem die Leichen seiner Mitarbeiter in Erdrinnen im Grasland von KwaZulu gefunden worden waren. Die Leute waren unterwegs gewesen, um Wählerinformationsbroschüren zu verteilen. Sie waren von Männern, die mit Buschmessern und Knüppeln bewaffnet waren, in einem

Schulzimmer gefoltert und verstümmelt worden. Dann hatte man sie aufs *veld* hinausgebracht und erschossen. Alle sieben. Der Mann weinte, und es war das erste Mal, daß ich Zeuge der öffentlichen Bekundung eines solchen mit Bestürzung und Ratlosigkeit einhergehenden Schmerzes wurde. Warum? stieß er immer wieder hervor. Warum? Warum? Warum?

Ich erinnere mich an das Foto von drei AWB-Mitgliedern in Khakishorts und Khakihemden, die tot neben ihrem alten Mercedes liegen. Ich erinnere mich an das Foto, auf dem ein schwarzer Soldat sie erschießt. Vor nicht sehr langer Zeit habe ich in einem Roman die mutwillige Ermordung eines schwarzen Grubenarbeiters durch eine Schar von überwiegend weißen Banditen geschildert, denen er auf dem *veld* zufällig über den Weg läuft. Der Vorgang weckte in der Vorstellung ein ähnliches Bild: die Pistole als Verlängerung des Arms, die deutet, verurteilt, exekutiert. Dieses Zeitungsfoto war ein spiegelverkehrtes Abbild. Es signalisierte das Ende der Grenzermentalität. Das Ende des Kolonialismus. Das Ende der Apartheid.

Bevor sie starben, waren die drei Männer in einem AWB-Autokonvoi mit durch die Innenstadt von Mmabatho gefahren und hatten wie alle ihre Genossen aus ihrem Fahrzeug heraus die Menschen auf den Straßen beschossen. Der AWB war nach Mmabatho geeilt, um dem Präsidenten von Bophuthatswana, Lucas Mangope, zu Hilfe zu kommen, den sein Volk zu stürzen im Begriff war, weil er ihm die Teilnahme an der Wahl im April verweigerte. Präsident Lucas Mangope war ein Apartheid-Diktator, und sein Volk hatte die Nase voll von ihm. Es ging auf die Straße, um ihn davonzujagen. Und in diese Turbulenzen steuerten die AWB-Kommandos mit ihren Mercedes und Bakkie-Lieferwagen und Mazdas hinein. Sie wurden von Fallschirmjägern beschossen, der Konvoi wurde zersprengt, und jetzt kam der alte Mercedes in einer aufgebrachten Menschenmenge zum Stehen.

Der Fahrer lag verblutend auf der Piste. Ein massiger Weißer mit buschigem Vollbart hockte, sich mit erhobenen Händen ergebend, bei der offenen Fahrertür. Ein dritter Mann kauerte auf dem Rücksitz, rutschte dann aus dem Wagen und lag gegen das Hinterrad gelehnt da.

«Schwarze Schweinehunde», murmelte er auf Afrikaans, und die Menge schrie ihm zu: «Wer hat euch geheißen hierherzukommen? Tut's euch jetzt leid?»

Der massige Bärtige wurde gezwungen, sich auf den Bauch zu legen, während Soldaten ihn nach Waffen filzten. Er versuchte ihnen klarzumachen, daß sein Kamerad nicht tot war. Aber keiner hörte ihm zu.

«Verdammte Scheiße», schrie er, «hol doch bloß mal jemand einen beschissenen Krankenwagen. Um Gottes willen helft uns, bitte holt ärztliche Hilfe.»

Und dann erschoß ihn ein Soldat mit einem R-4-Gewehr und erschoß den Mann am Hinterrad und jagte noch ein paar Kugeln in die bereits leblosen Körper.

Da war noch ein anderes Foto, wenige Minuten danach aufgenommen, das mir ebenfalls nicht aus dem Kopf gehen wollte. Es zeigte den Mercedes und dahinter auf der Straße sich nähernde Militärfahrzeuge. Die drei AWBler liegen mit gespreizten Gliedmaßen auf der Erde. Einen Meter vor ihnen haben sich, die Kamera vorm Auge, etliche Fotografen hingekauert. Sie sehen aus wie großschnäbelige Geier, die auf die Beute zuhüpfen, um sie zu zerreißen.

Ich erinnere mich an ein Foto von Zulukriegern, die sich versammelt hatten, um einer Rede König Goodwill Zwelithinis zu lauschen. Viele von ihnen waren mit Kalaschnikows bewaffnet.

In meiner Archivmappe befand sich auch ein Artikel von Ken Owen, dem Chefredakteur der *Sunday Times*, den ich mir aus der Zeitung ausgeschnitten hatte. Darin hieß es: «Nur noch fünf Wochen bis zur Wahl: Da fangen die Nerven an dünn zu werden, die Reizbarkeit wächst. Das Land wird mit Gerüchten und düsteren Prophezeiungen überschwemmt.» Den Abschluß bilden die Sätze: «Das Zentrum der Schlachtordnung hält, aber mit knapper Not. Wir müssen die Wahlen durchziehen, damit wir zu geordneten Verhältnissen zurückkehren... und eine echte Demokratie aufbauen können.»

In derselben Ausgabe brachte die *Sunday Times* eine Karte der Gebiete in KwaZulu/Natal, wo die Gewalttätigkeit am stärksten war. Sie zeigte einen etwa hundert Kilometer breiten Streifen Land, der sich längs der Küste von der Südgrenze zur Transkei bis zur Nordgrenze nach Mosambik erstreckte. In der Legende war zu lesen: «Seit 1985 sind in den ‹Natalkriegen› rund 12 000 Menschen ums Leben gekommen.»

Unter dem Datum vom 30. März steht in meinem Tagebuch eine Gesprächsnotiz über ein Telefonat, das ich mit meiner Mutter führte. Warum ich dieses Stichwortprotokoll aufgeschrieben habe, weiß ich heute nicht mehr; vielleicht hat sich da, mir unbewußt, einfach nur meine alte Gewohnheit durchgesetzt, mir während des Telefonierens Notizen zu machen. Mutter wollte das Rezept für Toast Melba wissen. Ich erklärte ihr, wie man das Weißbrot einfriert und den tiefgefrorenen Laib in dünne Scheiben schneidet. Sie sagte, sie wolle sich für den Fall einer Lebensmittelknappheit einen Toast-Melba-Vorrat anlegen. Damals sorgten Gerüchte über drohende Versorgungsengpässe dafür, daß in den Einkaufsmärkten die Kerzen- und Konserven-, Eisenwaren- und Campinggasregale total leergefegt waren. Mutter meinte: «Die Leute sagen, man muß sich mit Vorräten vom Notwendigsten versehen, weil es Schwierigkeiten geben wird.» Die Schwierigkeiten würden in Stromausfällen infolge von Sabotageakten sowie im vollständigen Zusammenbruch der Lebensmittelversorgung bestehen. Ich erkundigte mich, wo sie die Geschichte herhatte. Sie sagte, ein Polizist habe es jemandem erzählt, der es einer Bekannten von ihr weitererzählt habe, und die wiederum habe es ihr erzählt. Ich sagte, sie dürfe solche Gerüchte nicht allzu ernst nehmen. Aber andererseits schien mir auch der Plan, sich einen Toast-Melba-Vorrat anzulegen, nicht gerade den allerfestesten Glauben an bevorstehendes Unheil zu bezeugen.

Anfang April wurde über KwaZulu/Natal der Ausnahmezustand verhängt. Wenige Tage darauf endete ein Protestmarsch von Inkatha-Anhängern in die Innenstadt von Johannesburg in einem Blutbad; es gab dreiundfünfzig Tote – und über hundert Verletzte. Viele der Toten waren Opfer von Heckenschützen, die sich auf Hochhausdächern postiert hatten. Buthelezi erklärte den 27. und den 28. April zu Trauertagen. Alle Anzeichen sprachen dafür, daß es im Gefolge des Wahlboykotts der Inkatha in KwaZulu und am East Rand, wo schwere Kämpfe zum normalen Alltag gehörten, zu schrecklichen Exzessen kommen würde.

Und dann geschah in den Augen der Wundergläubigen ein Wunder. Ein Flugzeug bekam in der Luft einen Motorschaden, woraufhin es den Flug abbrechen und zu dem Flughafen, von dem es gestartet war, zurückkehren mußte; dort wartete ein Mann, der Mangosuthu Buthelezi klarmachen wollte, daß er seinen Wahlboykott aufgeben müsse, andernfalls seine politische Karriere beendet sei und sein Name in den Annalen der künftigen Geschichte nicht mehr auftauchen werde.

Wieweit diese Geschichte glaubhaft ist, vermag ich nicht zu sagen. In einer Zeit der aufgeputschten Emotionen kann freilich ein Zufall ein Gewicht und eine Bedeutung erlangen, die man ihm unter normalen Umständen nicht beimessen würde, und so wird er dann zu einem Bestandstück der Mythologie der Zeit. Außerdem gefällt mir die Vorstellung, daß der Gang der Geschichte durch die Laune eines Flugzeugmotors bestimmt werden kann.

Etliche Tage vor jenem Ereignis waren Dr. Henry Kissinger und Lord Carrington in Südafrika eingetroffen, um sich an der Lösung des «Buthelezi-Problems» zu versuchen, sprich: den Zulu-Führer dazu zu bringen, mit seiner Partei an der Wahl teilzunehmen. Was seinerzeit niemand wußte und was in der Aufregung um das Kommen der beiden internationalen Vermittler vollkommen unterging: Dasselbe Ziel hatte sich ein kenianischer Hochschullehrer namens Washington «Sipwap»

Okumu gesteckt. Später erfuhren wir, daß er ein langjähriger Freund Buthelezis war, die Aufmerksamkeit der Medien erregte er indessen erst nach der Bekanntgabe der Nachricht, daß die Inkatha-Freiheitspartei sich doch noch bereit erklärt hatte, an der Wahl teilzunehmen. Daraufhin stand er eine Viertelstunde im Rampenlicht, und anschließend verschwand er wieder in der Anonymität. Heute fällt es schwer zu glauben, daß er tatsächlich existiert hat.

Kissinger und Carrington erhielten gar keine Gelegenheit, mit Buthelezi zu verhandeln. In letzter Minute erklärte der Zulu-Häuptling die Voraussetzungen für ein Gespräch für unzureichend und machte einen Rückzieher. Danach schlugen alle Versuche fehl, einen Kompromiß zu finden; Kissinger und Carrington blieb nichts anderes übrig, als unverrichteterdinge abzureisen. Jede weitere Bemühung wäre offenkundige Zeitverschwendung gewesen. Am Nachmittag ihrer Abreise aus Johannesburg sagte auch Okumu Buthelezi Lebewohl. In der Halle des Carlton-Hotels schüttelten sich die beiden die Hände.

«Wie soll es jetzt weitergehen?» fragte der von Sorgen geplagte Inkatha-Führer.

«Paß auf, mein Bruder», sagte Okumu, «ich bleibe noch über Nacht. Morgen früh können wir uns darüber unterhalten, was du tun kannst.»

Aber noch ehe Okumu am nächsten Morgen hatte Verbindung mit Buthelezi aufnehmen können, war der schon zum Lanseria-Flughafen aufgebrochen. Okumu rief den Flughafen an, und Buthelezi erklärte sich bereit zu warten, sagte jedoch, er müsse dringend nach KwaZulu zu einer Besprechung mit König Goodwill Zwelithini und habe deswegen nicht viel Zeit zu erübrigen.

Aber er wartete. Doch als Okumu nach anderthalb Stunden immer noch nicht da war, entschied er, daß er es sich nicht leisten konnte, länger zu verweilen. Seine Maschine startete.

Vom Terminalgebäude aus sah Okumu sie in Richtung Süden entschwinden. Er fühlte sich als Verlierer im Kampf mit der Terminnot. Er empfand einen üblen Geschmack im Mund. Minutenlang hatte er ein Gefühl von Verlorenheit und großer Einsamkeit. Dann ging er hinaus, in Richtung Taxistand, um nach Johannesburg zu fahren und einen Flug nach Nairobi zu buchen. Aber noch bevor er die Reihe der wartenden Autos erreicht hatte, holte ihn jemand ein, um die Nachricht zu überbringen, er möge bitte warten, Buthelezis Maschine sei umgekehrt und müsse gleich wieder hier sein.

«Sie haben ein Problem mit dem Motor», wurde ihm gesagt. «Sie müssen jeden Augenblick wieder landen.»

Und so kam Okumu zu seinem Gespräch mit Buthelezi. Dabei sagte er dem Inkatha-Führer: «Mein Bruder, als Freund und Christ will ich mit dir offen und ehrlich über die schwerwiegenden Folgen sprechen, die es für dich haben wird, wenn du nicht an dieser Wahl teilnimmst. Du wirst nach dem 27. April deine politische Rangstellung verlieren, du wirst deine Machtbasis verlieren, und dir wird nur noch eine Wahl bleiben, nämlich der Guerillakrieg. Du mußt deine Forderungen aufgeben.»

Und Buthelezi erwiderte: «Mein Bruder, es ist zu spät, als daß ich noch an der Wahl teilnehmen könnte. Außerdem kann ich unmöglich bei dieser Wahl mitmachen, solange die Position des Königs nicht gesichert ist. Das würde so aussehen, als sorge ich nur für mich selbst. Aber Nelson Mandela vertraut dir. Warum verhandelst du nicht mit Mr. Mandela und Präsident de Klerk gemeinsam und siehst, was du dabei erreichen kannst?»

Und auf diesem Weg trat die Inkatha-Freiheitspartei dann doch noch zur Kandidatur an. Und einen Tag, bevor der Urnengang eröffnet wurde, unterstellte Präsident F. W. de Klerk ohne Mandelas Wissen ein ausgedehntes Territorium der treuhänderischen Verwaltung von Zulu-König Goodwill Zwelithini.

Dieses Territorium umfaßte drei Millionen Hektar: das gesamte Land, das der Kontrolle der Gesetzgebenden Versammlung von KwaZulu unterstanden hatte – einer Körperschaft, die mit Inkrafttreten der neuen Verfassung aufgelöst werden sollte. Im Endeffekt bedeutete dies, daß das gesamte ehemalige KwaZulu der staatlichen Oberhoheit und damit auch der Autorität der neuen Regionalregierung entzogen wurde.

Trotz allen Wirbels, den die Medien um die Sache veranstalteten, als sie im Mai ans Licht kam, habe ich seitdem von vielen Seiten gehört, daß dieser Preis, wenn er denn gezahlt werden mußte, um eine Eskalation der «Natalkriege» zu verhindern, beileibe nicht zu hoch war. Ich hörte von Hütten voller Assegai-Speere und von Hütten voller Schnellfeuergewehre und von Kriegern, die gleichermaßen bereit waren, zur Schußwaffe wie zum Stimmzettel zu greifen. So hat man mir es geschildert, und diese Bilder wurden dabei beschworen. Immer war man sich der allgegenwärtigen Unterströmung von Gewaltbereitschaft bewußt.

Überflüssig zu sagen, daß die Gewalt uns geblieben ist. Die Wintertage jetzt sind voll davon. In den Nummern der *Weekly Mail & Guardian* sehe ich Bilder von Jugendlichen mit Kalaschnikows in den Händen, die zwischen den Häusern von Thokosa Deckung suchen. Die Fotos sehen genauso aus wie die, anhand von denen ich mir eine Vorstellung von Ruanda und Bosnien und Somalia und all den anderen Ländern auf der Erde bilde, von denen man uns sagt, daß sie sich im Kriegszustand befinden. Aber wir befinden uns nicht im Kriegszustand; jedenfalls gehe ich davon aus, daß dem so ist. Würde ich in Thokosa leben, wäre ich vielleicht anderer Ansicht. Mit wachsender Klarheit wird mir bewußt, daß wir uns im Friedens- und im Kriegszustand gleichzeitig befinden. So liegen die Dinge bei uns: nicht entweder – oder, sondern beides zugleich.

In meiner Zeitung lese ich:

Am Tag der Beerdigung kam in dem fünfzehn Kilometer von Pietersburg entfernten Dorf die Volksseele zum Kochen: Das Gerücht hatte die Runde gemacht, daß Sinna Mankwane, die Frau eines kleinen Bauunternehmers, Rasemola verhext habe. Eine Menschenmenge versammelte sich vor dem Haus der Mankwanes und forderte Sinna in Sprechchören zum Herauskommen auf.

Als sie aus der Haustür trat, stürzte sich der Mob auf sie, schlug sie zusammen und hängte ihr drei benzingefüllte Autoschläuche um den Hals. Ihr Ehemann Johannes wurde aus dem Haus gerufen und bekam eine Schachtel Streichhölzer in die Hand gedrückt. Vor den Augen seines Sohns und seiner Tochter zwang man ihn, seine Frau bei lebendigem Leib zu verbrennen.

Als sich zwei Tage später im Haus der Mankwanes Verwandte zum Kondolenzbesuch einstellten, erschien der Mob von neuem.

Im Lauf der darauffolgenden dreißig Minuten wurde Johannes in seinem eigenen Haus mit Benzin übergossen und verbrannt. Seine Tochter wurde gesteinigt und dann, nachdem man ihr gewaltsam Holzstücke in die Vagina getrieben hatte, abgefackelt. Ihr Bruder Frank, der gerade vom Einkaufen zurückkam, wurde fünfhundert Meter weit weg von der Stelle, wo seine Schwester ermordet worden war, abgefackelt.

Und auf der Seite gegenüber lese ich von dem Vorschlag, eine strenge Kontrolle des Schußwaffenbesitzes einzuführen, und davon, wie gut es zwischen Zwelithini und Mandela klappt, und von der Ernennung des Verfassungsgerichtspräsidenten und von dem Millionenbudget für den Bereich Bildungsaufgaben und von einem schwarzen Konsortium, das sich mit einem 51-Prozent-Anteil in eine große Versicherungsgesellschaft einkaufte.

Einerseits. Andererseits.

Die Problematik des Lebens in dieser Gespaltenheit liegt in dem Umstand, daß die Gewalt allmählich zu einer Belanglosigkeit wird. Sie durchdringt und pervertiert unsere Einstellung zueinander. Sie zerstört den Gesellschaftsvertrag, der uns aneinander bindet. Es gibt zuviel von ihr. Sie entzieht sich mit ihrer Gräßlichkeit jeglichem Begreifen. Die Folge davon: Das Vokabular, das wir zur Darstellung von Gewalt gebrauchen, wird depotenziert: Die Worte rufen zum Beispiel nicht mehr das Bild einer Erdrosselungsszene vor unser inneres Auge. Wir lesen rasch über sie hinweg und nehmen uns nicht die Zeit zu bedenken, daß hier einem Menschen das Leben geraubt wurde und auf welche Weise das geschah. Ich meine, wenn wir zur Menschlichkeit zurückfinden wollen, müssen wir den Wörtern ihre angestammten Bedeutungen zurückgeben. Und ich meine, dies kann nur geschehen, indem wir uns sorgfältig, akkurat und ohne Unterlaß vor Augen halten, auf welche Weise Menschen umkommen.

Als ich dem Londoner Bloomsbury-Verlag das Manuskript meines Romans *Horseman* einreichte, zeigte man sich dort entsetzt über das Ausmaß der Gewalt, die hier, wie ich hoffte, anschaulich geschildert und auf jeder Seite präsent war. Das sei zuviel für den Leser, hieß es; aus anderen Verlagen bekam ich ähnliches zu hören. Der südafrikanische Verleger David Philip sagte, er hätte nie damit gerechnet, daß in diesem Land ein solches Buch geschrieben werden könnte. Er meinte, man muß einen starken Magen haben, um das lesen zu können, und ich dachte, man muß einen starken Magen haben, um in Südafrika leben zu können. Bloomsbury nahm das Manuskript dann doch noch an, fragte allerdings nach, welche Absicht ich damit verfolge. Ich war zwar der Meinung, daß meine Absicht klar zutage liege, schrieb aber dennoch zurück, daß ich zeigen wolle, was Wörter wie «Mord» und «brutal» und «Haß» und «Rache» und «Elend» bedeuten. Und daß sie ihre Bedeutung nur dann wiedererlangen könnten, wenn sie ohne Beschönigung dargestellt würden. Man hat mich gewarnt, solche Bücher könnten bewirken, daß interessierte Menschen in anderen Ländern ihr Interesse an Afrika verlören. Doch das hieße die fraglichen Werke willentlich mißdeuten. Solche Bücher wärmen nicht alte Kolonialgeschichten vom Schwarzen Kontinent auf, sondern schildern Staaten in extremen Graden von Aufruhr und Not. Sie zeigen Teile der Menschheit in verzweiflungsvollster Lage. Sie handeln vom Leiden. Sie rufen zum Mitleiden auf. Ihr Anliegen ist, eine Gewalt zu zeigen, die so universell geworden ist, daß wir sie überhaupt nicht begreifen können, wenn sie nicht in der detailgenauen Schilderung besonderer Ereignisse vergegenwärtigt wird. Das besondere Ereignis ist etwas, vor dem wir uns nicht drücken können; wir müssen uns ihm stellen und ihm einen Platz in unserem Leben einräumen. Es unterweist uns in der Bedeutung menschlicher Qual.

Zwei Episoden, beide im Dezember 1993 vorgefallen, waren für mich besondere Ereignisse, an denen die Physiognomie unserer jüngsten Vergangenheit mit großer Klarheit in Erscheinung trat. Ihr Thema war der Schmerz und die Natur des Wahns, dem manche Menschen sich ergeben, und über sie zu sprechen schafft die Möglichkeit, das Vokabular, dessen wir uns zur Schilderung von Gewalt bedienen, mit neuer moralischer Kraft aufzuladen. Eine dieser Episoden war eine illegale Straßenblockade der AWB in West-Transvaal, die mit Morden im Stil einer Hinrichtung und einer grotesken Verstümmelung einherging. Die andere ist als das «Massaker im Heidelberg-Pub» bekanntgeworden. Mit meiner Wiedergabe dieser beiden Ereignisse hoffe ich zu zeigen, was es heißt, hier zu leben.

# 6

Die AWB-Straßensperre wurde in der Nacht des 13. Dezember 1993 auf einer Kreuzung in den Maisfeldern zwischen Randfontein und Ventersdorp in West-Transvaal, eine dreiviertel Autostunde von Johannesburg entfernt, errichtet. Vier Menschen kamen dort zu Tode. Einem wurde, bevor er starb, das Ohr abgeschnitten.

Zwei Monate später, Ende Februar 1994, fuhr ich jene Straße entlang, und als ich zu der Kreuzung kam, hielt ich an. Ich parkte mein Auto neben der Fahrbahn, auf der geschotterten Bankette, und ging zu Fuß zu der Stelle, von der ich mir sagte, daß es hier gewesen sein mußte, wo die Leute zum Hinsetzen gezwungen und einige von ihnen umgebracht worden waren. Nicht das kleinste Anzeichen deutete auf das Geschehene hin. Von allem, was wir tun, sind die Untaten immer am schnellsten verwischt. Da war nur noch der Wind, der in den Eukalyptusbäumen rauschte und der durch das hohe Gras am Straßenrand lief, wo eben die Cosmeen rosa und weiß zu erblühen begannen. Ich blickte über die grünen Maisfelder hin, die den ganzen Gesichtskreis ausfüllten. Nach jahrelanger Trokkenheit hatte es reichlich Regen gegeben, und die Ernte stand gut. Noch jetzt, am Ende des Sommers, war der Himmel grau und regnerisch. Die Luft war heiß und, bei trübem Wetter, voll elektrischer Spannung. Wenn es an solchen Nachmittagen zu regnen beginnt, gehen Luft und Boden in den Flüssigzustand über, und rote Erde färbt das Wasser in seinen Laufrinnen, als ob Blut aus dem Boden sickere.

Was sich in jener Dezembernacht zutrug, füllt heute Gerichtsakten. Simon Nkompone, Teboho Makhuza, Theo More und der elfjährige Patrick Gasemane kamen dabei um. Petrus und Abraham Mothupi und William Segotsame werden die Narben an Körper und Seele, die sie davontrugen, ihr Leben lang nicht mehr loswerden. Die Folterknechte und Mörder: Petrus Matthews, Martinus van der Schiff, Frederick Badenhorst, Marius Visser und Karel Meiring, sämtlich in den Zwanzigern, sowie der neununddreißigjährige André Visser wurden zum Tode verurteilt. Zwei Mittäter, Phillipus Cornelius Kloppers und Deon Martin, beantragten ein psychologisches Gutachten, wurden jedoch einige Monate später ebenfalls zum Tode verurteilt.

«Gegenüber der Erbarmungslosigkeit der Mordtaten fällt die Möglichkeit einer Rehabilitation so wenig ins Gewicht, daß das Todesurteil die einzig angemessene Entscheidung ist», bekamen die zwei aus dem Mund des Richters zu hören.

Die acht Männer hatten sich zusammengerottet, um den Aufruf von AWB-Führer Eugene Terre'Blanche an seine Anhänger, sich zu bewaffnen und auf einen Krieg vorzubereiten, in die Tat umzusetzen. Sie tranken einige Gläser Brandy, während sie überlegten, wie sie das am besten anstellen könnten. Dann hatten sie die Eingebung, sie müßten eine Straßensperre errichten, um dem Feind die Bewegungsfreiheit auf dem Lande zu nehmen. Also fuhren sie zur Redora-Kreuzung hinaus, stellten kreiselnde Blaulichter auf die Dächer ihrer Autos und postierten sich mit Taschenlampen und Schnellfeuergewehren bewaffnet auf der Straße. Sie hielten ein Minibus-Taxi an.

«*Is julle ANC?*» fragten sie, während sie mit ihren Taschenlampen in die verschreckten Gesichter leuchteten.

«Nein», gaben die Insassen Auskunft, «wir gehören nicht zum ANC.»

Aber sie mußten trotzdem aussteigen und sich am Straßenrand niedersetzen. Weitere Autos wurden angehalten. Die Reihe der im Bewußtsein des nahen Todes schwermütig Dasitzenden wurde länger. Kloppers schritt vor ihnen auf und ab, von Zeit zu Zeit dem einen oder anderen mit seinem Gummiknüppel auf den Kopf klopfend.

Dann kamen Abraham und Petrus Mothupi gefahren. Jetzt begann die Sache außer Kontrolle zu geraten. Die AWBler wußten nicht, was sie mit den Leuten machen sollten. Sie waren dünnhäutig geworden, schrien sich gegenseitig an und fuchtelten wie wild mit ihren Schießeisen herum. Petrus Mothupi erhielt den Befehl auszusteigen, und während er das tat, versetzte ihm jemand einen Schlag; daraufhin kam Abraham zu dem Schluß, es sei für ihn das beste, sich nicht vom Fleck zu rühren.

Die AWBler herrschten ihn an, er solle aussteigen.

Er weigerte sich.

Sie brüllten.

Er rührte sich nicht.

Einer schoß ihm ins Gesicht.

Einige von den Gefangengenommenen sprangen auf und stürzten davon, auf die Felder zu, um zwischen den jungen Maispflanzen Schutz zu suchen.

«Steht nicht bloß rum und guckt zu», schrie Martin die Männer an. «Los, schießt!»

Und daraufhin wurden Teboho Makhuza und Patrick Gasemane auf der Flucht erschossen. Und Theo More bekam einen Revolverlauf an den Hinterkopf gesetzt und wurde hingerichtet für das Verbrechen, schwarzer Hautfarbe zu sein und in dieser Nacht auf dieser Straße zu sein. Und Simon Nkompone wurden mehrere Messerstiche beigebracht, als er versuchte, sich in einem Auto zu verstecken.

Dann erteilte Kloppers Martin vielleicht – vielleicht aber auch nicht – den Befehl: «Schneid ihm das Ohr ab», was dieser so oder so tat, Nkompone bei noch lebendigem Leib mit seinem Jagdmesser verstümmelnd. Nach getaner Tat wischte Martin die Klinge an Petrus Mothupi ab, der neben einem brennenden Auto lag und sich totstellte.

Martin bot das Ohr Kloppers an, der sagte: «Wass'n das

für 'n Scheiß?», es aber nichtsdestoweniger an sich nahm und es später, als sie sich daheim bei Frederick Badenhorst noch mehr Brandy genehmigten, mit den Worten «Seht mal, was ich da habe» in der Luft schwenkte.

Vor Gericht sagte Martin über seine Tat: «Ich spreche hier über etwas, das mir Alpträume verursacht. Mir war es so vorgekommen, als wäre er tot. Ich kann es nicht fassen, daß ich so etwas getan habe.»

Simon Nkompone starb drei Tage nach dem Anschlag.

An dem Tag, als der Oberste Gerichtshof in Johannesburg sein Urteil verkündete, schrieb ein Reporter: «Die meisten Angeklagten machten einen aufgeräumten und nicht selten auch spöttischen Eindruck. Keiner blickte den Verwandten derer, die sie in Hinrichtungsmanier erschossen hatten, in die Augen. Nur einer, dem das strähnige Haar in die Stirn hing, zeigte sich nachdenklich und beschämt. In cremefarbenem Anzug und gestreifter Krawatte hatte er getrennt von den anderen Platz genommen.»

In der Urteilsbegründung des Gerichts hieß es: «Ihr Ziel war einfach nur zu töten. Ein Bedauern kommt weder in ihrem Benehmen nach der Tat noch in ihrem Betragen im Gerichtssaal zum Ausdruck. Sie haben keine echte Reue gezeigt – wir haben den Eindruck, daß ihnen die Folgen ihres Tuns gleichgültig sind. Ihre unverfroren rassistische Verhaltensweise führte zu Körperverletzung und Mord. Bliebe diese Verhaltensweise ungeahndet, würden Verbrechen und Gewalt kein Ende nehmen.»

Mit leiser Stimme verlas der Richter die Nummern der zum Strang Verurteilten, ohne ihre Namen zu nennen: 1, 2, 3, 4, 5 und 8. Jeder von ihnen war viermal zur Todesstrafe verurteilt worden.

An jenem Februarnachmittag war ich unterwegs nach Ventersdorp, um Material für eine Story über Teenagerromanzen am rechten Rand des Bevölkerungsspektrums zu sammeln. Eine

New Yorker Illustrierte wollte eine zeitgemäße Serie von «Geschichten, die das Leben schrieb» bringen: Liebe in den Zeiten des Bürgerkriegs. Man sammelte Korrespondentenberichte aus Bosnien und Nordirland und Somalia und allen möglichen anderen Weltgegenden, wo die Zeitereignisse in das journalistische Konzept zu passen schienen, das man sich von der Realität zurechtgelegt hatte. Wieder einmal stellte sich mir die Frage: Hatten wir Bürgerkrieg im Land? Nein, in Muizenberg nicht. Aber stellenweise in Natal und stellenweise am East Rand – dort ja. Aus Thokosa hätte ich den New Yorkern eine Geschichte besorgen können, die Kugel für Kugel mit dem hätte mithalten können, was ihnen aus Sarajewo geliefert wurde. Aber ich hatte sie dazu überreden können, sich auf etwas anderes einzulassen: etwas, dessen Rahmenbedingungen nicht im Bürgerkrieg, sondern in einem Belagerungszustand beruhten. Etwas, das aus Propaganda und Vortäuschungen in der Bar des Ventersdorper Hotels und aus dem Verfolgungswahn in den Häusern von Farmern geboren wurde. Die New Yorker waren einverstanden mit meinem Vorschlag. Doch ich fühlte mich jetzt unbehaglich, weil ich befürchtete, was ich schrieb, würde am Ende aus ihrem geistigen Rahmen fallen.

Dreißig Kilometer vor Ventersdorp klebte auf einem Verkehrsschild ein Plakat mit der Aufschrift: HIER BEGIN ONS VOLKSTAAT. Es zeigte mir an, daß ich in diesem Moment in eine Verkörperung der nebulösen Lieblingsidee rechtsgerichteter Buren einfuhr. Doch die Afrikaans-Worte hatten einen verräterischen Beiklang: Durch ihn sprachen sie von Trotz und Furcht und Rassismus. Durch ihn erzählten sie von einer kleinen Volksgruppe, die mit der Welt zerfallen und durch den Gang der Geschichte verschreckt war und sich verzweifelt an eine kurze Periode klammerte, als ihr Wille das Gesetz war. Ich betrachtete mir ihren *volkstaat*. Ich sah Maisfelder und Hochspannungsleitungen und einige schwarze Schulkinder, die am Straßenrand gingen. Näher beim *dorp* sah ich schwarze Menschen Traktoren über die Felder steuern und schwarze Menschen zum Einkaufen radeln. Im *dorp* selbst sah ich nirgends einen Weißen. Die ersten Weißen erblickte ich in der Christlichen Buchhandlung, in der ich mich nach dem Weg zur Schule erkundigte. Es waren vier an der Zahl: zwei Verkäuferinnen und zwei Frauen, die beide eine Bibel kauften. Man erklärte mir den Weg, und auf meine diesbezügliche Frage sagte man mir, daß man drei bis vier Bibeln pro Tag verkaufe. Ventersdorp und das nahe gelegene Township Tshing zählen zusammen gut fünftausend Seelen. Mir schien, dafür lief das Geschäft prächtig.

Wieder im Auto, fragte ich mich, was für Bibelstellen hier wohl gelesen wurden. Eine – wenn auch sehr unvollständige – Antwort erhielt ich in dem schönen Gotteshaus der Niederländischen Reformierten Kirche, das die umliegenden Häuser überragt. Die Tür war unverschlossen, am «heiligen Ende» (wie Philip Larkin es nennt) war ein dienstbarer Geist mit Staubwischen beschäftigt. Auf einer Anzeigetafel standen die Nummern von Kirchenliedern und darunter ein Hinweis auf Jesaja 1, Vers 24–28. Einige Tage später schlug ich die Stelle nach:

24. Darum spricht der Herr Herr Zebaoth, der Mächtige in Israel: O weh! Ich werde mich trösten an meinen Feinden und mich rächen an meinen Widersachern;
25. und muß meine Hand wider dich kehren und deinen Schaum aufs lauterste ausfegen und all dein Blei ausscheiden
26 und dir wieder Richter geben, wie zuvor waren, und Ratsherren wie im Anfang. Alsdann wirst du eine Stadt der Gerechtigkeit und eine fromme Stadt heißen.
27. Zion muß durch Recht erlöst werden und ihre Gefangenen durch Gerechtigkeit,
28. daß die Übertreter und Sünder miteinander zerbrochen werden, und die den Herrn verlassen, umkommen.

In jenen Tagen vor der Wahl war der kleine Ort Ventersdorp in West-Transvaal eine der «Hauptstädte» des ersehnten *volkstaat*. Am Ortseingang kündete die Unabhängigkeitsfahne, unter der die Truppen der Buren vor fast einem Jahrhundert in den Krieg gegen die Engländer marschiert waren, vom Rang des Städtchens. Die Fahnenstange war mit Stacheldraht umwickelt; das Tuch hing schlaff in der vom Alltagsgeräusch erfüllten Luft.

Der Ort war in verkommenem Zustand. Die Läden an der Hauptstraße präsentierten sich dem Betrachter mit gesprungenen Schaufensterscheiben, abbröckelndem Putz und stumpfen Fassaden, die seit langem nicht mehr gestrichen worden waren. Der Ort besaß kein Kino, keine Disco, keinen Billardsalon, keine Videospielhalle. Er war ein armseliges, schäbiges *dorp*.

Doch das Wohngebiet überraschte mit Gepflegtheit in Gestalt von sauber gemähten Rasenflächen und adretten Häusern in schmucken Farben. Manche Anwesen waren mit einem hohen, Schneiddraht-gekrönten Zaun gegen die Außenwelt verbarrikadiert, andere hingegen waren uneingezäunt und öffneten sich direkt zu der stillen, menschenleeren Straße hin. Nach außen hin war dies ein friedvolles *dorp* mitten im Maisgürtel. Doch in den Köpfen von vielen Bewohnern dieser Kleinstadt spukte die Vorstellung, man solle verraten und seiner Rechte wie seines Besitzes beraubt werden, herrschten Zorn und Furcht, festigte sich die Überzeugung, daß sich die schwarze Herrschaft nur noch mit gewaltsamen Mitteln abwenden lasse.

Ventersdorp hatte seiner Jugend nichts zu bieten als eine Schule, eine Kirche und ein weniger augenfälliges Betätigungsfeld, das auf etlichen ausgewählten Farmen in der Umgebung eingerichtet worden war. Hier wurde «Selbstverteidigung» eingeübt (wie man das nannte) – nicht gerade in aller Heimlichkeit, aber auch nicht gerade in aller Offenheit. Nichtmitglieder der Zelle wußten gewöhnlich nichts von der Existenz dieser Übungen.

In einem dieser Häuser wohnte die AWB-Kommandeuse

Sannie, die von sich sagte, sie bewahre in ihrer Küche «eine hübsche Kanone» auf und sei allzeit bereit für den Aufruf, zur Waffe zu greifen – jenen Appell, dem die Mörder von der Redora-Kreuzung bereits Folge geleistet hatten. In anderen Häusern wohnten potentielle Freischärler, von denen man annehmen durfte, daß sie gleichfalls bewaffnet waren und gleichfalls der festen Überzeugung anhingen, sich in einem Belagerungszustand zu befinden, der sich binnen kurzem zum ausgewachsenen Bürgerkrieg mausern würde.

Sie brauchten nicht in Häusern mit von Einschüssen zernarbten Außenwänden zu leben oder bei jedem Gang zum Bäcker ihr Leben aufs Spiel setzen zu müssen, um zu wissen, daß sie sich im Krieg befanden. Es mußten nicht erst Heckenschützen in den Straßen um ihre Häuser ihr Unwesen treiben und nicht erst Mörsergranaten in der Nachbarschaft krepieren, damit ihnen zweifelsfrei klar war, daß der Krieg auch ohne das vor ihrer Haustür stand.

Die Belagertenmentalität, die hier vorherrschte, machte es schwierig, mit den jungen Leuten im *dorp* ein zwangloses Gespräch zu führen. Sannie wollte nichts davon wissen.

«Nein», sagte sie, «Sie können nicht mit meinen Kindern sprechen. Wenn sie erst mal aus dem Haus sind, können sie reden, wann und wie es ihnen paßt. Aber solange sie noch bei mir wohnen, rede ich für sie.»

Der Schulleiter vertrat eine ähnliche Ansicht. Er hatte die Schüler instruiert, mit Leuten von der Presse dürften sie nur in seiner oder ihrer Eltern Gegenwart sprechen. Das stellte ich fest, als ich zu einer Gruppe von Mädchen trat, die auf dem Rasen vor einem Schülerwohnheim saß. Sie klärten mich umgehend über die Anweisung des Schulleiters auf.

*«Meneer moet met Meneer Looke praat»*, wurde mir gesagt.

Ich wollte nicht mit Meneer Looke sprechen. Ich sah keinen Sinn darin, mit Meneer Looke zu sprechen, suchte ihn aber trotzdem zu Hause auf. Seine Frau kam an die Haustür. Ich kam mir vor wie ein Schuljunge, der zum Schulleiter zitiert worden ist. Ich trug mein Anliegen vor. Sie hörte mir zu, wobei sie hinter jeden meiner Sätze wie einen Punkt ein «Ja» setzte.

Als ich geendet hatte, sagte sie: «Warum stürzt ihr Leute euch bloß immer auf Ventersdorp? Hier in Ventersdorp leben ganz normale Menschen. Aber ihr stellt unsere Stadt so hin, als ob wir hier wunder wie böse wären und die Schwarzen hassen. Aber das stimmt alles nicht, wir sind ganz normale Menschen.» (Einige Wochen danach sollten diese ganz normalen Menschen in Tshing eine große Bombe hochgehen lassen.)

Ihr Mann tauchte aus einem Zimmer in der Tiefe des Hauses auf, barfuß, in Rugbyshorts und weißem Hemd mit aufgeknöpftem Kragen und aufgerollten Ärmeln. Er blinzelte in das grelle Tageslicht. Er hatte sich im Fernsehen ein Cricketspiel angesehen.

Er hatte meine stammelnd und zusammenhanglos vorgetragene Bitte mitgehört. Er hatte die Antwort seiner Frau gehört. Er blinzelte mir zu. Bat mich herein. Wir gingen durch zu einem Wohnzimmer und nahmen in schweren Sesseln mit hölzernen Armlehnen Platz. Seine Frau kam nicht mit. Noch einmal mußte ich meinen Auftrag erläutern.

Er dachte lange über das Gesagte nach. Er blickte auf eine Stelle hoch oben an der Wand. Sein Kopf ruhte leicht aufgestützt in seiner rechten Hand. Der kleine Finger lag auf den Lippen. Das Schweigen dauerte und dauerte. Der Kommentar zu dem Cricketspiel war leise gestellt.

Zu guter Letzt sagte er, ich solle morgen wiederkommen; bis dahin werde er drei Schüler ausgesucht haben, mit denen ich mich unterhalten könne, und auch die Genehmigung der Eltern eingeholt haben. Mehr könne er nicht tun. Er faltete die Hände, auf diese Weise die Beendigung des Gesprächs anzeigend. Von den zwei Szenarios, die ich mir ausgemalt hatte, war dies das bessere, aber gut war es deswegen noch lange nicht. Ich bedankte mich und ging.

Geknickt und ratlos fuhr ich zur Hauptstraße zurück.

Vor einem Gebäude, das einmal ein Lokal gewesen sein mußte, aber jetzt geschlossen und mit Brettern vernagelt und zur schaufensterlosen Verkaufsbude degradiert war, wo man Erfrischungsgetränke, Zigaretten, Kartoffelchips, Zeitungen und Fotoromane kaufen konnte – vor diesem primitiven Kiosk saßen um einen Tisch fünf Teenager. Sie steckten noch in ihren Schuluniformen: Bei den Jungen hing die Krawatte schon ein bißchen auf Sturm, und die Mädchen hatten den Saum ihres Hängers schon ein bißchen höher gerafft, als die Schulordnung es wahrscheinlich erlaubte.

Ich kaufte mir eine Cola und trat zu den Jugendlichen an den Tisch. Mit geheucheltem Interesse fragte ich, was man denn in ihrem Alter in so einem *dorp* unternehmen könne, um sich zu amüsieren. Sie lachten verlegen und drucksten herum. Nicht viel, meinten sie schließlich. Dann gestanden sie, daß sie manchmal nach Potchefstroom führen, eine Stadt in der Nähe, wo es Kinos und Eß- und Tanzlokale gab. Das konnten sie allerdings nur dann tun, wenn einer von ihnen, der einen Führerschein hatte, für den Abend ein Auto geliehen bekam. Wir kamen ins Gespräch.

Die fünf hießen Elsabet, Piet, Anna, Hannes und Beverly. Elsabet war sechzehn. Sie hatte einen Freund, der meinte, «die *swartes*» würden in diesem Land niemals an die Regierung kommen.

«Mein Freund sagt, Mandela wird niemals unser Präsident», waren ihre Worte.

Die anderen waren gleicher Meinung.

«Er sagt, wir werden so lange gegen sie kämpfen, bis sie uns unser eigenes Land geben.»

«Das sagt mein Vater auch», fügte Piet hinzu. «Das hier ist unser Land. Hier sind die *voortrekkers* hergezogen und haben gesiedelt.»

«Ja», schaltete sich Hannes ein. «Damals haben hier keine Schwarzen gelebt, also können sie uns das Land jetzt auch nicht wegnehmen.»

Ich erkundigte mich, wie sie es als Minderheit schaffen wollten, sich dem Mehrheitswillen zu widersetzen.

«Wir können schießen», sagte Elsabet. «Wir schießen sehr gut.»

Ich fragte, ob sie das Schießen in der Schule gelernt hätten.

Anna schüttelte den Kopf. Hannes lächelte vor sich hin. Piet biß sich auf die Lippen. Beverly und Elsabet kicherten.

«Wo dann?» hakte ich nach.

«Bei Elsabets Freund», sagte Beverly.

«Nichts verraten», sagte Elsabet, wobei jedoch etwas Trotziges in ihre Haltung kam. «Wir sind genausogut wie die Jungen», sagte sie auftrumpfend. Das bezog sich auf ihre Könnerschaft im Umgang mit Schußwaffen.

«Ja?»

«Ja.»

«Wo haben Sie Ihren Freund kennengelernt?»

«Auf einem *braaivleis* unserer Kirche. Manchmal ist da auch eine Kapelle, und man kann tanzen. Aber nicht wie in der Disco.» Alle lachten. «Bloß *sakkie-sakkie*.» (*Sakkie-sakkie* ist ein traditioneller afrikaanscher Walzer.)

Ihr Freund Paul, erzählte sie, war neunzehn, hatte die Schule hinter sich und besaß einen Führerschein. Er arbeitete auf der Farm seines Vaters mit, die direkt vorm *dorp* lag. Dann und wann holte er sie ab, und sie gingen dann zum Schießen auf die Farm.

«Sie meinen zum Jagen?»

Elsabet kicherte: «Nein, Mann, wir schießen auf Scheiben.»

Aber die Unterhaltung dauerte nun schon zu lange, und die Ladenbesitzerin äugte von der Tür her zu uns herüber. Sie rief Elsabet zu sich, die nach drinnen ging und nicht wiederkam. Die Ladenbesitzerin kam zu dem Tisch. Sie sagte den jungen Leuten, sie sollten nach Hause gehen, Elsabet müsse jetzt ihre Hausaufgaben machen. Mich fragte sie, ob ich noch einen Wunsch hätte.

Ich schüttelte den Kopf. Sie ging zurück zur Ladentür, und

ich fuhr los in Richtung Magaliesberg, wo ich bei Freunden auf einer Farm in den Bergen übernachten wollte, die schon seit hundert Jahren in Familienbesitz war. Mein Herz hüpfte vor Freude über den unerwarteten Erfolg. Ich fuhr schnell. Im Radio sprach ein Journalist über die verschiedenen Typen von kugelsicheren Westen, die für Presseleute zur Verfügung standen. Wie vorauszusehen, war die beste auch die teuerste. Die war freilich in Bosnien getestet worden und hatte die Bewährungsprobe mit Erfolg bestanden.

Ich schaltete das Radio ab. Ich verspürte kein sonderlich großes Verlangen, über die respektiven Vorzüge der diversen Fabrikate von kugelsicheren Westen belehrt zu werden und mir sagen zu lassen, warum ich so ein Ding unbedingt haben müsse. Meine vergnügte Stimmung war verflogen. Wieder hörte ich Elsabets Worte: «Wir werden so lange gegen sie kämpfen, bis sie uns unser eigenes Land geben. Mandela wird niemals unser Präsident.» Sie war sich ihrer Sache so sicher. Sie waren sich alle so sicher. Ihre Welt war festgefügt: bestimmt durch das, was ihre Eltern sagten und was ihre Freunde sagten, und wohl auch durch das, was ihre Lehrer sagten. Und sie stellten sie nicht in Frage, denn eine andere Welt konnten sie sich gar nicht vorstellen. Ihr Weg war der richtige, der moralisch richtige, denn er war ihnen, so glaubten sie, von Gott und der Geschichte vorgezeichnet. Aber zugleich waren sie auch normale Teenager. Wenn man ihnen in der Disco in Potchefstroom begegnete, würde man ihnen ihre Fähigkeit, mit Handfeuerwaffen und halbautomatischen Gewehren umzugehen, nicht ansehen. Und gegebenenfalls auch nicht die Fähigkeit, zu töten wie Frederick Badenhorst und André Visser, die nur ein oder zwei Jahre älter als Elsabets Freund waren. Würden sie nach der Wahl wirklich einen mörderischen Krieg anfangen?

Die paramilitärischen Übungen, auf die Elsabet anspielte, sind in der Presse ausgiebig dokumentiert. Auf den – nicht selten unter Gefahren aufgenommenen – Fotos sieht man Männer, Frauen und Kinder in Khakikleidung mit dem hakenkreuzähnlichen AWB-Emblem am Arm zugweise marschieren oder bäuchlings auf dem Boden liegend mit dem Gewehr auf Zielscheiben schießen. Aber es gibt auch Fotos, die zeigen, wie die prospektiven Freischärler sich nach der Übung am *braaivleis*-Lagerfeuer erholen: Barbecue essend, Cola mit Brandy trinkend, lachend. Und es gibt Fotos von Jugendlichen, die zu der Musik tanzen, die ein Akkordeonspieler seiner Quetschkommode entlockt.

Häufig mit von der Partie bei solchen heimlichen Zusammenkünften wie auch bei lärmenderen Propagandaveranstaltungen ist Marguerite Vermeulen von einer unter der Abkürzung WAM – World Apartheid Movement – bekanntgewordenen internationalen Neonazi-Organisation. Sie trägt zu ihrer knappsitzenden Khakiuniform gewöhnlich protzige Ringe und Armreifen und hat es sich zur Aufgabe gemacht, junge Leute, insbesondere Frauen, eine tödliche Form von Selbstverteidigung zu lehren. Die Botschaft des WAM lautet, daß die anständigen Menschen zu Opfern der gesetzlosen Massen geworden sind und sich wehren müssen, wenn in der Welt weiterhin die christliche Moral herrschen soll.

«Natürlich kommen die jungen Menschen zu mir», wurde Marguerite Vermeulen irgendwo zitiert. «Bei mir haben sie Platz und Zeit zum Zusammensein. Ich lehre sie positiv denken, und ich lehre sie, wie sie auf sich achtgeben können.»

Besonders entschieden und bestimmt wird Marguerite Vermeulen, wenn es um das Thema Vergewaltigung geht. Aber «Vergewaltigung» ist nur das Feldgeschrei in einem – so empfindet sie es – sich verschärfenden Rassenkrieg. Ihre Vorstellungen von Vergewaltigung haben weniger mit Männern als mit schwarzer Macht und Vorherrschaft zu tun.

«Vergewaltigung ist eine Waffe in einem niemals erklärten Krieg», sagt sie. Anschließend pflegt sie ein Poster hochzuhalten, auf dem ein Gorilla und ein Schwarzer abgebildet sind. Unter dem Foto steht die Frage: *Was ist der Unterschied?* Und darunter die Antwort: *Der Gorilla fällt nicht über dich her, und er infiziert dich auch nicht mit Aids.*

«Ich bringe jungen Mädchen bei, wie sie einen Vergewaltiger mit einem Ruck am Hals töten können, selbst wenn er sie gegen den Boden preßt», sagte sie einmal einem Reporter. «Wenn ich diese südamerikanische Technik jeder Frau beibringen könnte, gäbe es keine Vergewaltigungen mehr.»

Im Vormonat der Wahl feierte man in Ventersdorp die Maisernte mit einem Fest. Das Fest findet jedes Jahr statt. Ich war nicht dabei, aber ich stelle mir vor, daß Marguerite Vermeulen dort war, mitsamt ihrem Zelt voller Propagandamaterial. Die AWB-Kämpfer dürften in ihren Uniformen herumstolziert sein, unter ihnen auch Paul mit Elsabet an der Hand. Ihre Freunde und Freundinnen waren sicherlich auch mit dabei: Hannes und Piet und Anna und Beverly und wahrscheinlich die meisten anderen jungen Leute des *dorp*. Die Gespräche an den *braaivleis*-Feuern dürften sich um die bevorstehende düstere Zeit gedreht haben und um die Gebete und die Kraft vom Herrn, die es brauchen würde, sie durchzustehen. Irgendwann hat dann wahrscheinlich der Akkordeonspieler sein Instrument umgehängt und in die Tasten gegriffen, und der Tanz begann. Und für eine Weile ist da wohl im milden Rausch des Tanzes, während man sich im Arm eines geliebten Menschen drehte und drehte, die Verfolgungsangst von jung und alt abgefallen.

Die Farm am Magaliesberg, zu der ich unterwegs war, gehörte Terence und Marge. Mein freundschaftliches Verhältnis zu der Familie datierte aus den späten sechziger Jahren, als wir noch alle im selben Vorort von Johannesburg wohnten. Ihr Sohn Derek und ich hatten denselben Spleen: Wir suchten beide nach dem perfekten Rezept für die Zubereitung eines Hummers.

Im Lauf der Jahre war mir ihre Farm ans Herz gewachsen, war für mich zu einem Ort geworden, den man sich still ins

Gedächtnis rufen kann, wenn die Welt sich unwirtlich gibt. Sie ist ein Ort großer Gastfreundlichkeit und langer Nächte voll *mampoer* – dem schwarzgebrannten Obstschnaps aus der Umgebung. In der schlechtbeleuchteten *voorkamer* stehen breite Liegebetten für die, denen der Sinn danach steht, zu trinken und sich zu unterhalten und womöglich gar die Tiefe ihrer Seele zu ergründen. Denn *mampoer*-Trinker regen sich lange nicht vom Fleck, und ihre Unterhaltung wird unter Umständen ziemlich verwickelt. Und wenn sie bei Sonnenaufgang noch auf ihren Liegebetten ruhen, sind sie froh, daß die Veranda tief und das Vorderzimmer schlecht beleuchtet ist.

In einem Schrank in der *voorkamer* befinden sich Flaschen mit handgeschriebenen Etiketten, welche es ermöglichen, den Pfirsich-*mampoer* vom Zwetsch, den Apfel- vom Apfelsinengeist zu unterscheiden. Sie schmecken alle gleich. Sie wirken alle auf die gleiche heimtückische Weise. Nach einigen Stunden *mampoer*-Konsum ist man nur noch ein labernder Kopf. Auf jeden Fall kann man die Beine nicht mehr bewegen. Und nur weil sie ständig damit beschäftigt sind, das Glas von der Sessellehne zum Mund zu führen, sind die Arme nicht so taub geworden wie die anderen Gliedmaßen.

*Mampoer* ist ein Getränk, das sehr zur Geselligkeit beiträgt: Er beflügelt die Unterhaltung, regt zum Widerspruch an, hält das Interesse aller Beteiligten wach, und wenn die Gemüter sich zu erhitzen beginnen, hält er diejenigen, die normalerweise zu Revolvern greifen würden, sobald ihnen der Kragen platzt, von derlei Unbesonnenheit ab, indem er sie schlicht handlungsunfähig macht. Dazu hat er noch Eigenschaften, die mehr in die mystische Richtung gehen.

Ich saß einmal in den achtziger Jahren, auf dem Höhepunkt von P. W. Bothas Ausnahmezustand, mit Derek *mampoer* trinkend in der *voorkamer*, und es kam die Stunde heran, da verstummte das Leben im Haus und es ward still auf dem *veld*, und wir unterbrachen unserer Rede Fluß, um zum Glas zu greifen, und in diesem Augenblick umkreisten die Rosse der Apokalypse, von schweigenden bösen Geistern geritten, mit donnernden Hufen das Farmhaus und zogen dann weiter. Derek und ich wiegten weise die Köpfe in dem Gedanken an die Finsternis der Zeit, in der wir lebten. Nach wenigen Minuten polterte sein Vater durch das Zimmer und knurrte dabei, daß die Pferde wieder einmal durchgegangen seien, aber wir belehrten ihn, daß die Sache eine viel schwerwiegendere war.

Die Farm liegt am Fuß des Magaliesbergs, am Ende einer Straße, die jedem unvorsichtigen Autofahrer die Ölwanne vom Wagen reißt. Man passiert nacheinander vier Gattertore, die man von Hand öffnen muß; die Straße verwandelt sich auf diesem Teil der Strecke mehr und mehr in einen Feldweg, und man hat das Gefühl, immer tiefer in den Busch zu geraten. Auf dem letzten Wegabschnitt nähert man sich der Farm über ein tischebenes Stück Land, das von hohem gelbem Gras bestanden ist, in dem es einstmals von Perlhühnern wimmelte. Aber in den letzten Monaten des Jahres 1993 sind sie von Wilderern ausgerottet worden: teils eine Warnung an den weißen Farmer, teils Folge der Nahrungsmittelknappheit in der Umgebung.

Trotz der Überfälle auf benachbarte Farmen machen Terence und Marge in ihrer Lebensweise keine Zugeständnisse an die Zeitläufte, abgesehen von dem Umstand, daß sie sich jetzt dem Funkring der Farmer der Umgebung angeschlossen haben. Sie leben in einem sogenannten Gebiet der Alarmbereitschaftsstufe I, was anscheinend bedeutet, daß schon auf den kleinsten Alarm hin mit Waffengewalt reagiert wird. Trotzdem haben sie sich nicht hinter einem hohen Elektrozaun aus Razor-wire (Schneiddraht) verschanzt. Es gibt keine Flutlichtstrahler auf ihrem Anwesen. Die Nächte sind dort so finster, wie sie schon immer gewesen sind. Es gibt keine Pitbullterrier, die im undurchdringlichen Schatten unter der Veranda auf der Lauer liegen. Terence ist bewaffnet: Er besitzt Jagdgewehre – aber die besitzt ein Farmer immer. Beim örtlichen Polizeiposten hätte er ein R-1-Schnellfeuergewehr für sich und eine

Handfeuerwaffe für Marge abholen können, doch darin sieht er keinen Sinn.

Er witzelte, nach der Wahl würde der ANC sich die Liste der Farmer mit R-1-Gewehren vornehmen, und die wären dann die ersten, denen man ihr Land wegnehmen würde, um es enteigneten Schwarzen zu überschreiben.

Mag sein, daß sie jetzt auf die Nacht meistens die Türen nach draußen abschließen, aber manchmal vergessen sie es, und manchmal ist es ihnen einfach zuviel der Mühe.

Um sieben machte Terence über Funk seinen Rundruf bei den anderen Farmern des Ringverbunds. Mit einem verabredete er sich zum Abendessen, einen anderen bat er, doch mal bei ihm vorbeizukommen und eine undichte Stelle in seinem Dach zu reparieren. Ein dritter wollte in den nächsten Tagen weiter oben auf dem Berg Feuerschneisen brennen, und Terence sagte, er werde ein paar von seinen Männern zum Helfen hinaufschicken. Ein vierter berichtete, daß seine Frau immer noch krank war, aber daß der Doktor jetzt ein stärkeres Mittel verschrieben hatte. «Sag ihr gute Besserung von uns», sagte Terence, bevor er den Ruf beendete.

Nach dem Abendessen erzählte er mir von den AWBlern in der Gegend. Sie würden kämpfen, meinte er. Sie fühlten sich verraten und verkauft, steckten voller Angst und Wut. Einige hatten wahrscheinlich ein ganzes Waffenlager auf ihrer Farm, und manche hatten sich bei der Bank verschuldet, um zusätzliche Munitionsreserven anlegen zu können. Einer hatte ihm erzählt, daß er 7000 Rand von seinem Überziehungskredit speziell für diesen Zweck genutzt habe.

«Du mußt dir klarmachen, daß die eine andere Optik haben als wir», sagte er. «Für die ist ein Kaffer ein Kaffer. Der ist für die ein Wilder, der den ganzen Tag unter einem Baum sitzen und seine Weiber auf dem Feld schuften lassen würde, wenn die Weißen nicht da wären. Diese Leute nehmen sich keine Zeit für die Schwarzen. Die haben eine andere Optik als wir.»

Für Terence bestand unsere Optik darin, daß wir dem ANC

einen legitimen Anspruch auf die Regierungsverantwortung zubilligten und ihn im Besitz eines Mandats sahen, die Folgen der jahrelangen Apartheid zu beseitigen. Er konnte sehr beredt werden, wenn es um dieses Thema ging: Er zeigte sich dann sehr ernst, und das Entsetzen über den bisherigen Zustand war ihm anzumerken.

Ich schlief in jener Nacht im Hinterzimmer. In dem Raum roch es schwach nach Insektenvertilgungsmittel oder Dünger beziehungsweise so, wie ich mir den Geruch von Insektenvertilgungsmittel und Dünger vorstellte. Es war die Art Zimmer, in dem man eben auf einer Farm Übernachtungsgäste unterzubringen pflegt: ein Lagerplatz für alle möglichen Lederriemen und vergessenen Blechbehälter, mit einem Waschbecken, in dem der ewig tropfende Hahn einen großen dunkelbraunen Fleck produziert hatte. Ich war todmüde, konnte aber nicht einschlafen. Ich hatte nicht einen einzigen Tropfen *mampoer* getrunken, weil ich am nächsten Morgen noch sehen können und in der Nacht nicht von irgendwelchen vorbeiziehenden bösen Geistern heimgesucht werden wollte. Doch vielleicht hätte ein einzelnes Gläschen *mampoer* mir die Tür zum Schlummerland aufgeschlossen. Es dauerte nicht lange, bis die Stechmücken mich entdeckt hatten; ich versuchte sie zu erledigen, indem ich mir ins Gesicht klatschte, und bedauerte, daß ich mein Mückenspray nicht eingepackt hatte. Ich zog mir die Decke über den Kopf.

Statt Schäfchen zu zählen, begann ich mir im Kino hinter den Augen eine Seifenoper vorzuspielen, von der ich hoffte, daß sie mich zum Einschlafen bringen würde. Es war die Geschichte von Elsa und Koos.

Elsa war ein Schulmädchen, dessen Haar nie ganz sauber war und dessen Haut die Blässe eines altbackenen Weißbrots hatte. Sie kaute an den Nägeln. Sie hatte ein spitzes Gesicht, und in ihren Augen war eine Sanftheit, die um Liebe bettelte, und eine Lebendigkeit, die Ängstlichkeit hätte sein können.

Elsas Familie war in der AWB seit den Anfängen der Bewegung in den achtziger Jahren. Ihr Vater war ein Kommandeur, der zwanzig Männer befehligte. Ihr Bruder war Mitglied des Kommandos. Wie viele Afrikaanerfrauen ihrer Generation unterstützte die Mutter ihre Mannsleute in allem, was sie taten.

Elsas Familie lebte in Ventersdorp. Ihr Anwesen war von einem hohen Maschendrahtzaun umgeben, der oben zu einem mit Schneiddraht-Spiralen angefüllten V aufklappte. Vom Dach hing ein Fransensaum aus Schneiddraht herunter, und auch über den Schornstein, einem strategisch wichtigen Punkt, war welcher gerollt. An den Fenstern glänzten schmiedeeiserne Einbruchsicherungen, und am Hauseingang gab es vor der Tür noch ein Sicherheitsgitter. Unter einem Kameldorn lag ein Rottweiler. Seine Haufen hatte er über den ganzen Rasen verteilt; vor lauter Langeweile hatte er im Garten Löcher in die Erde gegraben.

Koos war Mechanikerlehrling in der Goldmine. Er hatte einen unregelmäßig wachsenden blonden Schnurrbart und trug sein Haar zu lang für seinen kleinen Kopf. Er hatte eine sonderbare Art, beim Sprechen mit dem Kinn zu rucken, so als wolle er den Zuhörer zum Widerspruch auffordern. Koos war politisch nicht engagiert. Als Freunde ihn zu einem AWB-*braai* in Ventersdorp einluden, ging er hin, weil so eine Grillparty einen sonst öden Samstagnachmittag auszufüllen versprach. Er war zwanzig, und so ein Wochenende konnte ätzend langweilig sein.

Doch in Ventersdorp, an einem Abend gegen Ende des Sommers, während dessen es am Horizont wetterleuchtete und das Lachen der Menschen in Khakikleidung um ihn herum durch die Luft wirbelte, wurde Koos verführt durch den Geruch von gegrilltem Fleisch in der schweren Luft und die Akkordeonmusik, die ihm in die Füße fuhr. Als aus dem Grillrauch Elsa mit einer Platte Hot dogs in den Händen vor ihm auftauchte, bat er sie um den Tanz. Während des Tanzes sprachen sie nicht, aber hinterher hielten sie sich bei den Händen und küßten sich im Schutz der Dunkelheit.

Als Koos sich auf den Heimweg machte, trug er eine Papierserviette bei sich, auf die Elsas Telefonnummer gekritzelt war.

Wegen der Entfernung zwischen den Wohnorten der beiden kam die Romanze nur langsam voran. Doch nach Koos' fünftem Besuch fragte Elsas Vater seine Tochter, ob ihr Freund Mitglied der AWB sei.

«Wir sind eine AWB-Familie», sagte er. «Leute, die sich nicht entscheiden können, auf welcher Seite sie stehen wollen, haben bei uns nichts zu suchen. Also solltest du ihm besser mal auf den Zahn fühlen, wie es mit ihm steht, weil er sich nämlich hier gar nicht mehr blicken zu lassen braucht, wenn er nicht einer von uns ist.»

«Okay», sagte Koos, als Elsa ihn fragte. «Ich trete bei – die machen ja ganz gute Sachen.»

Und so trat Koos bei. Aber Beitreten allein war nicht genug. Als nächstes bestand Elsas Vater darauf, daß er sein Kommando in ein «Camp» begleitete.

Koos wollte eigentlich nicht, hatte aber keine andere Wahl.

Und an einem Winterwochenende fand er sich dann in einem Camp im Dorn-*veld* auf einer Farm nahe der nördlichen Landesgrenze wieder. Die Zivilkleidung hatte er mit einer Khakiuniform vertauscht; auf seiner Armbinde prangte das hakenkreuzähnliche Emblem der AWB. Tagsüber lernte er mit einem Schnellfeuergewehr umgehen, nachts schlich er übers *veld* und spielte in einem Kriegsspiel mit, bei dem Farbkugeln verschossen wurden. Koos fand keinen sonderlich großen Gefallen an der Sache. Er nahm an zwei weiteren Camps dieser Sorte teil, und dann kam eines Tages die Polizei zu ihm und nahm ihn im Zuge einer großangelegten Aktion gegen rechtsextreme Aktivisten fest. In der Region hatte es Bombenanschläge auf Hochspannungsleitungen und Gebäude gegeben. Und die Politiker wollten dem ein Ende gemacht wissen.

Man ließ Koos noch am selben Tag wieder laufen, aber dem war der Schreck in die Knochen gefahren. Er rief Elsa an. Seine Stimme war so leise, daß sie ihn kaum verstehen konnte.

«Das ist nichts für mich», sagte er ihr. «Ich hab Angst, Mäuschen. Ich frag mich, woher die überhaupt gewußt haben, daß ich in der AWB bin. Sie haben mir gesagt, wenn sie uns mal bei was schnappen, kriegen wir 'n paar Jahre Zuchthaus aufgebrummt. Und wenn jemand umkommt dabei, ist uns der Strick sicher. Das ist nichts für mich, Mäuschen.»

Er sagte Elsa, er würde sich mit dem nächsten Bus nach Kapstadt absetzen, um aus der ganzen Geschichte rauszukommen. Sie weinte und bettelte, aber Koos war zu verschreckt, um sich durch die Liebe umstimmen zu lassen. Er machte sich aus dem Staub, und einige Monate später lief sie von zu Hause weg, um sich ihm anzuschließen.

Ich stellte mir die beiden vor: in einer düsteren Mietwohnung in der Nähe der Bahngleise, mit Blick auf einen Friedhof. Koos hatte einen Job in einer Autowerkstatt im selben Stadtteil, Elsa hatte bisher vergeblich nach Arbeit gesucht. Abend für Abend saßen sie in den einzigen zwei Sesseln, die sie ihr eigen nannten, vor dem Fernseher. Nach Programmschluß legten sie sich auf zwei auf dem Fußboden liegenden Matratzen schlafen.

Es war eine echte Seifenoper. Ich hörte die Titelmelodie, auf einem Akkordeon gespielt. Unter den langsam verebbenden Klängen der Musik schlief ich ein.

Ich weiß nicht wie lange danach drang plötzlich ein langgezogener Schrei in meinen Schlaf – ein Schrei, wie ein böser Geist, hoch aufgerichtet zum Geschäft der Rache, ihn anstimmen würde. Im ersten Schreck schrie ich zurück, doch das Kreischen in der Schwärze über mir riß nicht ab.

Nach und nach wurde der Schrei schwächer und ging in Schnattern über. Ich lag mit angespannten Muskeln da, wagte kaum zu atmen und lauschte in das Dunkel. Im Zimmer war es jetzt totenstill. Dann erneut ein Schrei. Der Lichtschalter befand sich an der gegenüberliegenden Wand, ich zog es jedoch vor, das Dunkel in Kauf zu nehmen. Ich wartete und horchte in die Dunkelheit, angestrengt bemüht, das Kratzen klauenbewehrter Füße auf den Bohlen auszumachen. Aber außer dem dumpfen Klopfen meines Herzens war nichts zu hören. Der dritte Schrei kam aus einer anderen Ecke des Zimmers. Dann war der Spuk vorbei. Ich lag da und dachte an Elsa und Koos in ihrer Mietwohnung am Bahngelände, wo schon vor Tagesanbruch die Güterwagen hin und her rangiert und aneinandergekuppelt wurden.

Am nächsten Morgen erkundigte sich Marge: «Hast du gut geschlafen?»

Ich erzählte ihr von den Schreien.

«Schreie...?» Sie sah mich befremdet an. «Ach, du meinst das Bushbaby. Entschuldige bitte. Von diesen in der Nacht jagenden Halbaffen hätten wir dir etwas sagen müssen.»

Nach Johannesburg zurückgekehrt, sprach ich in der Cafeteria der Rand Afrikaans University mit Niels, einem Studenten, der eine pikante Geschichte von unerfüllter Liebe erzählte. Niels lachte viel und rauchte viel. Sein offenes Gesicht verbarg keine Geheimnisse. Nach besonders freimütigen Enthüllungen zog er an seiner Zigarette und ließ den Rauch langsam durch die Nase ausfluten, während er mich beobachtete, um zu sehen, wie ich reagierte. Er genoß seine Geschichte. Er schmückte sie aus. Wahrscheinlich hielt er sie für einen gelungenen Witz. Hätte er sein Herz nicht an den Brückenbau gehängt gehabt, hätte er ohne weiteres Schauspieler werden können.

«Eine halbe Stunde vor dem Überfall hab ich mich auf Zehenspitzen in Susannas Schlafzimmer geschlichen», erzählte er. «Übrigens nicht das erste Mal. Das hab ich jede Nacht so gemacht, seit ich da war, und damals war ich schon eine Woche da. Das Haus war ein Neubau, mit Teppichböden, also war das kein Problem. Da gab es keine Dielen, die hätten knarren und die Eltern aufwecken können. Sorgen hätte mir nur eines machen dürfen, nämlich daß der Hund bellen könnte. Mit dem hatte ich allerdings gleich zu Anfang Freundschaft geschlossen. Trotz alledem hatte ich einen Mordsbammel, ihr

Dad könnte die Türangeln quietschen hören. Sie machen sich keine Vorstellung, was Türangeln mitten in der Nacht für einen Krach machen. Also der Alte machte mir Sorgen. Der hätte mich zu Brei geschlagen. Und dann kein Wort mehr, sondern ab in den nächsten Zug nach Hause.

Ich war zum erstenmal auf der Farm zu Besuch. Susanna und ich waren seit ungefähr einem halben Jahr fest befreundet, seit Anfang des neuen Schuljahrs jedenfalls. Und vor den Winterferien hat sie mich gefragt, ob ich nicht auf die Farm rauskommen wolle, und ich konnte gar nicht schnell genug ja sagen.

Da stand ich also nun in ihrem Schlafzimmer und drückte die Tür zu und ließ ganz, ganz langsam die Klinke los, damit das Schloß ja kein Geräusch macht. Es war lausekalt. Ich bibberte vor Kälte und wahrscheinlich auch vor Aufregung. Ich hatte nichts weiter als meinen Trainingsanzug an.

Susanna war ein Ekel. Sie ließ mich nicht unter die Bettdecke, ich durfte nur obendrauf liegen und hatte Füße wie Eisklumpen. Ich konnte bitten und betteln, soviel ich wollte, sie ließ mich nicht zu sich ins Bett. Also lagen wir bloß so da und küßten uns und so.»

Niels lachte bei dem Gedanken an die Szene. Er hatte sich seit Tagen nicht rasiert, und wenn direktes Licht auf seine Stoppeln fiel, begannen seine Wangen sacht zu glühen. Seiner Meinung nach hatte er ein ungeheuer komisches Bild geschildert.

«Lassen Sie mich Ihnen zuerst einmal etwas über das Haus erzählen. Sie müssen wissen, daß sie damals nicht das erste Mal überfallen worden sind. Das erste Mal war im Januar gewesen. Sie waren in der Nacht angekommen und hatten das Haus beschossen und waren anschließend in die Berge verschwunden. Es war zwar niemand verletzt worden, aber den Eltern war die Sache in die Knochen gefahren. Sie hatten sich daraufhin einen Elektrozaun und Flutlichtstrahler angeschafft und große Hunde, die jede Nacht frei im Garten herumliefen. Die Hunde waren Rottweiler, glaube ich, und auf den Mann abgerichtet.

Mit denen hat man sich besser nicht angelegt. Die waren anders auf Zack als der Frikkie im Haus. Frikkie war ein Dobermann, aber ein ziemlich blöder.

Außerdem hatte Susannas Vater sich bei der Polizei zwei R-1-Gewehre und eine 38er Pistole abgeholt. Er hatte zwar schon ein Gewehr und eine Jagdflinte und einen kleinen Revolver, aber er war der Ansicht, gegen Kalaschnikows würden ihm die nicht viel nützen. Wenn Susannas Mutter allein im Haus war, trug sie die Pistole umgeschnallt. Bei der Polizei hat sie damit umgehen gelernt und auch mit der R-1. Sie hat uns die Pistole sogar geliehen, damit wir auf dem *veld* auf Konservendosen schießen konnten. Sie war der Ansicht, es könne nichts schaden, wenn Susanna und ihr Bruder auch schießen lernten.

Ich muß hier einschieben, daß zwischen dem ersten und dem zweiten Überfall auf die Farm von Susannas Eltern fünf weitere Gehöfte im Kreis Ficksburg an der Grenze zu Lesotho Ziel von Feuerüberfällen wurden. Beim vierten dieser Zwischenfälle wurde ein über siebzigjähriges Ehepaar im Bett umgebracht. Für die Farmer war dies eine Kriegserklärung. Aber der Feind war unsichtbar. Seine Soldaten konnten sich unter ihren eigenen Arbeitskräften befinden, oder es konnte sich um ausgebildete Kämpfer handeln, die aus den nahen Bergen infiltrierten. Es war ein Belagerungszustand, dessen Effekt durch das Gefühl der Verwundbarkeit verschärft wurde. Die ständige Furcht erzeugte eine Paranoia, die in den Familien wie eine Krankheit um sich griff.

Man konnte das die ganze Zeit an ihnen beobachten, sagte Niels. Es war einfach so, daß sie nie wußten, was als nächstes passieren würde. Sie versuchten, wie normale Menschen zu leben, aber mit diesem ganzen Sicherheitsaufwand kann man nicht wie ein normaler Mensch leben. Mich hat es nicht weiter gestört, ich war ja bloß für die Ferien da. Aber alle Tage hätte ich so nicht leben können.»

Er steckte sich eine neue Zigarette an.

«Erzählen Sie mir von dem Überfall.»

«Ja.» Zwei dicke Rauchschlangen wälzten sich aus seiner Nase und stiegen aufwärts. «Ja. In gewisser Weise war es lustig, aber andererseits hat es saumäßig erschreckt. Ich meine, da stand ich nun, und die Kugeln machten mir eigentlich weniger Sorgen als die Frage, wie ich unbemerkt wieder in mein Zimmer komme. Susanna schrie, weil ihr Fenster zu Bruch gegangen war und die Glasscherben auf dem ganzen Bett herumlagen. Sie hatten einen Molotowcocktail durchs Wohnzimmerfenster geworfen, und der war drinnen krepiert und in Flammen aufgegangen. Sie schossen auf uns, und Susannas Vater schoß mit der R-1 zurück, und ich versuchte, mich über den Flur in mein Zimmer zu verdrücken.

Das nächste, was ich mitbekam, war, daß Susannas Vater mich anschrie, ich soll ins Wohnzimmer gehen und den Brand löschen, und da wurde mir klar, daß er überhaupt nichts gemerkt hatte. Er dachte, ich wäre gerade aus meinem Zimmer gekommen. Ich war so froh, daß ich losrannte und mit einem Kissen auf die Flammen losschlug, bis sie erstickt waren. Es war sowieso kein sonderlich ernst zu nehmender Brand. In der Zwischenzeit war die Schießerei zum Stillstand gekommen. Aber ich zitterte am ganzen Körper. Ich hörte überhaupt nicht mehr auf zu zittern.»

Niels lächelte.

«Das war das Ende. Punkt. Schluß und *klaar*. Am nächsten Morgen sprach sie nicht mehr mit mir und wollte sich nicht mehr von mir anfassen lassen. Ihre Mutter meinte, sie hätte einen Schock und es wäre das beste, ich würde nach Hause fahren. Nach den Ferien kam sie wieder zur Schule und war bis zum Ende des Schuljahrs da, aber mit mir wollte sie nichts mehr zu tun haben.

Verstehen Sie, ich glaube, sie hat gedacht, daß ich vielleicht irgendwie an der ganzen Sache schuld war. Ich glaube, sie hat gedacht, daß wir eine Sünde begangen haben, als wir da beieinander gelegen haben. Vielleicht hat sie sogar den ganzen Vorfall als eine Art Strafe aufgefaßt. Ihre Familie war sehr religiös.

Der Vater hat vor jeder Mahlzeit ein Tischgebet gesprochen, und ich glaube, er hat der Mutter jeden Abend vor dem Schlafengehen einen Text aus der Bibel vorgelesen.

Wahrscheinlich sind hier ein paar Mädchen» – mit einer ausladenden Armbewegung deutete er in den Gastraum der Cafeteria –, «die das gleiche getan hätten, aber ich glaube, von den ganzen Doktrinen der Niederländischen Reformierten Kirche war sie ein bißchen wirr im Kopf geworden.»

«Wissen Sie, was aus ihr geworden ist?»

«Nein.» Er schüttelte den Kopf. «Ich denke, daß sie vielleicht in Kapstadt studiert. Vielleicht ist sie jetzt, wo es da, wo ihre Eltern wohnen, nicht mehr so schlimm zugeht, ein bißchen weniger verklemmt.»

Seit einiger Zeit verhalten sich die Rechtsextremisten still. Niemand kann sagen, ob und wann sie eine neue Serie von Bombenanschlägen starten werden. Daß sie weitere Gewalttaten begehen werden, ist unvermeidlich und wohl ein historisches Erbe, das noch durch etliche Generationen weiterleben wird. Ich denke oft an Elsabet und ihren Freund Paul und ihre anderen Freunde und Freundinnen und frage mich, wie sie alle sich mit dem Wandel eingerichtet haben, der für sie vor nur fünf Monaten noch undenkbar war. Ich würde nicht meinen Kopf darauf verwetten, daß nicht einer von ihnen eines Tages eine Autobombe legt. Doch in der Zwischenzeit wird sich ihr Alltagsleben gegenüber früher nicht verändert haben. Sie werden noch immer auf Pauls Auto angewiesen sein, wenn sie nach Potchefstroom in die Disco wollen. Sie werden noch immer Grunge-MCs kaufen und auf Kirchen-*braais sakkie-sakkie* tanzen. Und vielleicht wird ihnen aufgehen, daß die Geschichte, die man ihnen über die Welt erzählt hat, stellenweise nicht ganz astrein ist.

## 7

Die zweite Greueltat, von der ich berichten möchte, wurde Ende Dezember 1993 begangen und geht auf das Konto des PAC. Zwischen den zwei Vorkommnissen läßt sich kein signifikanter Zusammenhang herstellen, keine sinnvolle Parallele ziehen; das Äußerste an feststellbarer Gemeinsamkeit beruht auf der Tatsache, daß beide Ereignisse uns in Augenblicken des Hasses, des Selbstüberdrusses und der Furcht abbilden. Darin gleichen sie all den anderen Eruptionen von Greueln, die dieses Land schon erlebt hat, die PAC-Aktion schockte jedoch durch ihre Nähe.

Als Jill und ich am Morgen des 31. Dezember die Radionachrichten hörten, schoß mir als erstes die Frage durch den Kopf: Welche Laune des Schicksals hat uns zum Weiterfahren gebracht? Im sicheren Port sahen Jill und ich einander über Müsli und Joghurt und Obst hinweg an, und beide dachten wir in diesem Moment das gleiche: Das hätten wir sein können! Es fehlten nur Minuten, und wir wären es gewesen. Aber wir waren es nicht. Wir waren noch am Leben. Es hatte vier Tote und drei Verletzte gegeben, und einer der Verletzten würde wahrscheinlich nie mehr gehen können. Morgennachrichten wie diese machten eine Gänsehaut und überschatteten den ganzen Tag.

Wir riefen die Freunde an, mit denen zusammen wir am Abend vorher aus gewesen waren.

«Das war knapp», meinte Bruce. «Ein paar Minuten später, und...»

Der Rest war das Unausdenkbare.

Denn Minuten vor dem Zwischenfall waren wir, durchglüht

von dem gelungenen Abend und der genossenen Chilisauce, vom Africa Café aufgebrochen, hatten langsam die Lower Main Road und die Observatory durchfahren und an der Ampel vor der Kreuzung Station Road angehalten. Direkt neben uns war die Heidelberg Tavern. Das Lachen und das Stimmengewirr der Gäste drangen bis auf die Straße.

«Los, wir nehmen alle noch einen Schlummertrunk», schlug jemand vor.

«Wollen wir?»

«Klar doch, ihr kommt alle mit.»

«Nein. Geht nicht mehr. Für mich wird's Zeit, daß ich ins Bett komme.»

«Es ist erst kurz vor zwölf.»

«Und das ist spät genug. Ich müßte schon längst im Bett liegen.»

Und damit war die Sache entschieden. Die Ampel sprang auf Grün um, und wir bogen in die Station Road ein und fuhren, vorbei an den Häusern, die mein Urgroßvater so weit zurück in diesem Jahrhundert gebaut hatte, in die Richtung, wo hinter den Lichtern der Stadt schwarz der Tafelberg aufragte.

Die Station Road ist eine schmale Einbahnstraße. In jener Nacht des 30. Dezember zog sich zu beiden Seiten längs der Bordsteinkante eine dichte Reihe von parkenden Autos hin, die mal so und mal so in die Lücke gezwängt waren. Heute frage ich mich, ob eines dieser Autos ein orangerotes *bakkie* war, in dem wartende Männer saßen. Oder war es vielleicht der Wagen, dessen Fahrer uns mit den Scheinwerfern anblinkte, um höflich zu warten, bis wir vorbeigefahren waren, weil er sich bewußt war, daß er in der verbotenen Richtung fuhr? Ich weiß es nicht und werde es niemals erfahren. Ich weiß nur, daß im selben Moment, als wir von der Station Road abbogen, ein orangerotes *bakkie* vor der Heidelberg Tavern anhielt, aus dem vier maskierte Männer ausstiegen, die R-4-Gewehre in den Händen hielten.

Was dann geschah, läßt sich in knapp sechzig Worten sagen.

Worten von Tod und Blutvergießen und zerstörtem Leben, das für immer zerstört bleiben wird. Worten von einer Gewalttat, die so wenig vergessen werden wie den Tätern vergeben werden darf.

Ein *bakkie* hält, und vier Maskierte mit R-4-Gewehren steigen aus. Sie schießen auf die Menschen auf dem Bürgersteig vor dem Pub. Dann gehen sie nach drinnen und feuern zwei lange Salven in den überfüllten Schankraum. Beim Hinausgehen wirft einer von ihnen eine mit einem Gemisch aus Pulver und Nägeln gestopfte Granate zwischen die Leiber.

Die Granate blieb nicht weit entfernt von dem Kopf des zwanzigjährigen Quentin Cornelius liegen, der am Nachmittag aus Johannesburg angekommen war, um in Kapstadt Ferien zu machen. Er lag unter einer Bank. Er war in den Rücken getroffen worden: Die Kugel hatte ihn durchfetzt und ein Loch in seine Bauchwand gerissen. Während er da lag, spürte er, wie seine Eingeweide durch das Loch austraten. Er wandte den Blick zu der Granate, aber sie weckte kein Interesse in ihm: Seine Schmerzen waren so groß, daß sie in ihm keinen Platz für Furcht übrigließen.

Steve Hamilton war in das Pub gegangen, um sich Zigaretten zu kaufen. Er wartete auf das Wechselgeld, als – wie er es ausdrückte – «die Hölle ausbrach». «Ich bin hinter einem Pfeiler in Deckung gegangen und hab mich flach auf den Boden geworfen. Ich konnte die Angreifer nicht sehen, aber als das Gewehrfeuer losging, hatte ich die Tür im Blick und sah, wie es zwei junge Frauen von den Füßen riß, als wären sie Puppen. Als die Leute begriffen hatten, was da vorging, sind manche unter die Tische gehechtet, aber andere sind so betäubt gewesen, daß sie sich nicht mehr haben rühren können, sie sind zusammengesackt und liegengeblieben wie Lumpenpuppen. Das Schießen hat eine Minute gedauert und aus zwei Salven bestanden. Hinterher war es totenstill. Die Bar war voller Pulverdampf, und überall haben Menschen gelegen. Andere sind herumgetappt, ganz benommen und unter Schock.»

Mike Ross saß im hinteren Teil des Schankraums. «Das Schießen schien überhaupt nicht mehr aufhören zu wollen», erzählte er einem Reporter. «Die Leute haben geschrien und die Tische umgestürzt. Ich bin nach vorn gelaufen, weil ich da nach einigen Frauen sehen wollte, und ich hab gesehen, daß zwei tot sind. Aber da war noch eine dritte Frau, in der Nähe von den zwei toten, die hat nach Atem gerungen, und deshalb hab ich sie etwas angehoben und mit beiden Armen festgehalten. Sie war in sehr schlechter Verfassung. Ich konnte ihr auf keine Weise helfen, und wie ihr Kopf zurückgesackt ist, da wußte ich, jetzt ist es vorbei.»

Michael January und sein Cousin Grant January gingen zehn Minuten vor dem Überfall in das Pub, um rasch etwas zu trinken. Michael bekam einen Schuß ins Bein ab. Grant wurde durch herumfliegende Granatsplitter verletzt. Einem Reporter der *Cape Times* erzählte Michaels Mutter später: «Sie hatten noch nicht mal Zeit gehabt, ihre Gläser auszutrinken.» Und: «Als mein Sohn gegen die 1983er Verfassung demonstriert hat, hat ihm die Polizei einen Schädelbruch beigebracht. Jetzt schießen ihn die Leute von der Gegenseite an. Was soll man dazu sagen? Was soll man da tun? Ich bin bloß froh, daß er noch am Leben ist.»

Auch David Deglon, Student an der Universität Kapstadt, war froh, daß er noch am Leben war. Froh und wütend. Er war verletzt worden, aber die zwei Mädchen, die auf einem Stockwerk mit ihm wohnten, die dreiundzwanzigjährige Lindy-Anne Fourie und die zweiundzwanzigjährige Bernadette Langford, waren umgekommen. Zu der Bürgermeisterin, die ihn im Krankenhaus besuchte, sagte er: «Wir haben genug von der Gewalt. Sie hängt uns zum Hals heraus.» Pressevertretern gegenüber sagte er: «Es wird Zeit, daß diese ziellosen Gewalttaten von rechts wie links aufhören und wir anfangen, unsere Energie dafür einzusetzen, daß Friede in dieses Land kommt. Ich bin begreiflicherweise empört, aber derlei Dinge passieren ja recht häufig. Ich habe eigentlich keinen sonderlich großen

Haß auf die Leute, die das getan haben. Ich wünsche mir nur, daß sie aufhören. Wir haben genug von der Gewalt.»

Die beiden anderen Getöteten waren Joe Cerqueira, der Inhaber eines Restaurants, das sich im selben Eckhaus wie die Heidelberg Tavern befand: er war auf der Straße erschossen worden; und die zweiundzwanzigjährige Rolande Palm, die erst vor kurzem von Durban weggezogen war, weil sie dort miterlebt hatte, wie eine Frau von hinten erstochen wurde. Sie hatte Polizistin werden und in einer Kinderschutz-Einheit mitarbeiten wollen. Das Pub hatte sie zusammen mit ihrem Vater besucht. «Ich gebe mir selbst die Schuld an ihrem Tod», sagte der den Reportern. «Ich habe sie am Kopf gepackt und versucht, sie zu Boden zu werfen. Ich habe nach ihrem Puls gefühlt, und als ich ihn nicht gespürt habe, bin ich heulend nach Hause gelaufen. Sie ist hierhergekommen, weil sie nicht durch ein Messer oder eine Kugel ums Leben kommen wollte.» Er selbst war unverletzt geblieben.

Am 4. Januar 1994 verhaftete die Polizei den Regionalvorsitzenden des PAC, Theo Mabusela, und den regionalen Beauftragten für Organisationsfragen, Nkosnathi Siyolo. Mabusela hatte gerade den Telefonhörer aufgelegt, nachdem er einem Fernsehreporter der SABC ein Interview gegeben hatte: Wenn die Regierung nicht ihre Schikanen gegen den PAC einstelle, hatte er in dem Gespräch gesagt, werde 1994 «nicht das Jahr der Wahlen, sondern das Jahr der Waffen» werden.

Einige Tage danach wurden drei weitere PAC-Mitglieder verhaftet: Richard Madodadala, Brian Madasi und Zola Mabala. Und Ende August wurde ein sechster Mann festgesetzt: Luyanda Gqumfa, dem Vernehmen nach ein Mitglied der APLA, des bewaffneten Arms des PAC.

Im Juli suchte ich Quentin Cornelius, Michael January und Ginn Fourie, Lindys Mutter, auf, um mir, weil sie die Opfer waren und die Opfer vergessen zu werden pflegen, von jedem von ihnen seine Geschichte erzählen zu lassen. Die Todesschützen würden, falls sie überführt, aber nicht zum Strang verurteilt wurden, wahrscheinlich nicht mehr als zehn Jahre ihrer Haftstrafe absitzen und danach vom Staat resozialisiert werden. Unterdessen blieb den Opfern staatliche Hilfe versagt. Wie Quentin Cornelius ohne jedes Selbstmitleid sagte: «Ich bin schon vergessen. Ich glaube, die wenigsten erinnern sich noch an den Vorfall.»

Ich traf mich mit Quentin Cornelius in einem Restaurant in Johannesburg. Seine Mutter fuhr ihn dorthin, aber er bewegte selbst seinen Rollstuhl vom Auto bis zu dem Tisch im Lokal. Niemand verdrehte den Kopf nach ihm, als er hereinkam, niemand folgte ihm mit den Blicken – dabei ist er ein Held. Man muß sich vor Augen halten, daß er seine Beine von den Knien abwärts nie wieder wird bewegen können. Man muß sich vor Augen halten, daß er nur noch eine Niere hat und daß er sich in regelmäßigen Abständen Darmoperationen unterziehen muß, damit seine Eingeweide funktionsfähig bleiben. Vor allem muß man sich vor Augen halten, daß er für den Rest seines Lebens nicht mehr schmerzfrei sein wird. Er ist einundzwanzig Jahre alt.

Er hat mir folgendes erzählt:

«Wenn ich mich richtig erinnere, gingen wir ungefähr um Viertel nach zehn auf ein Bier ins Heidelberg. Lindy [Fourie] und ich saßen mit dem Rücken zur Tür, und Dave [Deglon] und Bernie [Bernadette Langford] saßen uns gegenüber am Tisch. Ich wollte gerade aufstehen und eine neue Runde Bier holen gehen, da hörte ich die ersten Schüsse und warf mich instinktiv auf den Boden. Ich hatte vorher schon bei den Übungen des Kadettenkorps Automatikgewehrfeuer gehört, und deshalb wußte ich sofort, daß das Schnellfeuergewehre waren. Ich wurde im Fallen erwischt. Wir saßen mitten im Schußfeld. Aber wenn ich mich nicht hingeworfen hätte, wäre ich jetzt tot. Lindy, die neben mir saß, bekam vier Kugeln in den Rücken. Ich befand mich direkt in der Schußlinie. Ich wäre mit Sicherheit ein toter Mann gewesen, wenn ich sitzengeblieben wäre.

Ich entsinne mich, daß ich sofort unvorstellbare Schmerzen hatte. Ich konnte kaum atmen. Ich lag unter einem Tisch, und als das Schießen aufgehört hatte, brach das totale Chaos aus. Alles drängte blindlings ins Freie, die Leute demolierten fast das Lokal, um hinauszukommen. Ich entsinne mich, daß irgend jemand etwas von einer Granate rief. Ich drehte den Kopf und sah sie da liegen, aber ein Typ sagte zu mir: ‹Keine Bange, das stimmt nicht, sie wollen damit bloß erreichen, daß die Leute das Lokal räumen.› Mir wurden jetzt langsam die Hände steif. Ein Typ hielt mich an der Hand gepackt und schrie mir andauernd ins Ohr und fragte mich, wie ich heiße. Ich war nah dran, einfach aufzugeben. Aber der hörte nicht auf, mich anzuschreien und mich zu schütteln, und ich hielt seine Hand fest. Am nächsten Tag kam er mich im Krankenhaus besuchen und zeigte mir einen Riesenbluterguß an der Hand, wo ich ihn gepackt gehabt hatte.

Zuerst wollten mich ein paar Leute mit dem Auto ins Krankenhaus fahren, aber ich wollte nicht, daß mich jemand bewegt, weil ich wußte, daß mein Rückgrat gebrochen war. Es kam mir wie eine Ewigkeit vor, bis der Notarztwagen da war, aber später hab ich gehört, daß es nur so um die zehn Minuten gedauert hat. Sie legten mich auf eine Spezialbahre und trugen mich nach draußen zum Wagen. Ich entsinne mich, daß dabei links und rechts ein wahres Gewitter von Blitzlichtern losging.

Im Krankenhaus wurde ich auf meiner Liege sofort in die Unfall-Wachstation geschoben. Meine Aufregung war jetzt zum großen Teil schon weg, wahrscheinlich weil ich auf der Fahrt Spritzen bekommen hatte, und die hatten auch die ärgsten Schmerzen betäubt. Ich mußte mehrere Stunden auf der Station bleiben, weil die Erstuntersuchung ergeben hatte, daß der ganze Darm rechts vom Rückgrat zerfetzt war. Ich wurde pausenlos geröntgt und Tests unterzogen, weil man feststellen wollte, ob meine linke Niere noch normal funktionierte; wenn nicht, hätte man eine Transplantation in die Wege leiten müssen. Gleichzeitig wurden Spezialisten verständigt, und um halb sechs Uhr morgens wurde ich schließlich in den OP gebracht. Die annähernd fünf Stunden im Wachraum kamen mir wieder wie eine Ewigkeit vor, aber immerhin war ich in der Zeit beruhigter, weil ich wußte, daß jetzt, wo ich im Krankenhaus war, alles bestens geregelt war.

Die Operation dauerte fast sechs Stunden. In dieser Zeit wurden mir die rechte Niere, sechzig Zentimeter vom Grimmdarm und mehrere Stücke vom Dünndarm entfernt und der Rest wieder zusammengeflickt.

Klar, daß ich während der ganzen Zeit keine Ahnung hatte, was mit Lindy und Bernie passiert war. Ich entsinne mich, daß ich irgendwann am nächsten Tag, nach der Operation, aufwachte und Lindys Vater an meinem Bett stehen sah. Ich fragte, ob mit Lindy soweit alles in Ordnung sei. Da kamen ihm die Tränen. Er sagte, er und seine Frau kämen gerade vom Leichenschauhaus. Mir ist dann schwarz vor den Augen geworden.

In der ersten Woche hatte ich grauenhafte Träume, aber das kam auch von dem Morphium. In einer Nacht war es so, als würde ich mich mit den beiden unterhalten, mit Lindy und Bernie. Es war unheimlich schwer, sich mit ihrem Tod abzufinden. Sie müssen wissen, Lindys Mutter arbeitet in dem Krankenhaus. Sie kam mich jeden Morgen besuchen, und ich mußte jedesmal weinen, wenn sie kam. Es war alles ganz schrecklich.

Heute kommen manchmal Tage, da fühle ich mich eingeschlossen und werde ziemlich trübsinnig. Vor allem in den letzten Wochen vor dem Ende der Semesterferien. Jetzt bin ich darauf angewiesen, daß andere mich besuchen kommen, und oft habe ich das Gefühl, daß man nichts von mir wissen will und mich vergessen hat. Ich weiß, daß das bloß Einbildung ist; ich habe noch eine Menge Freunde, die mich regelmäßig besuchen. Aber an manchen Tagen sind die Schmerzen so wahnsinnig schlimm, daß ich kaum noch weiß, wie ich sie aushalten soll. Ich überlege mir, ob ich's nicht mal mit Akupunktur oder Meditation probieren soll, ob das nicht vielleicht was hilft.

Verstehen Sie, die Schmerzen sind immer da. Und ich werde sie nie mehr loswerden. Ich hab monatelang unter schweren Medikamenten gestanden. Zweimal bin ich abhängig geworden und mußte wieder in Intensivbehandlung zur Entwöhnung. Immer wieder habe ich die Ärzte gefragt, wann die Schmerzen endlich aufhören. Ich kann doch nicht mein ganzes Leben lang Medikamente nehmen, hab ich gesagt. Aber irgendwie sind sie da immer ausgewichen, ich hab nie 'ne klare Antwort bekommen. Schließlich hat sich einmal, als ich vor Schmerzen geweint hab, eine von den Schwestern zu mir gesetzt und hat gesagt, daß jeder sich davor drückt, mir meine Frage zu beantworten, weil ich die Schmerzen mein Leben lang behalten werde. Sie sagte, mit der Zeit würde sich die Schmerzschwelle bei mir erhöhen, und dann würde es mir leichter fallen, mit den Schmerzen zu leben, aber ganz weggehen würden sie nie. Ich muß zugeben, daß es jetzt manchmal Tage gibt, wo ich hinterher merke, daß ich überhaupt nicht an die Schmerzen gedacht hab, daß sie mich überhaupt nicht gestört haben. Aber dann kommen wieder Tage, wo sie so schlimm sind, daß ich schreien könnte. Damals, als diese Schwester mir Bescheid sagte, spürte ich eine mächtige Wut im Bauch. Und ich habe immer noch damit zu kämpfen, daß ich kein selbständiger Mensch mehr bin. Früher war ich sehr aktiv. Ich hab Skilanglauf, Radtouren und Kanufahrten gemacht. Ich hab Golf gespielt. An der Uni hab ich den Rundfunksender mit geleitet. Mit alledem ist es jetzt vorbei.

Für mich sind die Leute, die das getan haben, Mörder, sie haben anderen Menschen das Leben für immer ruiniert, und dafür gehören sie aufgehängt. Ich will, daß die ihre gerechte Strafe bekommen. Ich weiß, daß mir das nicht helfen wird. Ich weiß, daß damit, daß man sie aufhängt, keine Probleme gelöst werden, aber irgendwas muß geschehen. Wenn Sie mich fragen, ist die politische Lage in Südafrika schuld an dem, was passiert ist. Wenn die nicht wäre, würden Lindy und Bernadette heute noch leben. Meiner Meinung nach muß der PAC das Ganze geplant haben, obwohl ich nicht begreife, was die für einen Grund gehabt haben könnten. Ich meine, das war ein gemischtrassiges Pub. Die ganze Gegend da ist nichtrassisch. Okay, ich bin ein Weißer, aber Bernie war braun. Die Kerle, die auf den Abzug gedrückt haben, waren bloß Marionetten, die hatten eine Gehirnwäsche verpaßt gekriegt, waren vollgepumpt mit Haß, blind vor Haß. Die haben das bloß gemacht, weil ihnen gesagt worden ist, sie sollen das machen: Der eigentliche Anstoß kam von oben. Die Hintermänner haben genausoviel Schuld. Aber ich glaube nicht, daß die Regierung die Angelegenheit nach dem Prozeß noch weiterverfolgen wird. Und trotzdem – wenn diese Kerle überführt werden, sollte der PAC meiner Meinung nach Entschädigungen zahlen. Ich könnte eine Entschädigung gut gebrauchen, weil die Sache uns eine Menge Geld gekostet hat und noch mein ganzes Leben lang eine Menge Geld kosten wird. Ich finde, der PAC sollte dafür bezahlen.

Ich denke, daß meine Wut mit der Zeit nachlassen wird. Irgendwann findet man sich ab mit solchen Sachen. Aber ich glaube nicht, daß ich mich je damit abfinden werde, daß ich den Rest meines Lebens im Rollstuhl verbringen muß. Trotzdem zieh ich nicht los und knalle Schwarze ab. So was ist mir nie in den Sinn gekommen. Meine Wut bezog sich darauf, daß ich ein Opfer von Verhältnissen in diesem Land geworden bin, für die ich nichts konnte. Ich war das unschuldige Opfer von Verhältnissen, an denen ich nicht schuld war, und ich war auch nicht schuld daran, daß andere einen solchen Haß in sich hatten. Ich meine, Leute, die andere niederknallen, sollten sich einfach darüber im klaren sein, in welches maßlose Leid und Elend sie die Verletzten stürzen und die Familien der Verletzten und der Toten. Ich wünschte nur, sie könnten einmal spüren, wie das ist.

Manchmal denke ich, daß Lindy besser dran ist – das sind dann die Tage, wo ich meine Schmerzen habe. Und dann denke ich wieder, was für ein Glück ich habe, daß ich noch am Leben bin. Vielleicht ist das ein Widerspruch, wenn ich so rede – aber ich hab noch mal 'ne Chance bekommen, und ich hab schon große Fortschritte gemacht. Ich kann eigentlich nur das Beste hoffen. Ich hätte ja wirklich sterben können in der Nacht damals. Wenn ich noch zehn Minuten länger da gelegen hätte, hätte ich aufgegeben. Ich hätte einfach die Augen zugemacht und aufgegeben. Wenn ich innerlich nachgegeben hätte, wäre ich gestorben.

Ich bin nicht sehr religiös im Sinne von Kirchenfrömmigkeit. Aber ich habe einen Glauben. Ich glaube an Gott. Ich glaube, daß eines Tages echte Gerechtigkeit geübt wird, wenn wir vor Gottes Richterstuhl erscheinen. Das hilft mir. Das hat quasi den Stellenwert einer Rache.»

Quentin Cornelius gab seine Stimme am ersten Wahltag in einem Altersheim ab, weil hier Vorsorge getroffen war für die Mobilität von gebrechlichen und behinderten Menschen. Er wählte zum erstenmal in seinem Leben und tat es ohne berauschende Gefühle: «Ich war aus naheliegenden Gründen der Meinung, daß von den ‹schwarzen› Parteien für mich keine in Frage kam, weil sie meiner Meinung nach Terroristen und Mörder waren und ich nicht wollte, daß solche Leute an der Spitze unseres Landes stehen. Aber andererseits hatte der Überfall unter einer ‹weißen› Regierung stattgefunden, die auch nicht fähig war, die Gewalt zu stoppen. Also konnte ich nicht mit voller Überzeugung für eine einzelne Partei stimmen, aber ich habe auf das beste Ergebnis gehofft. Am Ende ist es dann ja auch eine Regierung der ‹Einheit› geworden und nicht eigentlich eine schwarze oder weiße Regierung. Ich kann nur hoffen, daß die dem, was vorgefallen ist, Gerechtigkeit widerfahren läßt und eine Lösung findet, wie man die Gewalt endgültig abstellt.»

Michael January ist siebenundzwanzig Jahre alt. In einem unveröffentlicht gebliebenen Brief an die *Cape Times* schrieb er:

Es wird viel über die Menschen geredet, die unter den Auswirkungen der Gewalttätigkeit in diesem Land zu leiden haben – und das hat auch durchaus seine Berechtigung. Aber in diesem Zusammenhang wird sehr wenig von den zahlreichen Menschen gesprochen, die bei verschiedenen Terroranschlägen in diesem Land getötet, verstümmelt oder zu Krüppeln gemacht wurden. Die Opfer sind in fast allen Fällen Menschen aus dem Volk, die durch Zufall zur falschen Zeit am falschen Ort waren. Ich kann begreiflicherweise nicht im Namen aller Betroffenen sprechen, aber ich für meinen Teil habe das Gefühl, daß man uns im Regen stehenläßt.

Im Lauf unserer Unterhaltung fragte ich ihn, ob der Überfall seine Wahlentscheidung beeinflußt habe. «Nein», antwortete er. «Ich bin bei meinen politischen Idealen geblieben. Ich habe ANC gewählt. Ich habe seine Anstecker getragen. Der Überfall hat dem Wahlakt wahrscheinlich eine neue Dimension hinzugefügt. Ich hatte das Gefühl, daß er nicht einfach nur eine leere Geste ist – es war, als würde das Schicksal des Landes von meiner Stimme abhängen. Es war ein gigantisches Gefühl. Nachdem ich den Stimmzettel in die Urne gesteckt hatte, fühlte ich mich phantastisch.»

Dies ist seine Geschichte:

«Ich wurde direkt unterhalb des Hüftgelenks getroffen. Ich trage einen hohlen Edelstahlnagel in den Relikten meines Oberschenkelknochens. Der Nagel geht vom Hüftgelenk bis zum Knie. Im linken Unterschenkel habe ich infolge einer Nervenschädigung praktisch jedes Gefühl verloren und habe in diesem Teil des Beins auch keine Muskelkontrolle mehr. Mit einer Nerventransplantation will man dem Bein Sensibilität und Mobilität zurückgeben; ich hoffe, es gelingt, und ich werde zu guter Letzt wieder gehen können.

Meine Eltern sind Rentner. Mein Vater besitzt ein Auto und fährt mich dreimal die Woche zur Physiotherapie. Die Kosten meiner Behandlung bestreitet er aus seiner Rente. Ich hatte seit drei Jahren ein DTP-Servicebüro, mußte aber im Januar zumachen, weil ich nicht mehr arbeitsfähig war und die Computeranlage verkaufen mußte, um die Operation und den Klinikaufenthalt bezahlen zu können. Ich bin jetzt ganz auf die Unterstützung meiner Eltern angewiesen.

An dem Abend, als die Geschichte passiert ist, sind mein Cousin und ich auf dem Heimweg noch auf einen Sprung ins Heidelberg eingekehrt. Ich glaube, im Heidelberg war ich seit mindestens fünf Jahren nicht mehr gewesen. Wir hatten uns kaum hingesetzt, da ging der Überfall los. Ich hatte schon bei früheren Gelegenheiten Automatikfeuer gehört, aber in diesem Augenblick begriff ich nicht, was vor sich ging, ich dachte, es ist ein Bandenkrieg draußen auf der Straße, aber ich warf mich auf jeden Fall auf den Boden. Ich konnte nichts sehen, weil ich einen Tisch vor mir hatte, aber mir wurde klar, daß sie ins Lokal feuerten und daß es ein terroristischer Überfall war. Ich versuchte vollkommen regungslos liegenzubleiben. Das Schießen hörte nach einigen Sekunden auf; ich hörte, wie einige Leute sich umherzubewegen begannen, und dann ging das Schießen wieder los. Ich blickte in Richtung Tür, konnte aber nichts sehen außer dem Fenster an der Vorderfront. Jemand mußte von draußen durch das Fenster schießen, denn ich konnte richtig sehen, wie kleine Löcher in der Scheibe auftraten. Ich entsinne mich, daß ich dachte: Wieso zerspringt die Scheibe nicht? Kurz darauf wurde ich getroffen. Zu dem Zeitpunkt rechnete ich damit, daß jemand vor mir vorbeigehen, mir den Gewehrlauf ins Gesicht setzen und abdrücken würde. Ich rechnete damit, ins Gesicht und in die Brust getroffen zu werden. Ich fuhr mit der Hand zu der Wunde und fühlte, daß sie etwa so groß wie meine Handfläche war. Blut trat zwischen meinen Fingern aus und lief auf den Boden wie Wasser. Über dem Lärm der Schüsse hörte ich das Geräusch von laufendem Wasser, nur daß es nicht Wasser, sondern mein auslaufendes Blut war.

Ich habe keine Ahnung, wie lange der Überfall gedauert hat – mir kam er sehr lang vor, aber wahrscheinlich war er das gar nicht. Mir kam es so vor, als würde er endlos weitergehen und überhaupt nicht mehr aufhören. Er hat wahrscheinlich mindestens eine volle Minute gedauert, und es würde mich nicht überraschen, wenn es zwei Minuten gewesen wären. Ich hatte zu der Zeit bloß einen einzigen Wunsch, und der war, aus dem Lokal rauszukommen und nach Hause zu gehen. Ich machte mir Gedanken, was meine Eltern zu der Wunde sagen würden und wie ich sie ihnen verheimlichen könnte. Es war ein bißchen so, als wäre ich wieder ein kleines Kind und wollte keinen wissen lassen, daß ich etwas abgekriegt hatte.

Als das Feuer aufgehört hatte, fragte mich mein Cousin, ob ich okay sei, und ich fragte ihn das gleiche und sagte ihm dann, daß ich ins Bein getroffen war. Er erzählte mir, daß eine Granate auf dem Boden lag. Ich sagte, er soll zusehen, daß er schleunigst nach draußen kommt, aber er meinte, er kann mich nicht so liegenlassen und weggehen. Dann hat ein Mann, der sagte, er ist Arzt, sein T-Shirt ausgezogen und es zusammengeknüllt und in das Loch in meinem Bein gestopft. Einige Leute haben um die Granate herum Bänke aufgestapelt. Zu dem Zeitpunkt hab ich schon alles einfach nur geschehen lassen. Ich wußte, daß die Granate da ist, aber das hat mich nicht weiter gekümmert.

Sehen Sie, als das Schießen losging, war ich überzeugt, daß ich umkommen würde. Ich sagte mir: Michael, so sieht dein Ende aus. Das einzige, was ich tun konnte, war, still dazuliegen und zu warten, bis es soweit sein würde, und mir dabei zu überlegen, ob es weh tun würde. Ich kann es immer noch nicht fassen, daß ich in der Nacht nicht umgekommen bin. Ich entsinne mich, daß ich dachte: Michael, du möchtest jetzt rasend gern ohnmächtig werden und wieder aufwachen, wenn alles vorbei ist. Mir haben die Zähne geklappert, mir hat die Haut am Körper gebrannt und im Gesicht gespannt, und ich hab mir nichts sehnlicher gewünscht, als die Besinnung zu verlieren. Ein Polizist hat mich dankenswerterweise bei Bewußtsein gehalten. Er hat mich gefragt, wie ich heiße und wo ich wohne und wie alt ich bin, und hat hartnäckig auf jede Frage eine Antwort verlangt, und das hat mich wachgehalten. Er hat mich fortwährend zum Reden gebracht, und sobald ich mich wieder einigermaßen gefangen hatte, wollte ich auch nicht mehr ohnmächtig werden.

In den folgenden Tagen wollte ich mit keinem Menschen etwas zu tun haben. Ich wußte, wenn Leute mich besuchen gekommen waren, aber ich ließ mich nicht herbei, mit ihnen zu reden. Ich aß und trank fast nichts. Meine Besucher sagten, ich solle aufhören damit und wieder zu mir kommen, so könne ich doch nicht weitermachen, aber das interessierte mich nicht. Wer immer mit mir reden wollte, bekam von mir nur unverbindliche Bemerkungen zu hören. Am übernächsten Montag nach dem Vorfall entschloß ich mich, mit meiner Umwelt zu reden, selbst wenn es mich Mühe kostete. Bis zum Freitag war mir dann klargeworden, daß man im Krankenhaus nichts mehr für mich tun konnte, deswegen bestand ich darauf, daß ich entlassen wurde, und ging nach Hause.

Rätselhaft geblieben ist mir an dem Vorfall, warum man ausgerechnet mich herausgegriffen und zum Schlachtopfer gemacht hat. Warum ich von einer bestimmten Gruppe aufs Korn genommen wurde, so als ob ich an dem Elend dieser Leute schuld wäre und es deswegen ganz in Ordnung wäre, mich abzuknallen. Mir ist klar, daß alles auf Zufall beruhte, aber trotzdem finde ich, daß der PAC mir besonders übel mitgespielt hat.

Wenn ich nicht gerade mit etwas anderem beschäftigt bin, beschäftige ich mich in Gedanken oft mit dem Überfall. Der färbt alles, dein ganzes Denken. Nachts im Bett fühlst du dich unbehaglich. Es hat vier Monate gedauert, bis ich so viel Kraft hatte, daß ich mit dem linken Bein die Decke verschieben konnte. Mit dem Gewicht der Decke auf dem Bein konnte ich nicht einschlafen. Ich hab mich dann gewöhnlich auf den Rükken gelegt und daran gedacht, daß ich damals, als ich angeschossen war, genauso dalag, und dann dachte ich an die Terroristen und daß die ungeschoren davonkommen. Im Parlament sitzen Leute vom PAC, streichen ein dickes Gehalt ein und lachen sich ins Fäustchen. Für die zählt der ganze Fall überhaupt nicht. Ich wollte, ich könnte die auf drei, vier, fünf Millionen Schadenersatz verklagen. Dabei ist mir das Geld eigentlich nicht wichtig. Ich möchte nur das Gefühl haben, daß ich es denen irgendwie heimzahle. Jawohl, ich will Rache. Ich will, daß die ihre Verantwortung dafür anerkennen, was sie angerichtet haben. Für das, was ich und andere durchzumachen haben. Ich sage Ihnen, nachts überlege ich mir, ob ich nicht ein paar Leuten ins Bein schießen soll. Und wenn ich daran denke, in was für einer Zeit wir leben, hätte ich meiner Meinung nach das Recht dazu. Mir haben sie ins Bein geschossen und bleiben trotzdem ungeschoren – warum sollte ich es mit ihnen nicht genauso machen dürfen? Um ehrlich zu sein, geht es mir gar nicht so sehr um die Handlanger, die die Drecksarbeit gemacht haben. Was mich betrifft, mir liegt nichts daran, wenn die zu lebenslänglich oder zum Tod verurteilt werden. Aber was ist mit der Führungsspitze des PAC? Was ist mit Leuten wie Patricia de Lille, die heute im Parlament sitzt – was sagt die zu dem Fall? Für mich ist im Prinzip die Führungsspitze verantwortlich. Meine Wut richtet sich gegen den PAC. Aber offenbar hat auch die Regierung keine Lust, etwas für die Unterstützung oder Entschädigung von armen Schweinen wie mir zu tun. Ich habe ein ganzes Jahr meines Lebens verloren, und es wird weitere zwei Jahre dauern, bis ich meinen Fuß wieder gebrauchen kann. Ich weiß nicht, wie ich den Rest meines Lebens bestehen soll: Ich werde allein gegen die Welt in den Ring müssen. Ich habe von niemandem Hilfe zu erwarten.

Ehrlich gesagt, hatte der Vorfall für mich eine große religiöse Bedeutung. Ich will nicht so weit gehen zu behaupten, daß ich eine konkrete Vorahnung hatte, aber meine Eltern und Geschwister werden Ihnen bestätigen, daß ich am Heiligabend davon gesprochen habe, was für ein wundervolles Leben ich bisher gehabt hatte und daß ich glaubte, daß Gott mich prüfen wird. Ich hatte das Gefühl, daß irgend etwas Wundersames passieren wird. Ich war der festen Meinung, daß meine Lebenszeit um ist und daß ich ein wundervolles Leben gehabt hatte. Vier Tage danach wurde ich angeschossen. Als ich von der Kugel getroffen wurde, war ich überzeugt, das ist es, was ich vorausgeahnt hatte: So würde ich sterben. Ich glaube, daß Gott mich gewissermaßen für dieses Erlebnis ausersehen hat, und ich glaube, daß ich jetzt eine neue Mission bekommen habe. Man könnte sagen, ich hab noch mal eine Chance bekommen.»

Zuletzt besuchte ich Ginn Fourie. Es war spätnachmittags, als wir uns bei ihr ins Wohnzimmer setzten; das Licht in dem Raum wurde fahl und schien während der gesamten Dauer unseres Gesprächs trübe zu bleiben. Meine Gesprächspartnerin unterbrach ihre Erzählung mit langen Pausen. Immer wieder entschuldigte sie sich dafür, daß ihre Gefühle sie übermannten. Ich dachte bei mir, daß sie – wie Quentin Cornelius, wie Michael January – ausnehmenden Mut bewies. Gegen Ende unserer Unterredung kam sie auf Gott zu sprechen. Ihrer Meinung nach betrachtet er das Treiben der Menschen mit großer Betrübnis.

Sie erzählte:

«Wir hörten erst am nächsten Nachmittag, daß Lindy tot war. Wir hatten den Tag bei Freunden in den Weinbaugebieten verbracht und weder eine Zeitung zu Gesicht bekommen noch die Radionachrichten gehört. Aber als wir nach Hause kamen, warteten vor dem Haus Freunde in ihren Autos auf uns. Nachdem wir den Wagen abgestellt hatten, kam einer – es war Ray – mit einer Rose und einer Karte in den Händen auf mich zu. Weil wir uns über Weihnachten nicht gesehen hatten, dachte ich, das wäre ein verspätetes Weihnachtsgeschenk. Aber ich bemerkte auch, daß er nicht besonders fröhlich aussah. Dann sagte einer von den anderen – es war Dee –: ‹Setz dich erst mal hin. Ich muß dir etwas sagen.›

Ich sagte: ‹Red nicht lange herum, was ist passiert? Es ist was mit Lindy, ja...? Sie ist tot!› Als sie mir gesagt hatten, was passiert war, sagte ich: ‹Ich glaube, damit werde ich nicht fertig.› Wir gingen hinauf und riefen das Leichenschauhaus an, und dort sagte man uns, wir könnten kommen und den Leichnam identifizieren, denn zum damaligen Zeitpunkt war es noch nicht sicher, daß es Lindy war. Bevor wir losgingen, riefen wir sogar in ihrem Apartment an, aber natürlich hat niemand abgenommen.

Was ich bis zur Beerdigung an Schmerz und Erschütterung durchgemacht habe, ist mit Worten nicht zu beschreiben. Ich war vollkommen betäubt und nicht in der Lage, an etwas anderes als an Lindys Tod zu denken. Die Dinge, die ich unbedingt erledigen mußte, erledigte ich mechanisch. Mit der Beerdigung setzte schließlich der Heilungsprozeß ein.

Im Juni machten wir Urlaub, und ich dachte, das würde vielleicht problematisch werden, weil ich mich nicht genug mit meinem Kummer auseinandergesetzt hatte. Im Dezember hatte ich an einer Examensarbeit geschrieben, und damit machte ich im neuen Jahr weiter – vielleicht weil das für mich ein Weg war, mit Lindys Tod fertig zu werden. Aber als wir dann in Urlaub gingen, war ich ein bißchen besorgt, ob die Arbeit mich nicht vielleicht davon abgehalten hatte, mit meinem Kummer umgehen zu lernen. Aber der Urlaub war dann sogar eine sehr gute Zeit. Wir haben sehr viel über Lindy gesprochen, und das hat manches erleichtert. Ich habe so wunderbare Erinnerungen an sie. Und ich bin im Frieden mit ihrem Tod. Ich habe sogar den Männern verziehen, die es getan haben. Ja, ich habe den Staatsanwalt angerufen und ihn gefragt, ob ich die Männer besuchen darf, um ihnen zu sagen, daß ich ihnen verziehen habe, aber die Behörden erlauben das nicht. Ich werde das aber weiterverfolgen. Natürlich möchte ich, daß der Gerechtigkeit Genüge getan wird, aber wenn ihr nicht Genüge getan wird – und in diesem Land und in der ganzen Welt ist das schon so viele Male der Fall gewesen –, warum sollte ausgerechnet ich darauf bestehen, daß es geschieht? Haß war es, was Lindys Tod bewirkt hat. Ich habe ihr meine Examensarbeit gewidmet, und in der Widmung nenne ich sie ein Opfer des Hasses in unserem Land, eines von vielen. Ich glaube, der einzige Weg, wie wir dem Haß die Spitze abbrechen können, besteht darin, ihn ins Leere laufen zu lassen und nicht wiederzuhassen. Sollten diese Männer einmal amnestiert werden, dann möchte ich gern, daß sie erfahren, daß ich ihnen verziehen habe.

Ich glaube, mein Leben wird durch das Geschehene keine dramatische Änderung erfahren. Ich kann eigentlich nicht sagen, daß ich mich verletzt fühle – außer durch das Schweigen der Politiker und der damaligen Regierung. Aus dieser Richtung haben wir nie eine Bekundung persönlichen Beileids zu unserem Verlust gehört. Da wird nur eine große Leere und Traurigkeit sein. Lindy fehlt mir und wird mir immer fehlen, aber für mein Gefühl ist sie nun auch sicher vor allen weiteren Problemen.

Was dieses Land angeht, glaube ich, daß wir den Haß zum Teil auffangen und ins Leere laufen lassen können. Ich empfinde noch immer Optimismus. Die Wahl war für mich vielleicht nicht das freudige Ereignis, das sie unter anderen Umständen gewesen wäre und für andere sicherlich war, aber ich blicke voll Zuversicht in die Zukunft. Ich habe meinen Glauben – der zumindest ist gestärkt worden. Das Gebet, das ich auf Lindys Beerdigung gesprochen habe, ist in den Monaten seither bekräftigt worden.»

Der Schluß von Ginn Fouries Gebet lautet:

> Mein Herz ist gebrochen
> Das Loch ist bodenlos
> Es nimmt kein Ende
> Doch du weißt alles darüber

Danke für die
Arme,
die Lippen,
die Herzschläge
von Angehörigen und Freunden, uns zu helfen.

Ich vertraue dir meine liebe Lindy an
Ich weiß, du wirst bald kommen, um uns zu dir
                              zu holen
O Gott
Ich wünschte, es wäre schon heute
Doch ich werde warten, bis du die Zeit für
                        gekommen hältst.

Abgesehen von großem Kummer und Schmerz, ist den Berichten Quentin Cornelius', Michael Januarys und Ginn Fouries Enttäuschung über die Regierenden gemeinsam. Die gleiche Enttäuschung müssen die Hinterbliebenen der Opfer der AWB-Killer – die Angehörigen von Simon Nkompone, Teboho Makhuza und Theo More und die Eltern des elfjährigen Patrick Gasemane – empfinden. Und Enttäuschung muß auch immer wieder die Gedanken von Petrus und Abraham Mothupi und William Segotsane verbittern, die gleich Quentin Cornelius und Michael January ihr Leben lang körperlich Versehrte bleiben werden. Dies sind die Namen, die mir bekannt sind: Die Liste der Verwundeten und ihrer Angehörigen Beraubten ließe sich um Hunderttausende vermehren. Ich kann mir nicht vorstellen, daß die Betroffenen jemals eine finanzielle Entschädigung erhalten werden, und ebensowenig wird ihrem Schmerz je mit einer Beileidsbezeigung von seiten der Machthaber beziehungsweise der gewesenen Machthaber Respekt gezollt werden. Darin zeigt sich nicht nur die Gleichgültigkeit der staatlichen Instanzen, sondern auch, welcher Begriff von Macht hierzulande vorherrschte (und vielleicht noch immer vorherrscht). Der Staat war das höchste Gut: Wenn das Leben seiner Bürger geopfert wurde, durfte man das ungerührt mitansehen.

Diese Einstellung hat ihre Wurzeln nicht nur in den Jahren der Apartheid, sondern in einem Erbe, das sehr viel älteren Datums ist.

# 8

Eine Losung des PAC lautet: «Ein Siedler, eine Kugel.» Zugegeben, sie ist jetzt nicht mehr oft zu hören, aber man hörte sie das ganze Jahr 1993 und das Frühjahr 1994 über. In ihrer Simplizität begreift sie die südafrikanische Gegenwartsgeschichte als Fortsetzung der Kolonialgeschichte des neunzehnten Jahrhunderts. In letzterer sind die Eingeborenen für die Siedler wilde Bestien und die Siedler für die Eingeborenen bleiche Gespenster ohne Mitgefühl noch Menschlichkeit. In der Geschichte des Kolonialismus befreit Gewalt ebenso den Kolonisator wie den Kolonisierten: Hier haben die Kolonisierten ein Recht, zu den Waffen zu greifen und die Kolonisatoren davonzujagen. «Wenn die Bauern zu den Waffen greifen, verbleichen die alten Mythen, die Tabus werden eins nach dem anderen umgestülpt», schrieb Jean-Paul Sartre in seinem Vorwort zu Frantz Fanons *Die Verdammten dieser Erde*.

Die Waffe des Kämpfers ist seine Menschlichkeit. Denn in der ersten Zeit des Aufstands muß getötet werden: einen Europäer erschlagen heißt zwei Fliegen auf einmal treffen, nämlich gleichzeitig einen Unterdrücker und einen Unterdrückten aus der Welt schaffen. Was übrigbleibt, ist ein toter Mensch und ein freier Mensch. Der Überlebende fühlt zum erstenmal einen *nationalen* Boden unter seinen Füßen.

In Frantz Fanons bildkräftiger Sprache liest sich das so: «Das Leben kann für den Kolonisierten nur aus der verwesenden Leiche des Kolonialherrn entstehen.» Mit anderen Worten: Für Fanon ist dies die einzige Möglichkeit, wie die Kolonisierten wieder zu Herren ihrer eigenen Geschichte werden können.

Möglich, daß Überlegungen wie diese die Beweggründe für das Heidelberg-Pub-Massaker lieferten. Zumindest im Rahmen dieser Ideologie war der Tod von Lindy-Anne Fourie, Bernadette Langford, Joe Cerqueira und Rolande Palm nichts weniger als Mord, sondern vielmehr – in Fanons Metaphorik – Bestandteil des aus «Blut und Zorn» angerührten «Mörtels» für den Aufbau der Nation. In einem ironischen Sinn ist dies wahr, jedoch nicht in dem von Fanon intendierten Sinn, denn die gleiche Logik kann auch für die AWB-Greueltaten in Anspruch genommen werden. Wer ein Massaker anrichtet – gleichgültig aus welchen Motiven –, ist ein Mörder und wird durch sein Handeln auf ewig gerichtet bleiben. Weder er selbst noch sonst jemand wird durch Blutvergießen befreit (oder geschützt). So wird man nicht zum Helden, sondern zum Mörder und wird es ewig bleiben.

Allerdings haben die Männer der AWB und des PAC zwei neue Episoden in die Annalen unserer Geschichte geschrieben, die zwar die Gegensätze in der Gesellschaft in helles Licht rückten, aber dennoch zur Konstitution einer allen gemeinsamen Vergangenheit beitrugen. Hier zeigt sich meiner Meinung nach die Paradoxie der Geschichte: Mag diese häufig nur die Chronik des Unheils sein, das die Menschen trifft, so formt dieses Unheil gleichwohl die Identität eines Volkes. Es erzählt davon, wie wir leben. Es macht uns unverwechselbar. Aus diesen Erschütterungen, so sagt uns die Geschichtsschreibung, wird die Zukunft geboren – auch so erhebende Momente wie der 27. April 1994. Außerdem: Vielleicht war es mit eine Folge von derlei Gewalttaten, daß die Menschen sich ein Herz faßten, «Gutes zu tun», wie sie es in jenen Wahltagen taten. Doch dieses Gute wie jenes Böse – beides geht in unsre Geschichte ein und wird zu einem der Merkmale, durch die wir uns definieren. Nichts, was den Namen Freiheit verdient, kann aus Fanons «verwesender Leiche» entstehen: Mit der Zeit schwindet das Fleisch dahin, und zurück bleiben die gebleichten Gebeine, die wir dann auf den Namen Geschichte taufen.

Diese gebleichten Gebeine erzählen uns von der Vergangenheit. Und ein Teil der Vergangenheit, insbesondere die letzten Jahrhunderte, läßt sich unter die Kategorie des von Fanon geschilderten kolonialen Konflikts subsumieren. Zum Zeitpunkt des Heidelberg-Pub-Massakers war ich damit beschäftigt, ein Konvolut von alten Familienpapieren zu durchforschen, die sich auf den 1850 bis 1853 zwischen den Xhosa und Siedlern in der Östlichen Kapprovinz ausgetragenen Achten Grenzkrieg bezogen. In gewisser Weise wurde der Überfall auf das Heidelberg zu einer weiteren schrecklichen Einzelheit dieses schrecklichen Krieges. Als Teil der Grenzstreitigkeiten verstanden, fügte er sich bruchlos in die Geschichte dieses Krieges ein, und einen Moment lang war ich versucht zu glauben, in der Vergangenheit habe sich ein Spalt aufgetan, durch den die Malefizgeister in die Gegenwart eingedrungen waren. Es waren die Menschen, mit denen mein Vorfahre William Gray um den Besitz von Grund und Boden gekämpft hatte. Und noch immer kämpften sie miteinander (obgleich ihr Treiben überflüssig erschien, wenn man in Betracht zog, daß eine aus Verhandlungen hervorgegangene Verfassung und ein Wahltermin existierten und alle Anzeichen darauf hindeuteten, daß die Politik sich in einem Übergangsstadium befand), und William Gray war tot, gefallen am 1. Juni 1851 bei einem Scharmützel. Der Kolonialismus war nicht mit ihm gestorben, doch in einem metaphysischen Sinn hatte er, was mich betraf, sein Ende erreicht. Die Umstände seines Todes (in gewisser Beziehung das «Blut» und der «Mörtel», von denen Fanon spricht) wurden für mich zu den Worten, mit denen ich eine neue Darstellung vom Leben in Südafrika auszuarbeiten beginnen konnte.

Während einer bestimmten Zeit in meinem Leben, in meinen Zwanzigern und Anfang der Dreißiger, fühlte ich mich an den Rand, in die Statisterie der Geschichte verbannt, schlimmer noch: ganz aus der Geschichte hinausgedrängt. Ich hatte die durch die Apartheid geschaffene Kolonie verlassen, doch wie es schien, war da nirgendwo ein Ort, wo ich hätte hinziehen können. Ich geriet in eine Art Exil, in Heimatlosigkeit, in das Niemandsland des Staatenlosen. Ich kannte Leute, die aus einem ähnlichen Gefühl heraus, wie ich es hatte, den geographischen Ort wechselten, zurück nach England oder in ein anderes «Mutterland» gingen. Doch auch darin schien mir keine Lösung des Problems zu liegen. Nach meiner Überzeugung konnte sich die Lage dadurch nur verschlimmern.

Leben außerhalb der Geschichte ist ein obsessives Motiv meiner schriftstellerischen Anfänge: Es lieferte mir den Stoff zu Gedichten, zu einer Literatur, die nicht erzählend und nicht dramatisch, sondern das angemessene Medium für die stille persönliche Stellungnahme des Unbehausten ist. Mit den achtziger Jahren kam jedoch die Zeit, wo es mit Lyrik nicht mehr getan schien: Ein matter Schmerzenslaut war keine Geste. Ohne Frage war er dazu prädestiniert, in Schweigen zu münden, und das Schweigen war der unaufhörlichen Klage allemal vorzuziehen. Mein Interesse wandte sich der Prosa zu, in der die Worte zunehmend nach einem Bewußtsein der Vergangenheit verlangten. Nach und nach begann ich das Land im Wartestand zu entdecken, und damit wandelten sich meine Obsessionen. Mir wurde klar, daß es zu einfach ist, sich als Außenseiter zu fühlen. Es gab eine Vergangenheit mit allen Elementen des Kolonialismus, von der erzählt werden mußte. Ich dachte, wenn die Geschichte so etwas wie einen Anfang hatte, dann lag er hier, und auf einmal war es wichtig zu wissen, wie ein Mensch vom Schlage eines William Gray auf die Zeitumstände reagiert hatte.

In den Monaten vor der Wahl wurde die Erledigung dieser Aufgabe immer dringlicher. Ich betrachtete sie nicht als Läuterung oder Buße. Nicht Schuldbewußtsein war mein Motiv: Ich handelte aus Neugier und dem Bedürfnis, etwas aktenkundig zu machen, das man in meiner Familie nicht wahrhaben wollte. Wir waren nicht die inaktiven Menschen, für die ich uns gehalten hatte. Erneut wechselte die Erzählung die Richtung, als ich entdeckte, daß wir geblutet und andere zum Bluten gebracht hatten.

Zwischen den Familienpapieren lag ein Orden: Indiz dafür, was es für meinen Großvater bedeutet hatte, hier zu leben. Er hatte, so wurde mir langsam klar, wiederholt an Aktionen teilgenommen, die man nur als Gemetzel bezeichnen kann. Ich war entsetzt, an welchen Aktionen er beteiligt gewesen war, denn auf ihre Weise kündigten sie die AWB-Straßensperrung an. Doch zugleich hatten er und William Gray sich so verhalten, wie ihre Zeit es von ihnen verlangte, und so gesehen taten sie nicht mehr, als von ihnen erwartet wurde. Sie verhielten sich nach Siedlerart. Sie griffen zur Waffe, um sich mit den Eingeborenen auseinanderzusetzen: sie zu töten oder getötet zu werden. Ich halte es für sinnlos, sie heute dafür zu verdammen. Zwischen den politischen Verhältnissen ihrer und denen heutiger Zeit bestehen fundamentale Unterschiede. Zum einen sind die Siedler keine Siedler mehr. Zum zweiten wurde der bewaffnete Kampf vor geraumer Zeit offiziell eingestellt. Freilich, was sie taten, ist ewig gegenwärtig, wie T. S. Eliot in einem Gedicht von der Zeit sagt, und, wichtiger noch, nicht wiedergutzumachen. Was um so nachdrücklicher gebietet, ihre Geschichte zu erzählen.

Der Achte Grenzkrieg war in der Geschichte Südafrikas nicht nur der zweitlängste, sondern – gemessen an der Zahl der Todesopfer, die er forderte – auch der blutigste Krieg zwischen Schwarzen und Weißen, der im neunzehnten Jahrhundert auf dem afrikanischen Kontinent ausgetragen wurde. Er war von allen Grenzkriegen der am erbarmungslosesten geführte und ging mit Greueltaten einher, die sich für uns stets von neuem wiederholen.

Der Historiker J. B. Peires hat in seinem Buch *The Dead Will Arise* etwas zur Erklärung dieses Ausbruchs der Rachsucht vorgetragen. Er sieht ihn zum Teil bedingt durch den Glauben der Xhosa-Krieger an *iqungu*, eine übernatürliche Kraft, die im Bauch eines Soldaten während des Kampfs entsteht. Die *iqungu* erhob sich aus dem Leichnam eines Getöteten und vernichtete den, der ihn getötet hatte, es sei denn, sie wurde durch Verstümmelung des Leichnams zerstreut. Folglich schlitzten die Xhosa, wann immer sie konnten, ihren toten Feinden die Bäuche auf. Hinzu kam, daß bestimmte Körperteile, so zum Beispiel die Leber und der Schädel, magische Eigenschaften besaßen, die sie zur Herstellung von Leib und Leben schützenden Zaubertränken geeignet machten. Die Aneignung der begehrten Körperteile ging nicht ohne weitere Verstümmelung der Erschlagenen ab, mit der Folge, daß, wie Peires anmerkte, «der Anblick ihrer meist ausgeweideten und mitunter auch enthaupteten toten Kameraden die britischen Soldaten in äußerste Wut versetzte» – eine Wut, welche eine reaktive Bestialität entfesselte.

Das ganze Ausmaß dieser Wut läßt sich der nüchternen Prosa eines gewissen Stephen Lakeman entnehmen, der zum eigenen Vergnügen eine Miliz aufstellte, mit der er in den Krieg eingriff. Er vermerkt die Bitte eines Arztes, «ihm etliche Schädel von Eingeborenen beiderlei Geschlechts zu beschaffen», was seine Leute «mühelos bewerkstelligten». Was anschließend geschah, läßt man ihn am besten selbst referieren:

> Eines Morgens brachten sie bei der Rückkehr ins Lager etwa zwei Dutzend Köpfe verschiedenen Alters mit. Da diese als nicht in einem Zustand befindlich erachtet wurden, in dem man sie dem Herrn Doktor hätte überlassen können, wurde am Abend darauf meine Tonne zu einem Siedekessel für die Entfernung des überflüssigen Fleischs gemacht. Und da saßen diese Männer nun, rauchten die liebe lange Nacht ernst ihre Pfeifen und rührten die Köpfe in dem wallenden Kessel um und um, als würden sie Zwetschgenknödel kochen.

Wie es scheint, erzielten die Schädel an europäischen Universitäten einen guten Preis.

In diesem Klima der Gehässigkeit begab es sich an einem klaren Wintermorgen, daß der Fähnrich William Gray, zuständig für Militärangelegenheiten im Kreis Southwell, nicht weit von Grahamstown in der Östlichen Kapprovinz, zu einem Ausritt aufbrach, der ihn in den Tod führen sollte.

Gray war allem Anschein nach ein hochgeachteter Mann. Als Neunzehnjähriger hatte er auf einem der ersten Schiffe, deren Fracht in den Menschen bestand, die man später als die «Siedler von 1820» bezeichnete, die Überfahrt von England nach Südafrika gemacht. Als Schafzüchter brachte er es zu Wohlstand, trotz der unsicheren Lage entlang der Ostgrenze und der in Abständen aufflackernden Kriege, im Zuge von denen er 1834 von seiner Farm vertrieben wurde und sogar sein Haus bis auf die Grundmauern abbrennen sah. Sein Nekrolog vermeldet, daß er 1830 Elizabeth Marsden heiratete, 1847 Sir Harry Smith, den neuernannten Gouverneur der Kapprovinzen, auf seiner Farm zu Gast hatte, 1849 Mitglied im Verwaltungsrat der Landwirtschaftlichen Gesellschaft der Östlichen Kapprovinz wurde und 1850 die Bestallung zum Fähnrich erhielt. Den Familienpapieren entnahm ich, daß er drei Söhne und vier Töchter hatte und «ein sehr vergnügter Mensch war, der seinen Kindern immerzu Lieder vorsang». Bei R. Godlonton, dem Chefredakteur des *Graham's Town Journal*, las ich: «Fähnrich Gray war unter den ersten Siedlern in Albany einer der wagemutigsten. Er war von untadeligem Charakter, und sein Hingang [wurde] zu Recht als ein Unglück für die gesamte Kolonie empfunden.» Und in Commander Thomas Stubbs' *Reminiscences* liest man folgende Schilderung des Kummers von Grays Familie: «Nie wieder möchte ich mich einem Anblick wie dem gegenüber finden, der mir bei meiner Ankunft zuteil wurde. Mrs. Gray mitsamt ihren Kindern stürzte in den Wagen, in dem ihr toter Gatte lag. Ihr Wehgeschrei war schauerlich zu hören.» Auf Grays Grabstein auf dem kleinen Kirchhof von Southwell steht (mit falschem Datum): DEM ANDENKEN VON FÄHNRICH WILLIAM GRAY AUS SOUTHWELL, IM KAMPF GEFALLEN BEI KARRAA DURCH DIE HAND DER AUFSTÄNDISCHEN HOTTENTOTTEN VON THEOPOLIS AM 2. JUNI 1851 IM ALTER VON 49 JAHREN. Von seinen Angehörigen und Landsleuten, heißt es da weiter, wird sein Tod «aufrichtig betrauert». Darunter steht der Grabspruch: DER HERR TÖTET UND MACHT WIEDER LEBENDIG, FÜHRT IN DIE HÖLLE UND WIEDER HERAUS.

Längs der Mauer standen rote Weihnachtssterne, und die kahlen Bäume kämmten unter beständigem Wispern einen trockenen, warmen Wind: Hier auf dem Kirchhof von Southwell war an diesem klaren Wintertag gut zu sitzen. Die mit Flechten und Moos überwachsene schulterhohe Mauer trennte die Gräber auf einer Seite von dichtem Busch, auf den anderen Seiten von dem kurzgeschorenen Rasen, der die gemauerte Kapelle und das langgestreckte weißgekalkte Pfarrhaus umgab. Keine Menschenseele war zu sehen.

Ich ging zuerst in die Kapelle. Im Dachstuhl zirpten Fledermäuse, ihr Kot lag auf dem Fliesenboden herum. Hinter dem Altar befand sich ein der Ehre Gottes und dem Andenken William Grays geweihtes Buntglasfenster. Kleine Messingtafeln an den Wänden kündeten vom Leben und Sterben anderer Siedler. Zwei unentzündete Kerzen standen in hartgewordenen Wachslachen auf einem Marmorsims, das dem Sprengel vom Dekan der Londoner Sankt-Pauls-Kathedrale nach der teilweisen Zerstörung von dessen Kirche durch deutsche Bomber in den Nächten des 9. und 10. Oktober 1940 zum Geschenk gemacht worden war.

Ich ging wieder auf den Kirchhof und setzte mich auf den Grabstein. Ich dachte an die sterblichen Überreste William Grays unter mir – das Skelett, das inzwischen mit den Kleidern, in denen man ihn begraben hatte, verbacken sein dürfte. Ich dachte an die zwei durch den Aufprall verformten Bleikugeln, die seinem Leben ein Ende gemacht hatten und jetzt zwischen seinen Gebeinen ruhten. Und ich fragte mich, was er wohl gedacht hatte, als die erste ihm den Bauch zerfetzte. Was ging in seinem Kopf vor, während er hilflos dalag und darauf wartete, von seinen Kameraden geholt und fortgeschafft zu werden? Dachte er ans Sterben? Ich hatte die Abschrift eines Briefes bei mir, den der Reverend Henry Tempest Waters einer der Töchter des Toten geschrieben hatte, und der Briefschreiber schien angenommen zu haben, daß William Gray sein letztes Stündlein möglicherweise nicht unvorbereitet anbrechen sah. Zwei Absätze des Schreibens lauteten: «Man sah eine Reihe von Aufständischen fallen, und auf unserer Seite gab es sechs Verwundete. Doch das Schlimmste ist, daß Ihr lieber Vater aus dem Jammertal dieser sündigen Welt abberufen wurde. Er fiel im Kampf für eine gerechte Sache, und ich habe Grund zu der Hoffnung, daß er auf den Tod vorbereitet war.»

Bevor ich ging, legte ich einen Stein für ihn auf das Grab. Ich hatte beinahe zwei Stunden in der Einsamkeit verbracht. Der Kirchhof war einer der friedlichsten Orte, die ich je besucht hatte.

Ich bin nicht der Ansicht, daß William Gray für eine gerechte Sache gestorben ist. Er starb, weil die Menschen es stets einfacher finden, Streitigkeiten mit Kugeln auszutragen, als sie mit Worten beizulegen. Wie es scheint, hatte eine Gruppe von Khoikhoin (Hottentotten), die in der von der Londoner Missionsgesellschaft unterhaltenen Mission Theopolis lebte, aus Unzufriedenheit mit ihren Lebensbedingungen rebelliert. William Gray erfuhr davon, als einer der in Loyalität zu den Siedlern verharrenden Fingu «fast im Zustand der Nacktheit» und mit den Worten «Master, sie bringen uns alle um» auf den Lippen auf seiner keine zehn Kilometer von der Mission entfernten Farm eintraf. Weiter lautete die Botschaft des Mannes:

Als ich heute morgen aufwachte, sah ich vor jeder Fingu-Hütte einen Hottentottentrupp postiert, und als die Fingu durch die Türen nach draußen wollten, wurden sie niedergeschossen. Ich sah, wie mein Vater und mein Bruder und ein Mann namens Zwartboy niedergestreckt wurden, und da lief ich um mein Leben. Ich glaube, sie haben ihren eigenen Hottentotten-Vorsteher umgebracht. Während ich flüchtete, ging das blutige Treiben weiter. Mehrmals hintereinander wurden Salven abgefeuert.

Jetzt war das Schießen auch für Gray zu hören. Wahrscheinlich konnte er auch Rauch aufsteigen sehen, wenn er in die Himmelsrichtung blickte, wo die seinerzeit älteste Missionsstation an der Grenze in Flammen stand. Er ritt nach Grahamstown, um Hilfe zu holen, und kehrte tags darauf mit den Albany Rangers unter dem Kommando von Thomas Stubbs zurück.

Stubbs verkörperte das vollendete Urbild des knallharten Grenzers. Er reagierte auf die Zeitumstände entschieden, rasch und brutal. In seinem Buch *Frontiers* berichtet Noel Mostert über die von Stubbs kreierte und favorisierte Kriegstaktik der «Wegelagerei». Er und seine Mannen pflegten sich beiderseits eines Fußwegs zu verstecken und von Einbruch der Dunkelheit bis Tagesanbruch still und geduldig abzuwarten, ob nicht eine Gruppe von Xhosa des Weges kommen wollte. In diesem Fall knallten sie die Eingeborenen gnadenlos nieder. Ich weiß nicht, ob Gray bei solchen Angriffen aus dem Hinterhalt mitgemacht hat, aber die Möglichkeit, daß er es tat, ist natürlich nicht von der Hand zu weisen. Stubbs gab vor, seine hintertückische Taktik selbst nicht zu mögen, aber so groß, daß er ihn davon abgebracht hätte, scheint sein Widerwille nun doch nicht gewesen zu sein.

«Man hört sie näher kommen», schrieb er, «und vielleicht summen sie gerade ein Liedchen vor sich hin.»

Du siehst sie, stehst beinah Aug' in Aug' mit ihnen und mußt das Zeichen geben, das ihren Tod besiegelt. Ich habe Menschen gehört, die über das Erschießen von Kaffern sprachen, als ob es eine Lappalie wäre, aber ich glaube, diese Menschen sprachen nicht aus eigener Erfahrung. Ich hingegen empfand immer Kummer darüber, daß die Pflicht mich dazu nötigte. Gewiß, sobald der erste Schuß gefallen ist, denkt man nicht mehr lange darüber nach. Doch vorher und nachher, wenn die Aufregung vorüber ist, das ist die Zeit, da jedermann so empfinden muß.

In den Augen der britischen Offiziere war «die Wegelagerei so unsoldatisch wie unenglisch», doch Stubbs ließ sie wissen, daß er sich von dem Gedanken leiten lasse, «den Feind aufzureiben, ohne dabei mein eigenes Leben oder meine Männer zu verlieren, und dieses Vorhaben [werde ich] weiterverfolgen, solange ich in irgendeiner Weise mit diesem Krieg zu tun habe».

Dies war also der Mann, der jetzt auf dem flachen Grasland zwischen Grahamstown und Theopolis die Albany Rangers zur Eile antrieb. Sie dürften am Rand finsterer Schluchten entlanggeritten sein, die sich in die Ebene eingefressen haben und dicht bewaldet sind. Über das Buschwerk in diesen Engtälern erheben sich riesige Wolfsmilchstauden, zwischen ihnen stehen Aloen mit um diese Jahreszeit roten Schöpfen und strecken ihre breiten, rauhen, dornenbewehrten Blätter aus, wie wenn es Arme wären. So muß sich an jenem Tag das Terrain präsentiert haben, über das William Gray seinem Tod entgegenritt.

Stubbs' lakonischer Bericht über das Scharmützel liest sich so:

Wir hatten noch etwa zwei Meilen, um uns für den Sturmangriff zu rüsten, und als wir eben um einen kleinen Hügel bogen, stießen wir auf sie... Der Schußwechsel war seit zwei Stunden im Gange, als ich sah, wie J. Woest von einigen Holländern weggetragen wurde. Er hatte einen Kniedurchschuß. Kurz darauf kam E. Dell zu mir, der sich die Seite hielt und sagte, er habe einen Schuß in den Leib abbekommen. Ich gab ihm etwas mit Wasser vermischten Gin zu trinken und untersuchte seine Wunde und stellte fest, daß die Kugel gleich unterhalb der Rippen eingedrungen, aber auch wieder ausgetreten war und eine vier Zoll tiefe Wunde hinterlassen hatte. Als er feststellte, daß es nichts Ernstes war, warf er mit einem «Hurra» seinen Hut in die Luft und machte kehrt, um, wie er sagte, wieder mitzumischen. Der nächste war Fähnrich W. Gray. Er bekam einen Schuß in den Bauch und wurde gerade von zwei Männern weggetragen, da erhielt er eine zweite Verwundung, die sein Tod war.

Die sein Tod war.

Umstandslose, schlichte Worte, die keinerlei Sentimentalität aufrühren. So erging es Siedlern vor einhundertfünfzig Jahren an der Grenze. Daß es Farmern in der Region heute noch so ergeht, sagt etwas aus über die Untauglichkeit von Kugeln zur Beilegung von Streitigkeiten. Indes, was mich an den Worten fasziniert hat, ist, wie sie William Gray an einen festen Platz in die Geschichte einstellten. Seine Lebensgeschichte ist größer als sein Leben, und sei es nur, weil sie beständiger ist. Und jetzt bin ich der Autor, der über ihn schreibt. Seine Geschichte ist eine Geschichte von mir: Ich kann sie so erzählen, daß sie meinen Zwecken entspricht, sie erhellen lassen, wo ich meinen Platz habe – wie ein Wort in einem Satz.

William Grays Tod hat symbolische Bedeutung. In meinen Augen hat er etwas von Epiphanie an sich: In ihm ist zu anschaulicher Gestalt geronnen, was es heißt, hier zu leben. So gesehen umgreift sein Bedeutungsraum sowohl die Gewalttaten der Vergangenheit wie diejenigen heutiger und künftiger Zeit. Mitten im Achten Grenzkrieg erklärte ein Missionar verzweifelt: «Wo man... sich in Südafrika auch hinwendet, überall fließt Blut.» Trotzdem blieb er hier und machte weiter. Seine Worte haben ihre Wahrheit auch für uns behalten. Trotzdem bleiben wir und machen weiter. Diese Realität macht zum Stoiker. Ich trauere dem nicht nach, was hätte sein können, und es hat auch keinen Zweck, sich in Spekulationen darüber zu ergehen. Welche Schritte auch immer in der Erinnerung widerhallen, stets sind es solche auf einem tatsächlich beschrittenen Weg. Sich so in die Dinge zu schicken erzeugt Hoffnung. Und selbst wenn die Hoffnung nur in den Augenblicken da ist, wo das Licht auf der glitzernden Oberfläche spielt, ist das schon genug.

Das versuche ich in Erinnerung zu behalten, wenn ich an die Geschichten denke, die mein Großvater mir erzählte. Ich muß zugeben, daß manches an ihnen mir Unbehagen macht – nicht allein die Geschehnisse, von denen sie berichten, sondern auch der Umstand, daß sie mich vor die Frage stellen, ob ich unter ähnlichen Umständen ähnlich handeln würde. Handlungen begehen würde, die man rechtens nur als Greueltaten bezeichnen kann. Ich weiß nicht, wie ich reagieren würde. Meiner Meinung nach gehören solche Reaktionen mit zum Wesen des Menschseins. Das läßt mir nicht viel Raum für die Hoffnung, daß ich mich anständig verhalten hätte.

Was mein Großvater getan und mitangesehen hat, muß tief in sein Leben eingesenkt gewesen sein. Aber gleichzeitig erinnere ich mich an einen Mann, der meine winzig kleine Schwester auf den Armen trug, als wäre sie aus dünnem Porzellan. Hier liegt kein Widerspruch vor: Die Fähigkeit, Gewalttaten zu begehen, und Mitgefühl können in ein und demselben Individuum nebeneinander bestehen. Die Bluttaten in der Heidelberg Tavern und an jener Straßenkreuzung in West-Transvaal gehen auf das Konto von Menschen, die ohne Zweifel manchen als liebende Mitmenschen bekannt sind. Vielleicht werden auch sie eines Tages (vorausgesetzt, sie werden nicht gehenkt) ihren Enkeln von dem Tod und den Leiden erzählen, die sie über andere gebracht haben. Ich erinnere mich an meinen Großvater als einen Menschen, der freundlich zu mir war und mir Süßigkeiten oder, was noch wichtiger war, Geld für Süßigkeiten schenkte. Es gibt Fotografien, die ihn beim Spiel mit uns, seinen Enkeln, zeigen. Man sieht ihn stets nur lächeln. Ich erinnere mich, daß er weiche Wammen unterm Kinn hatte und so viel Haut im Gesicht, daß sie so aussah, als wäre sie gefaltet und aufgeschichtet wie frisch geplättete Wäsche.

Er schuf für mich eine verzauberte Welt voller Abenteuer, wo Gesetzlose, Piraten und Verräter ihr Unwesen trieben, wo man Blackbeard und Rob Roy und Dick Turpin begegnete und an der Grenze stürmische Zeiten beim Kampf mit den Zulu erlebte. Es war eine Welt außerhalb der Geschichte. Eine Attrappenwelt – nur daß ich sie vor dem Zeitpunkt kennenlernte, zu dem ich zwischen Phantasie und wirklichen Ereignissen zu unterscheiden begann. Daß beides mit demselben Vokabular wiedergegeben wurde, verdunkelte das Wesen der tatsächlichen Begebenheiten: Sie blieben Schattenbilder aus dem Nimmer-Nimmer-Land. Doch mit den Jahren verblaßten einige dieser Bilder immer mehr und verschwanden zuletzt vollends, während andere an Schärfe und Kontur gewannen und nicht mehr aus dem Bewußtsein weichen wollten. Aber da war es dann schon zu spät. Ich konnte nicht mehr zu ihm gehen und ihn bitten, mir die Dinge genauer zu erklären. Er war tot. Wie das eben so ist mit Hinterlassenschaften: Ich mußte den Inhalt selbst aufschlüsseln.

Seit zwei Jahrzehnten kommen diese Geschichten periodisch in mir hoch. Sie tun eine Weile weh, wie Gallensteine, und lösen sich dann auf, um freilich nach etlichen Jahren wiederzukommen. An dem Glauben festhaltend, daß sie jener verzauberten Welt und nur ihr zugehörten, weigerte ich mich standhaft, mich ihnen zu stellen. Und dann stieß ich auf den Orden und eine Fotografie. Von diesen zwei Artefakten ging ein Appell von solchem Nachdruck aus, daß ich ihn nicht länger überhören konnte.

Die Fotografie zeigt meinen Großvater zu Pferd. Er ist neunzehn und trägt die Uniform der Umvoti Mounted Rifles mit wadenhohen Lederstiefeln. Er sitzt lässig im Sattel und blickt, den Kopf nach links gewandt, an der Schulter vorbei zu dem Fotografen hinunter, und in seinem Gesicht und seiner Kopfhaltung liegt etwas, das ich kenne, in dem ich mich wiedererkenne. Das ist irritierend – wie wenn ich gewissermaßen er wäre und die Geschichten, die ich von ihm kenne, meine eigenen Erinnerungen und nicht der Rückstand von Gehörtem. Seine Miene ist ernst, die Lippen hält er fest aufeinandergepreßt, sein Blick wirkt geistesabwesend. Er trägt keine Waffe. Es liegt durchaus etwas Paradoxes in dem Bild: Im Hintergrund das Gestrüpp von Aloe und Buschwerk, davor das gefügige, geduldige Pferd und im Kontrast zu beidem der steife Ernst des Reiters im hochgeschlossenen Uniformrock. Man hat einen jungen Mann vor sich, der seinem Vater beim kollektiven Gemetzel im hintersten Siedlungsgebiet hilft und damit dem Aufruf folgt, Recht und Ordnung wiederherzustellen, der ergangen ist, weil zwei Weiße getötet wurden und auf Farmen und kleinen Pachthöfen Weißen gehörende Schweine und weißgefiedertes Geflügel in symbolischer Rolle auf mysteriöse Weise abgeschlachtet werden. Auf die Rückseite der Fotografie ist mit Bleistift der Name des Abgebildeten und des Schauplatzes der Szene geschrieben: Wallace Alkins Westbrook – Sterkspruit Hotel, New Hanover. Die Namen sind ein Potpourri europäischer Kolonialgeschichte.

Der Orden hängt jetzt an dem Bücherregal neben meinem Schreibtisch. Das Band ist karmesinrot, mit schwarzen Kanten. Es ist durch eine Schnalle gezogen, auf der in erhabenen Ziffern die Jahreszahl 1906 prangt. Auf der Medaille selbst ist die Allegorie der Natalia zu sehen, die einen Zulu-Schild und Assegai-Speere unter die Füße tritt. Hinter ihr steht die behelmte Britannia, in der einen Hand eine Fahne mit Fransenrand, in der anderen den befriedeten Erdball. Im Mittelgrund des Bildes ist eine Schar unterworfener Zulu zu sehen. Es ist die Zeit der Morgenröte: Hinter zerflatternden Sturmwolken geht die Sonne auf. Die Kehrseite trägt den ungekrönten Kopf Eduards VII. mit der den Oberherrscher bezeichnenden Umschrift REX IMPERATOR. Rund zehntausend dieser Orden waren mit königlichem Segen an Kämpfer im «Eingeborenenaufstand in Natal 1906» – wie das seinerzeit hieß – verliehen worden.

Im April jenes Jahres folgte er dem «Ruf zu den Waffen» – wie er sich ausgedrückt hätte – und wurde zu den Umvoti Mounted Rifles eingeteilt. Während der folgenden drei Monate sollten mein Großvater und seine Kameraden Menschen umbringen, Kraale verwüsten, die Feldfrucht verbrennen, Vieh konfiszieren und jeden, der irgendwelcher aufrührerischer Neigungen auch nur verdächtigt wurde, festzunehmen und häufig auch auszupeitschen. Vor diesen Grausamkeiten flüchteten sich Zulu-Abtrünnige in den Nkandla-Wald, um sich dort unter der Führung von Häuptling Bambatha zusammenzurotten. Indes, den Guerillakampf führten sie planlos und ungeordnet. Die Kolonialmiliz (bestehend aus Hunderten gutbewaffneter Männer) gönnte ihnen keine Atempause, und in den Gefechten, in die sie verwickelt wurden, erlitten sie jedesmal hohe Verluste. In der Mome-Schlucht kamen an einem einzigen Morgen fünfhundert Zulu-Krieger ums Leben, und ebenso viele starben im Umvoti-Tal, als die weißen Truppen dort die schrundigen Klüfte und das dichte Unterholz «durchkämmten». Diese und andere «Kampfhandlungen» waren keine Gefechte, sondern ein müheloses Niedermachen des Gegners. Bei den Streitkräften der Kolonisten hießen sie «Säuberungsaktionen», doch selbst der Gouverneur von Natal und ein hoher Beamter im Kolonialministerium sprachen mit Blick auf die Niederwerfung der zumeist lediglich mit Speeren bewaffneten Zulu-Verbände von einem «anhaltenden Gemetzel» beziehungsweise einem «Massaker». Im Lauf der Wintermonate wurden rund dreitausend Zulu getötet, siebentausend eingekerkert und dreißigtausend obdachlos gemacht. Nicht aktenkundig wurde die Zahl der Verwundeten. Bekannt ist allerdings, daß im Eifer der Bestrafung rund siebenhundert Zulu so grausam ausgepeitscht wurden, daß ihnen (um es mit den Worten eines zeitgenössischen Beobachters, des Captain James Stuart, zu sagen) Haut und Fleisch «in Fetzen» vom Rücken herunterhingen, und daß die Strafe des Ausgepeitschtwerdens insgesamt über fünftausendmal verhängt und exekutiert wurde. Dem stand auf der Seite der Kolonisten der Tod von achtzehn Soldaten und von sechs Zivilisten gegenüber.

Von alldem hat mein Großvater nichts erzählt. Er ließ es meine Sorge sein, mir die Kenntnis historischer Fakten durch Nachlesen zu beschaffen. Beim Erzählen verfuhr er selektiv: Seine Geschichten waren lediglich der Schlüssel zu der Truhe, in der mein Erbe ruhte.

Nach meiner Erinnerung erzählte er mir die kurzen Episoden, als ich um die fünfzehn war. Es war an einem Sommernachmittag. In seiner grauen Flanellhose und dem weißen Hemd mit dem offenen Kragen lag er, einen Kissenberg im Rücken, halb aufgerichtet auf seinem Bett. Zwischen den Pantoffeln, in denen seine nackten Füße steckten, und dem Hosenaufschlag leuchteten als weiße Streifen seine Fußknöchel hervor – ein fast leuchtendes Weiß. Er hatte ein Kricketmatch im Radio eingestellt, aber im Augenblick waren die Spieler gerade in die Teepause gegangen, und als ich mit dem Tee und dem Gebäck für ihn ins Zimmer kam, analysierten die Kommentatoren die vorangegangenen Spielzüge. Er rieb sich mit dem geschnitzten Knauf seines Spazierstocks die Nasenwurzel. An der Stelle war die Haut immer gerötet. In der Ferne hörte man das vergnügte Gekreische von Kindern, die am Swimmingpool des Nachbarn spielten, und das Dröhnen eines Rasenmähers.

Den Spazierstock schwenkend signalisierte er mir stumm, ich solle mich auf die Bettkante setzen.

Ich tat es und zog dabei mein eines Bein unter mich. Jetzt begann er zu sprechen.

«Hab ich dir eigentlich je erzählt, wie...»

Mag sein, daß ihm dieses Stück persönlicher Vergangenheit an jenem Nachmittag wieder eingefallen war und er das Bedürfnis verspürte, jemandem davon zu erzählen. Ich könnte mir vorstellen, daß sein Leben lang in solch stillen Momenten diese Bilder wieder vor ihm auftauchten und mit der ganzen Kraft ihrer Unvergänglichkeit nach ihm griffen. Vielleicht wurde er dann von Schrecken befallen. Vielleicht rammte er sich dann den Spazierstock gegen die Stirn in dem Versuch, die Bilder wegzuwischen.

Ich habe so ein Gefühl, als ob er in sich hineingelacht hätte, als er mir die erste Geschichte erzählte und sie mit dem Ratschlag verband, ich solle niemals aus einem Wasserlauf trinken, es sei denn unmittelbar an der Quelle. Zu der zweiten Enthüllung fügte er nichts hinzu, woran ich mich erinnern könnte. Zur dritten bemerkte er, die Zulu hätten das getan, um damit allen Weißen eine Warnung zukommen zu lassen. Er sagte, der Anblick sei entsetzlich gewesen: Er habe seinen Kameraden und ihm Angst eingejagt, sie zugleich aber auch wütend gemacht.

Was er mir erzählte: In einem Bach, aus dem sie zuvor Wasser getrunken hatten, fanden sie ein Stück weiter stromaufwärts den aufgedunsenen Leichnam eines Zulu. Einige von den Männern mußte sich daraufhin übergeben, und einer jagte ein paar Kugeln in den toten Körper. Er erzählte mir, daß sie drei Männer kurzerhand gehängt haben. Und zuletzt erzählte er mir noch von einem Mann, dem die Haut abgezogen worden war und dessen geschundener Leichnam allen Weißen als Warnung dienen sollte, daß sie das gleiche Schicksal erwarte.

Das sind die Geschichten, die er mir hinterließ. Ich kann sie nicht loswerden. Ich sehe im Geist die Schüsse auf den Leichnam. Ich sehe die drei Gehängten. Mir ist inzwischen klargeworden, daß er auch Augenzeuge oder Mitwirkender bei der Hinrichtung oder körperlichen Züchtigung Dutzender von Männern gewesen sein muß. Die Umvoti Mounted Rifles zählten zu den Regimentern, die durch richterliches Urteil der ungerechtfertigten Exekution von Prügelstrafen für schuldig befunden wurden. In der Mome-Schlucht war mein Großvater nicht mit dabei, aber er war bei der Truppe, die das Umvoti-Tal «durchkämmte». Und hier, glaube ich, ist der Punkt, wo der geschundene Mann, ein gewisser Oliver Edward Veal, ins Spiel kommt. Die Truppe fand Veals übel zugerichteten Leichnam in der Nähe eines verlassenen Kraals. Die Gliedmaßen waren abgehackt worden, weil sie im Rahmen von Prozeduren, die bei James Stuart «Heilkunst für den Kriegsfall» heißen, als «Medizin» verwendet werden sollten. Stuart vermerkt auch, daß die Haut der Fußsohlen weggeschnitten war – das war aber auch alles, was an «Schinden» stattgefunden hatte. Es reichte indessen, um die Soldaten zu der Überzeugung zu bringen, daß sie gegen Dämonen kämpften, und das könnte zu der von der Historikerin Shula Marks konstatierten «Grausamkeit der nachfolgenden Aktionen» geführt haben.

Ich müßte lügen, wollte ich behaupten, daß die Einzelheiten des Verhaltens der Miliz mir nicht an die Nieren gingen. Es sind Dinge, die zutiefst beunruhigen. Dennoch möchte ich auf ihre Kenntnis nicht verzichten. Ich möchte nicht darauf verzichten zu wissen, wie wir hier gelebt haben. Im wesentlichen ändern diese Dinge nichts an dem Bild des Menschen in meiner Erinnerung: Nach wie vor lebt er hier fort ob seiner Freundlichkeit und Güte und der Phantasiewelt, die er mir schenkte. Doch zugleich mußte ich in das Bild von «Großpapa», wie ich ihn nannte, auch ein Potential an Grausamkeit mit aufnehmen. Ich kann mich der Überzeugung nicht verschließen, daß er imstande war zu töten. Genauer gesagt: Ich muß einsehen, daß er getötet hat. Das ist ein Zug, den man üblicherweise nicht mit seinem Großvater assoziiert. Dennoch kann ich mich in gewisser Weise mit ihm abfinden, indem ich begreife: In seiner Sicht war es dies, was es heißt, hier zu leben. Und so gelingt es mir, diese Auswüchse doch noch ins stereotype Großvaterbild zu integrieren – gelingt mir vielleicht nur deshalb, weil meine Reaktion auf die Situation des Kriegs (jener Art «Krieg», in dem er mitgekämpft hat) Gott sei Dank noch nicht erprobt wurde. Auch in W. H. Audens Gedicht *Spain* finde ich eine Handreichung für den Umgang mit diesem Erbe. Es liegen Sinn und Vernunft in dem Wort, daß die Geschichte und diejenigen von uns, die zu Erben der Geschichte werden, zwar «ach sagen können, aber nicht helfen und nicht vergeben». Sie ist hart und kalt, diese Moral, aber sie paßt in eine harte und kalte Zeit. So gesehen ist die Geschichte meines Großvaters ein Stück Vergangenheit, aber ich kann mich auch dafür entscheiden und habe mich dafür entschieden, sie zu einem Stück Gegenwart zu machen. Und darum habe ich sie hier erzählt und auch von William Gray erzählt: weil uns für den Umgang mit der Vergangenheit nichts bleibt als schlicht das Erzählen. Und ich glaube, wenn wir hier versagen, könnte etwas in uns verlorengehen.

## 9

Noch etwas anderes finde ich beklemmend an dem Geschehen, in das William Gray und mein Großvater verwickelt waren: da kamen Menschen um, und diese Menschen sind ins Nichts verschwunden. Die Krieger, die im Bambatha-Aufstand kämpften, leben wahrscheinlich in der mündlichen Überlieferung weiter, aber was ist mit den Khoi, die in dem Scharmützel am 1. Juni 1851 fielen? Ich glaube nicht, daß eine mündliche Überlieferung existiert, die ihr Andenken bewahrt.

Der Siedler Thomas Stubbs notierte, daß mehrere von ihnen bei dem Schußwechsel gefallen waren, aber noch viel mehr hinterher ihren Verwundungen erlagen. Die Angabe mag eine Portion Aufschneiderei enthalten, die geboren war aus dem Wunsch, die Leistung der Kolonisten an jenem Tag im glänzendsten Licht erscheinen zu lassen, aber daß einige Khoi den Tod fanden, ist durchaus wahrscheinlich. Weder wird man mit steinernen Tafeln ihrem Leben Ehre erweisen noch mit Buntglasfenstern ihr Andenken wahren. Die Geschichte nennt ihre Namen nicht. Ich konnte nicht herausfinden, wer sie sind, noch wo sie begraben liegen. Ihre Gebeine ruhen wahrscheinlich ungekennzeichnet in der Schlucht. Die Geschichte nennt sie nicht, weil die Geschichte von jenen usurpiert ist, die schreiben und bauen und Spuren ihres Daseins hinterlassen. Die Geschichte ist auch Besitztum derer, die die Macht haben und dank ihrer Macht darüber befinden können, wie die Wiedergabe der wahren Begebenheiten auszusehen hat. Was geschehen ist oder hätte geschehen sein können, ist weniger wichtig als das, was hätte geschehen sollen. Die Darstellung wird so eingerichtet, daß die Glorie der Schreiber aus ihr widerstrahlt.

Doch auf dem *veld* liegen Gebeine, die sich an die Oberfläche geschafft haben: Sie müssen neu in die Geschichte eingeschrieben werden. Gerade heute muß man ihre Existenz zur Kenntnis nehmen.

Wie wichtig das ist, ging mir in Lidice auf, einem kleinen Ort dreißig Kilometer vor Prag, der 1942 von der SS dem Erdboden gleichgemacht wurde. Es war ein Akt der Vergeltung für die Ermordung Reinhard Heydrichs, des Stellvertretenden Reichsprotektors in Böhmen und Mähren, durch tschechische Widerstandskämpfer. Wie alle Racheakte war er simpel und brutal. Die Männer des Dorfes wurden erschossen, die Frauen und Kinder auf Viehwaggons verladen und in Konzentrationslager gebracht. Das Dorf wurde niedergebrannt.

Nach Kriegsende kehrten die Überlebenden der Lager zurück, um ihr Dorf neu aufzubauen, jetzt allerdings auf dem Hügel. Den Platz, wo das alte Dorf gestanden hatte, bepflanzten sie mit Rosen. Daneben steht jetzt ein kleines Gedenkmuseum. Der Kustos ist einer der wenigen noch lebenden Augenzeugen des Ereignisses von damals. Drinnen hängen an einer Wand paßbildgroße Fotografien der getöteten Männer. An einer anderen Wand hängen die Fotos der Frauen, die in den Lagern umkamen. Ich war fasziniert von diesen Bildern – den selbstbewußten Gesichtern voller Stolz und der schlichten Zuversicht, daß das Leben sie nicht hintergehen würde. Von uns allen gibt es solche Fotografien. Aber wer hätte sich, in die Linse des Fotografen blickend, das Grauen vorstellen können, das in der Zukunft auf ihn wartete? Sich vorstellen können, daß er eines Tages zusammen mit seinen Nachbarn im Maschinengewehrfeuer sterben würde? Sich vorstellen können, daß sie eines Tages zusammen mit ihren Nachbarinnen wie Vieh zu einem Ort transportiert werden würde, wo man sie gefangenhalten würde? Sich vorstellen können, daß diese unschuldige Fotografie zum Gedenkzeichen werden würde?

Eine Video-Dokumentation, hergestellt aus Original-Nazi-Filmmaterial, zeigte Prag unter deutscher Besatzung. Soldaten, die im Stechschritt über den Wenzelsplatz paradierten, vorbei an Standbildern, vor denen ich tags zuvor bewundernd gestanden hatte. Geschützlafetten, die über die Karlsbrücke gezogen wurden, auf der ich trotz der beißenden Kälte umherspaziert war. Und dann die schaurigen Bilder des Massakers, den Abtransport der Frauen und Kinder, die Zerstörung des Dorfs. Als der Film zu Ende war, hatte ich den Drang, ins Freie zu kommen, hinaus aus dem engen Vorführraum, der klaustrophobische Gefühle weckte. Der Kustos schloß mir die Tür auf und nickte mir lächelnd zu. Ich trat hinaus in die Schneeluft, in der eben ein schnell dichter werdender Flockenfall einsetzte.

Immerhin gibt es eine Gedenkstätte, dachte ich. Immerhin kann keiner vergessen.

Anders liegen die Dinge im Fall von zwei kleinen Menschengruppen, denen in den Jahren 1921 und 1922 ein ähnliches Schicksal widerfuhr. Was diesen Menschen zustieß, hat von meiner Phantasie so rückhaltlos Besitz ergriffen, daß es für mich zum Stoff eines Romans wurde (*Seit Jahr und Tag*, Rowohlt 1993). Aber erst lange nach der Fertigstellung des Buches machte ich mich auf, den Schauplätzen der Handlung sozusagen meine Reverenz zu erweisen. Die Gewalt, die jenen Menschen angetan wurde, ist in der endlosen Weite des südafrikanischen *veld* größtenteils spurlos untergegangen. Aber vielleicht werden wir jetzt, wo wir im Begriff stehen, uns neu zu erschaffen, die Opfer dieser Gewalt wieder in unsere Gesellschaft einbürgern.

Der Vorfall von 1921 betraf eine religiöse Sekte mit Namen *Israeliten*. Von dem Ort, wo sie hingemetzelt wurde, sind mir am nachhaltigsten die Hitze, der Staub und die Fliegen in Erinnerung geblieben. Schon um acht Uhr morgens war es brüllend heiß und erdrückend. Ich erinnere mich, daß die Schotterstraße eine Anhöhe überquerte und dann mit sanftem Gefälle in ein langes, flaches Tal hinabführte. Unten hielten wir an, um uns die Karte vorzunehmen, und sahen die Luft über dem Buschwerk vor Hitze flirren. Voraus erhoben sich *Karru-koppies*: weißdornbewachsene abgeflachte Eisensteinhügel. Wir waren in Bulhoek. Hier hatte am 24. Mai 1921 – dem Empire Day und zugleich Geburtstag von Ministerpräsident Jan Smuts – eine Streitmacht von achthundert Polizisten und Soldaten aus ihren Maschinengewehren und Karabinern das Feuer eröffnet und binnen zwanzig Minuten 183 Menschen abgeschlachtet und weitere hundert verwundet. Dem Vorfall wird in den südafrikanischen Geschichtsbüchern nicht viel Platz eingeräumt – sofern er überhaupt der Erwähnung für wert befunden wird. Doch er hat sich tief in die Volksseele eingegraben und einen Helden von mythischem Format hervorgebracht.

Die Nacht hatten Jill und ich auf einem Campingplatz bei dem nahe gelegenen *dorp* Queenstown verbracht. Der Aufseher erzählte uns eine apokryphe Geschichte von einem Mann, der auf einem Bein – das andere war ihm unterm Knie weggeschossen worden – von Bulhoek nach Queenstown gehopst war. Er hatte über rauhes Terrain voll Dornengebüsch, Erdspalten und herumliegenden Gesteinsbrocken taumeln müssen. Den ganzen Nachmittag und die ganze Nacht hatte er gebraucht, um hopsend die gut dreißig Kilometer lange Strecke zu bewältigen. Der Aufseher meinte, es sei ein Wunder, daß der Mann das überlebte. Er sagte auch, er selbst sei zwar kein Israelit, aber deren Führer Enoch Mgijima sei seiner Meinung nach ein wahrer Volksheld. Jedes Jahr würden in allen Kirchen von Queenstown außer der Afrikaans Dutch Reformed Church Gedenkgottesdienste für die Opfer von Bulhoek abgehalten. Er sagte: Der Geist von damals lebt weiter.

An diese Dinge dachte ich auf der Fahrt durch das Tal. Die Straße wand sich zu einer Furt durch den Swartkei, dessen verwitterte Uferwände diesseits und jenseits steil aufragten.

Robert Edgars Büchlein über die Israeliten *(Because They Chose the Plan of God)* enthält eine Fotografie, die die Einsatztruppe beim Überqueren dieser Furt am Tag vor dem Massaker zeigt. Man sieht ein Gespann von sechs Pferden, das ein Artilleriegeschütz die Uferböschung hinaufzieht. Die Zugpferde werden von drei Kavalleristen geführt, die sich Patronengürtel um den Oberkörper geschlungen haben; ihre Gesichter verschwinden im Schatten der Tropenhelme. Hinter ihnen kommt noch mehr Kavallerie, und in der Ferne ist ein kleiner Lkw zu sehen, der eben über den Uferrand auf die steile Schräge hinunterbiegt. Das *veld* sieht struppig und vertrocknet aus. Ich stelle es mir in der Gelbfärbung des Winteranfangs vor. Wahrscheinlich führte der Fluß kein Wasser mehr, sondern hatte sich in eine Kette von Tümpeln verwandelt.

Wir machten uns ans Überqueren der Furt – wie es seinerzeit auch das Expeditionskorps getan haben dürfte. Der Fluß rann als dünner Schleier über den Fahrdamm, war aber noch immer nicht mehr als ein Rinnsal, das die im Bett stehenden Tümpel miteinander verband. An einem der Tümpel war eine Frau beim Wäschewaschen, blickte aber nicht von ihrer Arbeit auf, als wir über den Damm fuhren. Am oberen Rand der jenseitigen Uferböschung angekommen, müssen die Mitglieder des Expeditionskorps vor der Hintergrundkulisse der *koppies* das Dorf Ntabelanga – Berg der aufgehenden Sonne – wahrgenommen haben. Heute existiert es nicht mehr. Schütteres *veld*-Gras und kümmerliche Weißdornsträucher bedecken jetzt den Platz, wo früher das Dorf stand. Denn dieses wurde hinterher zerstört: die Strohdächer angezündet, die Lehmwände mit Pikkeln zertrümmert. Doch noch jetzt konnte man die Rechtecke auf der Erde sehen, wo die Häuser gestanden hatten – geisterhafte Zeichnungen auf dem Boden, die das Heute zum Eingedenken zwangen.

Auf der Straße kamen drei Kinder gegangen, zwei Mädchen in weißen Kleidchen und ein Junge in einem weißen Anzug, die Schuhe in der Hand. Bei dem Massaker hatten die Menschen weiße Überkleider getragen, was sie zu einem bequemen, gut sichtbaren Ziel für die Schützen machte. Und das, weil Weiß eine besondere Bedeutung hat. Verse der Offenbarung Johannis lauten:

Und da es [das Lamm] das fünfte Siegel auftat, sah ich unten am Altar die Seelen derer, die getötet waren um des Wortes Gottes und um ihres Zeugnisses willen. Und sie schrieen mit großer Stimme und sprachen: Herr, du Heiliger und Wahrhaftiger, wie lange richtest du nicht und rächest nicht unser Blut an denen, die auf der Erde wohnen? Und ihnen wurde gegeben einem jeglichen ein weißes Kleid, und ward zu ihnen gesagt, daß sie ruhen müßten noch eine kleine Zeit, bis daß vollends dazu kämen ihre Mitknechte und Brüder, die auch noch sollten getötet werden gleichwie sie.

Wir sahen uns um und bemerkten noch andere Kirchgänger, die sich wie weißgekleidete Gespenster zwischen dem Buschwerk bewegten. Die Kinder waren jetzt auf unserer Höhe angelangt. Sie trugen blaue Krawatten, deren flacher Knoten mit pedantischer Sorgfalt akkurat auf der Mitte der Brust plaziert war. Und auf jedem Knoten prangte ein Ansteckmedaillon mit dem Foto ihres Propheten Enoch Mgijima. Die Augen über den schweren Tränensäcken zu Schlitzen verengt, blickte er den Betrachter unversöhnlich an; zusammen mit dem Ausdruck von Strenge um die Lippen ergab dieser Blick fast eine Demonstration der Geringschätzung. Heute wie damals war er ein Mann, der Ehrfurcht gebot.

Die Kinder waren Israeliten heutiger Zeit: Anhänger eines Mannes, der in den ersten zwei Jahrzehnten des Jahrhunderts gepredigt und in millenarischen Visionen seinen Zuhörern die zeitliche und himmlische Freiheit versprochen hatte. Seinen Zuhörern, das heißt: Menschen, die durch den Natives Land Act von 1913 um ihren Besitz an Grund und Boden gebracht worden waren, Menschen, die 1918 von einer verheerenden Grippe-Epidemie heimgesucht worden waren, Menschen, die hatten mit ansehen müssen, wie ihr Viehbestand durch Trokkenperioden dezimiert wurde, Menschen, die von angstgeplagten weißen Farmern, die damit drohten, sie beim ersten Anblick ohne Vorwarnung zu erschießen, auf dem Lande herumgehetzt wurden.

Kein Wunder, daß ein Mann, der im Namen Gottes sprach und den Tag des Gerichts und der Vergeltung in Aussicht stellte, wachsenden Zulauf hatte. Und dies zumal, nachdem er eine Gemeinde gegründet hatte, die keine Steuern zahlte, und in diesem Zusammenhang Ntabelanga zum heiligen Boden erklärt und seine Stellvertreter angewiesen hatte, den weißen Behörden gegenüber kompromißlos aufzutreten. Kein Wunder auch, daß diese Sekte bei Weißen und ihrer Regierung Angst und Bestürzung auslöste. Eine Angst, die in der Zeitung *The Star* vom 17. Mai 1921 von einem, der sich Night Bomber nannte, in Brutalomanier artikuliert wurde.

Wenn man es mit Eingeborenen, und besonders, wenn man es mit religiösen Fanatikern wie den Israeliten zu tun hat, kann der Wert des moralischen Eindruckschindens gar nicht hoch genug veranschlagt werden. Diese Eingeborenen warten auf das Martyrium. Warum soll man nicht die Leben von Weißen wie Eingeborenen mit so wenig Blutvergießen wie möglich schützen? Ein halbes Dutzend Tiefflieger könnten mit ein paar Bomben oder Maschinengewehren das Problem auf denkbar schnelle, risikolose und billige Weise bereinigen – und obendrein in den Gemütern der Aufständischen einen bleibenden Eindruck hinterlassen. Einen Luftangriff würden die nie wieder vergessen.

Bei den Israeliten herrschte die Überzeugung, daß Enoch Mgijima fünf Monate zuvor bei einem Zusammenstoß mit der Staatsmacht die Kugeln der Gegner in Wasser verwandelt hatte. Sicher war, daß die Polizei unter Preisgabe ihres Proviants und ihrer Ausrüstung die Flucht ergriffen hatte – eine Demütigung, die in Regierungskreisen um so schmerzhafter empfunden wurde, als die Israeliten nur mit Knüppeln bewaffnet gewesen waren. Und das Eingeständnis eines Polizisten: Als wir abdrückten, merkten wir, daß unsere Kugeln zu Wasser geworden waren, wanderte dann im Wortlaut in den Mythos ein.

Anhand der wenigen existierenden Fotos von Enoch Mgijima läßt sich die bezwingende Kraft solcher Geschichten unschwer nachempfinden. Auf einem blickt er in vollem Ornat von oben auf den Fotografen hinunter. Auf seinem Gesicht liegen Ruhe und Entschlossenheit, die rechte Hand ist um den Knauf seines hüfthohen Stocks geschlossen, in der linken hält er ein Signalhorn. Man kann sich sehr gut vorstellen, daß dieser Mann seine Anhänger mit dem Ruf «Jehovah ruft euch zum Sturm auf die Heiden» in den Kugelhagel schickte.

Ich fragte die Kinder, ob wir uns auf dem richtigen Weg zum Massengrab befänden. Das ältere Mädchen zeigte die Piste hinunter. Wir fuhren weiter, über das Gelände, auf dem die Israeliten angestürmt waren in ihrem so tapferen wie nutzlosen Versuch, ihr Eigen zu verteidigen. Nur wenige hatten die Kampflinie der Polizei erreicht. Lediglich ein einziger Polizist wurde – leicht – verwundet, denn die Israeliten besaßen an Waffen nur Knüppel und Assegai-Speere.

Wir kamen bei dem Grab an. Es war mit einem hohen, oben mit Stacheldraht besetzten Zaun umgeben, dennoch war das Tor nicht verschlossen, sondern lediglich mit einem Stück Draht festgebunden. Der Sicherungsaufwand wirkte in dem abgelegenen Tal deplaziert. Wir gingen hinein.

Das Grab hatte die Form eines langen Rechtecks; die drei Ziegelsteinlagen hohe gemauerte Einfassung war frisch geweißelt. Auf einer Fotografie, die wahrscheinlich am Tag nach dem Massaker aufgenommen wurde, sieht man die Leichen in der flachen Grube liegen. Die Breite beträgt doppelte Manneslänge. Der hartgebrannte, steinige Boden hier eignet sich denkbar schlecht dafür, ein Grab darin auszuheben. Auf der Fotografie ist ein Soldat zu sehen, der die Leichen inspiziert; im Hintergrund stehen einige Israeliten auf dem *veld* zusammen.

Das Grab war gepflegt wie das Andenken der unnötigerweise Getöteten. Auf den Gedenksteinen an den beiden Enden waren Bibelstellen eingemeißelt. Eine stammte aus den Psalmen: SIE MACHEN LISTIGE ANSCHLÄGE WIDER DEIN VOLK

UND RATSCHLAGEN WIDER DEINE VERBORGENEN. WOHL HERR! SPRECHEN SIE; LASST UNS SIE AUSROTTEN, DASS SIE KEIN VOLK SEIEN, DASS DES NAMENS ISRAEL NICHT MEHR GEDACHT WERDE! DENN SIE HABEN SICH MITEINANDER VEREINIGT UND EINEN BUND WIDER DICH GEMACHT. Das Zitat endet mit der Bitte an Gott, Vergeltung an den Tyrannen zu üben: ALSO VERFOLGE SIE MIT DEINEM WETTER UND ERSCHRECKE SIE MIT DEINEM UNGEWITTER. Unter den Bibelzitaten standen die Worte: SIE WÄHLTEN GOTTES PLAN, DESHALB HATTE DIE WELT KEINEN PLATZ FÜR SIE.

Die Regierung hatte die Israeliten zu Landräubern erklärt und sie zum Abzug aufgefordert. Ministerpräsident Jan Smuts, der zugleich Minister für Eingeborenenangelegenheiten war, hatte ein persönliches Eingreifen abgelehnt, obgleich sie ihn um ein Gespräch gebeten und zugesagt hatten, sich seiner persönlichen Entscheidung zu beugen. Christliche Missionare beäugten die Lehren Enoch Mgijimas mit Mißtrauen. Die meisten Weißen und selbst einige Schwarzenführer bezeichneten die Israeliten als Primitive und Fanatiker. In der Parlamentsdebatte über das Massaker sagte John X. Merriman: «Jeder, der sich eingehend damit befaßte, konnte sehen, daß hier in der Tat etwas höchst Gefährliches im Gange war. Die Grundidee war... Afrika den Afrikanern – daß die Afrikaner sich zusammentun und den weißen Mann aus dem Land jagen müssen.» Und später, im Lauf des Prozesses gegen Enoch Mgijima, der mit der Verurteilung zu sechs Jahren Zwangsarbeit endete, erklärte der vorsitzende Richter, die Führer der Israeliten hätten «ihre Religion als Deckmantel» für die Verbreitung der «wahnwitzigen Idee benutzt, der Tag sei im Kommen, da der schwarze Mann seine Freiheit haben werde».

Wir verließen den umfriedeten Platz und banden beim Hinausgehen das Tor wieder fest. Die Hitze war jetzt drückend, die Fliegen zudringlich. Eine Ziegenherde bewegte sich träge zwischen den Dornbüschen. Wir fuhren los. In ihrer kleinen

Kirche, einem baufälligen weißen Gebäude mit Wellblechdach, waren die Israeliten am Singen.

Außer den zwei Massengräbern existiert kein offizielles Mahnmal zur Erinnerung an die Tragödie der Israeliten. Und wer hierherkommt, um die Gräber aufzusuchen und an ihnen Augenblicke des Eingedenkens zu verbringen, sucht vergebens nach einem Wegweiser.

Ein Jahr später, im Juni 1922, kam es in der Region Nördliche Kapprovinz/Südliches Namibia zu einem ähnlichen Akt der Unterdrückung. Zu damaliger Zeit hieß Namibia Südwestafrika, war erst seit kurzem aus deutscher Kolonialherrschaft entlassen und wurde als Mandatsgebiet des Völkerbunds von der Regierung Jan Smuts verwaltet. Diesmal folgten die Verantwortlichen dem Rat des Night Bomber und setzten außer den Regimentern mit ihren Geschützen und Maschinengewehren auch zwei Bombenflugzeuge ein. Ein zeitgenössischer Leitartikel in *The Cape Argus* empfahl dieses Vorgehen, weil es eine züchtigende Wirkung auf rebellische Elemente in der Eingeborenengemeinschaft haben werde.

Im Winter 1993 fuhren Jill und ich Hunderte von Kilometer weit über Staub und Wüstensand, um den Ort zu suchen, wo die Bondelswart massakriert worden waren. Mir schwebte eigentlich nur vor, auf dem stillen *veld* zu stehen, das keine Spuren der Tragödie mehr tragen würde, und mir jenen nackten Terror, ausgeübt von Menschen gegen Menschen, vorzustellen. Den Lärm der im Tiefflug herandonnernden Militärflugzeuge, die Detonationen, die Panik des Viehs, das Geschrei der Menschen und das stetige Knattern des Gewehrfeuers von den *koppies* her. Mehr als das: eine Stunde lang meinen Vorstellungen nachhängen wollte ich nicht. Aus irgendeinem Grund erschien es mir wichtig, was nicht mehr als ein Absatz in den Geschichtsbüchern war, mit Hilfe der Einbildungskraft in voller Intensität neu zu erleben. Als würden wir im Nacherzählen mehr über uns selbst erfahren.

Und so war ich nach Warmbad gefahren. Warmbad war ehemals die Bondelswart-Kapitale, heute jedoch nichts weiter als eine vergessene, verfallende Ansiedlung mit einer warmen Quelle, die keine Besucher mehr anlockte. Hier war es, so nahm ich an, wo das Massaker stattgefunden hatte. Und hier war es, wo ich in einem Schulzimmer, unter einem mit Cellophanklebestreifen an die Wellblechwand gehefteten Bild von Präsident Sam Nujoma, den Enkel des legendenumwobenen Guerillaführers Abram Morris kennenlernte.

Ich hatte die Schule betreten, um Erkundigungen über den Aufstand einzuziehen, aber der Rektor hatte nie von der Schlacht gehört.

«Einen Moment», sagte er und ließ mich mit Sam Nujoma allein. Als er wiederkam, hatte er einen raubvogelgesichtigen kleinen Mann in einem Tweedjackett bei sich.

«*Ek is Meneer T. Morris*», stellte der Raubvogelgesichtige sich vor.

«Morris?» wiederholte ich überrascht. «Sind Sie etwa verwandt – »

«Ja», antwortete er, noch ehe ich meine Frage hatte zu Ende sprechen können. «Ich bin der Enkel von Abram Morris.»

Ich hatte nicht vorgehabt, nach Spuren von Morris zu suchen. Aber als ich seinen Namen hörte, konnte ich mein Glück kaum fassen.

Wir gingen nach draußen, wo ich ihm erklärte, was mich hergeführt hatte. Ich zeigte ihm mein gesamtes historisches Quellenmaterial: die schon arg zerknitterte und speckige Fotografie eines kurzen Artikels in der *Illustrated History of South Africa*:

Im Juni 1922 geriet die Regierung Smuts... ins Kreuzfeuer der Kritik wegen ihrer Expedition gegen den Stamm der Bondelswart in Südwestafrika, bei dem sich der Widerstand gegen die steigende Steuer auf seine Jagdhunde und der Unmut über die von Weißen vorgenommenen Landbesetzungen in Aufruhr entladen hatte. Die Regierungstruppen verloren zwei Mann; auf seiten der Bondelswart fielen 115 Mann im Gefecht, dazu wurden Frauen und Kinder durch abgeworfene Bomben getötet oder verwundet.

«Es ist nicht hier passiert», war Morris' erste Reaktion. «Es ist in Haib passiert.»

Ich holte eine Karte heraus, breitete sie auf der Kühlerhaube aus und beschwerte sie mit einem Exemplar von Roberts *Birds of Southern Africa* und meinem Feldstecher.

Morris begann von seinem Großvater zu erzählen.

«Mit dem Gewehr schoß keiner besser als er», sagte er. «*Ek se vir jou hy was goed.* Er war verdammt gut. Er hat 1906 gegen die Deutschen gekämpft und sie in der Oranjeschlucht und in der Fischflußschlucht scharenweise umgelegt. Bei den offiziellen Stellen war er ein gefürchteter Mann. Im Ersten Weltkrieg hat er auf der Seite der Südafrikaner gestanden, deshalb wußten die, was er konnte. An dem Nachmittag damals, als die Flugzeuge über Haib geflogen sind und er gesehen hat, wie die ihre Bomben auf die Frauen und die Kinder abwarfen und sie mit ihren Maschinengewehren unter Beschuß nahmen, wenn sie weggerannt sind, da hat er auf die Piloten gezielt und einen von denen erwischt. Die Maschine ist direkt neben dem Dorf aufs *veld* gestürzt, und das Wrack ist da liegengeblieben bis 1964, da sind die Südafrikaner gekommen und haben es weggeholt. Und wissen Sie, warum die es weggeholt haben? Ich werd's Ihnen sagen: Weil sie sich mit der Zeit geschämt haben für das, was sie damals getan haben – darum. Sie wollten alle Spuren beseitigen.

Aber da sind immer noch die Gräber der Frauen und der Kinder, die sie umgebracht haben. Und in uns drin sitzt noch immer der Schmerz. Die Leute weinen noch immer über damals.»

Er sah mich scharf an: «Es gibt Sachen, die stehen nicht in den Geschichtsbüchern, und die stehen auch nicht in dem Bericht der Untersuchungskommission, aber ich habe Dokumente, die beweisen, was passiert ist. Lassen Sie mir Ihre Adresse hier. Ich schicke Ihnen Fotokopien.»

Dann stach er mit dem Finger auf die Karte ein.

«Fahren Sie hierhin, nach Haib», sagte er. «Fragen Sie nach Jakob Swartbooi. Er wird Ihnen die Geschichte erzählen. Er wird Ihnen auch die Stelle zeigen, wo die Maschine abgestürzt ist.»

Ich bedankte mich bei ihm sowohl für die Auskunft, die er mir gegeben hatte, als auch für die, die ich noch bekommen sollte.

«Sie brauchen Jakob nur zu sagen, daß Sie heute morgen bei mir in Warmbad waren», rief er uns nach, während wir davonfuhren. «Er wird Ihnen alles erzählen.»

Meneer T. Morris log höchst unverfroren. Zugegeben, seine Lüge betraf nur ein kleines Detail – nichtsdestoweniger war sie aufschlußreich. Während wir da auf dem unwirtlichen Schulhof in Warmbad standen und mit untergeschlagenen Armen die Schultern hochzogen gegen den kalten namibischen Wind, blickte er mir ohne die kleinste Spur von Verlegenheit in die Augen und erzählte mir seine Wunschphantasie von seinem Großvater. Noch bezeichnender ist, daß ich wollte, so wäre es geschehen: Ich *wollte* ihm glauben. Schließlich war es heutzutage ein Gemeinplatz der Kriegsberichterstattung, daß Flugzeuge, in einen Ball von Feuer und schwarzem Rauch gehüllt, vom Himmel geschossen werden. Warum also sollte sein Großvater die zwei Maschinen, die eine solche Verheerung unter seinem Volk und dessen Vieh anrichteten, nicht mit seinem Gewehr unter Beschuß genommen und eine von ihnen heruntergeholt haben?

Fiktionen dieser Art tragen gewissermaßen ein klein wenig zum Ausgleich der Chancen zwischen den beiden Seiten bei; sie funktionieren als Gedächtnisstützen, die die Erinnerung daran wachhalten, daß ein verzweifeltes Volk sich mit Mauser- und Enfieldgewehren und Schwarzpulvermusketen gegen die Staatsgewalt erhob, weil ihm keine andere Wahl mehr geblieben war. Und einerlei, wie aussichtslos bei dieser jämmerlichen Bewaffnung die Sache für sie stand – sie fühlten ein unbestreitbares moralisches Recht im Rücken, das ihrer Meinung nach ausreichen würde, ihnen Gerechtigkeit zu verschaffen. Morris' Geschichte hatte fraglos den Realismus einer historischen Begebenheit und die Kraft eines Mythos. Sie hätte es verdient gehabt, wahr zu sein.

Nach Haib war es eine Stunde Fahrt, erst auf der einsamen Schotterstraße von Warmbad nach Karasburg, dann westwärts zu den paar verstreuten Baracken von Haib im Bondelswart-Reservat, das noch heute so heißt. Unterwegs hatte ich Zeit, mich ein wenig über die Vorstellung zu wundern, die Morris sich vom Schamgefühl der Südafrikaner machte: In der Art, wie der südafrikanische Staat mit aufbegehrenden Eingeborenen umzuspringen pflegte, hatte Scham bisher nicht unbedingt die hervorstechendste Rolle gespielt. Freilich, ein vollkommen abwegiger Gedanke war es nun wiederum auch nicht, daß ein verrostendes Militärflugzeug zum Symbol einer Greueltat werden könnte, der gegenüber man es amtlicherseits für das beste hielt, sich in Vertuschen und Vergessen zu üben.

Damals besaß ich an Informationen über den Bondelswart-Aufstand nicht mehr, als auf der Fotokopie, die ich mit mir führte, enthalten war. Erst später, beim Auswerten einer Mikrofilmkassette in der South African Library, ging mir auf, welche Geschichte von erbarmungsloser Unterjochung und blindwütiger Machtausübung sich hinter jenem unverfänglichen Resümee verbarg. Langsam nahm sie in meiner Vorstellung Gestalt an, während ich auf der Suche nach Abram Morris' für die Angreifer so demütigendem Gewehrschuß die endlosen Kolonnen von dichtgedrängten Lettern zeitgenössischer Zeitungsberichte vor meinen Augen abrollen ließ. Einen Hinweis auf den Schuß konnte ich nicht finden, aber ich erfuhr, daß bei dieser Gelegenheit zum erstenmal Flugzeuge der südafrikanischen Luftwaffe gegen die lokale Bevölkerung eingesetzt worden waren.

In anderen Dokumenten las ich darüber, wie Oberst Pierre van Ryneveld, der Leiter des Luftwaffen-Einsatzkommandos, und Leutnant John Daniel, sein Pilot, zu Fuß die Auswirkungen des Bombardements in Augenschein nahmen. Um sie herum steckten die Männer des Kommandos in rasender Zerstörungswut die Hütten der Bondelswart in Brand und zertrümmerten ihre Fuhrwerke. Pferde verbrannten, und von allen Seiten waren menschliches Klagegeheul und das Schmerzensgebrüll des gepeinigten Viehs zu hören. Durch den Rauch und den Lärm näherte sich eine Frau in blutverschmierten Schaffellen den beiden Fliegern und klagte ihnen, daß man ihr einen Säugling vom Rücken geschossen hatte. Van Ryneveld murmelte im Weitergehen: «Das haben die Kanoniere getan, nicht ich. Das haben die Kanoniere getan.»

John Daniel gab diese Geschichte zu Protokoll, als der Schriftsteller James Brown ihn im Zuge von Recherchen für seinen 1971 erschienenen Roman *The Return* über den Aufstand interviewte: Vielleicht läßt die Episode etwas von der Scham erkennen, von der Meneer T. Morris sprach. Wenn sie dies tut, dann war die Bekundung zu ihrer Zeit freilich nur ein Flüstern, das bald übertönt und ausgelöscht wurde durch Berichte über Gefangenenmißhandlungen und die erbarmungslose Hetzjagd, in der Abram Morris und seine Männer zur Strecke gebracht wurden.

Trotz der Greuel, in die der Luftangriff auf Haib mündete – oder vielleicht gerade ihretwegen –, dachte Abram Morris nicht daran, sich zu ergeben. Vielmehr stahlen er und seine Männer sich noch in derselben Nacht davon in der Hoffnung, im schwer zugänglichen Engtal des Fischflusses und in den Klüften der Toten Berge eine sichere Zuflucht zu finden. Aber es sollte anders kommen. Am nächsten Tag wurden sie von den Flugzeugen aus gesichtet und anschließend in die Talschlucht des Oranje gehetzt.

Hier flogen die Feuervögel – wie die Militärmaschinen inzwischen allgemein genannt wurden – einige Tage später im

Morgengrauen einen Überrumpelungsangriff auf sie. Im Tiefflug über das Tal hindonnernd, warfen sie vierzig Zehnkilobomben ab und verfeuerten rund zweitausend Schuß Maschinengewehrmunition.

In den ersten Berichten über die Aktion hieß es, Morris sei dabei ums Leben gekommen, doch sein letztes Gefecht sollte er zwei Tage später, am 4. Juni, am Berg Kamer liefern, wo er zusammen mit dreiundfünfzig von seinen Männern fiel.

Auf all diese Einzelheiten stieß ich jedoch erst viel später. Im Augenblick sahen wir im Näherkommen die Baracken von Haib langsam größer werden und bogen von der Schotterstraße auf eine Piste ab, die zu einer Gruppe von Hütten führte, bei der einige Leute beisammenstanden und sich von der Morgensonne wärmen ließen. Ich brachte ein Stück weit weg von ihnen das Auto zum Stehen, stieg aus und ging zu ihnen hinüber. Sie beäugten mich grußlos. Ich fragte nach Jakob Swartbooi und erhielt die Auskunft, er sei nicht da. Dann berichtete ich kurz von meiner Unterhaltung mit Meneer T. Morris und sagte, ich würde gern die Gräber der Frauen und Kinder besichtigen, die bei dem Bombenangriff ums Leben gekommen waren. Und ob vielleicht noch jemand lebte, der den Angriff miterlebt hatte.

Sie beratschlagten miteinander, und anschließend sagte der selbsternannte Wortführer, ja, da gebe es jemanden, nämlich Tantchen.

«Wissen Sie etwas über den Aufstand?» erkundigte ich mich.

Sie lächelten und traten – anscheinend befangen und verlegen – von einem Fuß auf den andern.

«Wir haben mal davon gehört, daß es einen Krieg gegeben hat», sagte der Wortführer.

«Wissen Sie etwas von einem Flugzeug, das hier abgeschossen worden ist?»

Sie sahen mich mit schwer zu deutenden Blicken an. Einige Augenblicke standen wir noch in verlegenem Schweigen herum, dann erkundigte ich mich nach dem Weg zu den Gräbern und zu Tantchen. Der Wortführer, er hieß Julian, sagte, er werde mit mir kommen. Als ich mich zum Gehen wandte, berührte einer der Männer meinen Arm.

«Ich bin Jakob Swartbooi», sagte er. Er trug eine Schlauchmütze, die er jetzt hochrollte, um sein lächelndes Gesicht zu entblößen.

«Warum haben Sie das nicht gleich gesagt?» erwiderte ich.

«Ich habe gedacht, Sie sind von der Polizei.»

Alle beiden lachten wir nervös.

«Können Sie mir etwas über das Flugzeug erzählen, das hier abgeschossen worden ist?»

Er zuckte die Achseln und wandte sich um: «Es war weit weg von hier im *veld*», sagte er mit einer unbestimmten Handbewegung in Richtung Süden. Und das war's dann auch schon: Mehr war nicht aus ihm herauszulocken.

«Julian zeigt Ihnen den Weg zu den Gräbern», sagte er. «Halten Sie sich an ihn.» Erneutes Lächeln. «Ich kann Ihnen heute leider nicht zur Verfügung stehen. Ich muß nach Karasburg.»

Ich räumte im Auto auf, um Platz für Julian zu schaffen, dann fuhren wir auf dem Karrenweg zu Tantchen. Julian war zwanzig. Er hatte zwar den Schulabschluß, aber keinen Arbeitsplatz und auch keine große Aussicht auf einen. Ich erkundigte mich, was er vorhatte. Er wußte es selbst nicht. Dann bemerkte ich, daß in meiner Frage ein historisches Echo mitschwang. Weil die Bondelswart auf ihrem Land autochthon wirtschafteten und in den Augen der Kolonisten nichts taten, was als Arbeit zählen konnte, wurde ihnen 1922 die Hundesteuer aufgebrummt: Mit ihr sollten sie gezwungen werden, sich auf den umliegenden weißen Farmen Arbeit zu suchen.

Da ich noch immer der Überzeugung war, es müsse eine mündliche Überlieferung geben, in der die Erinnerung an den Vorfall weiterlebt, fragte ich ihn, ob er von seinen Eltern irgend etwas über den Aufstand gehört habe.

Nein, sagte er. Einmal hatte er danach gefragt, aber seine Mutter war ihm wütend über den Mund gefahren, die Sache gehe ihn nichts an. Also hatte er es dabei bewenden lassen. Den Rest des Wegs zu Tantchens Baracke legten wir schweigend zurück. Mir erschien es grundfalsch, daß das Geschehene aus dem Gedächtnis schwinden sollte.

Tantchen war schrumpelig und gebückt und sprühte vor Lebendigkeit und guter Laune. Sie muß über achtzig gewesen sein. Sie erzählte, wie sie am Morgen des Massakers beim Wasserholen am Fluß von den Soldaten überrascht worden war und sich ins Dorf zurück geflüchtet hatte. Sie erinnerte sich, daß am Nachmittag eine Maschine im Tiefflug über das Dorf hinweggezogen war, woraufhin sie, ihre Mutter und ihre Schwestern sich in eine Höhle auf einem der *koppies* hinter dem Dorf geflüchtet hatten. Das Bombardement hatte sie gehört, aber nichts davon gesehen. Sie waren die ganze Nacht über in der Höhle geblieben. Und am nächsten Morgen, so erinnerte sie sich, waren überall Soldaten, und es herrschte ein großes Durcheinander.

Ich erkundigte mich nach dem Wrack des abgeschossenen Flugzeugs, doch davon wußte sie nichts. Beim Abschied fragte sie dann: «*En Master, wat is Master se ras?*»

Die Frage machte mir heiß. Sie wollte wissen, welcher Rasse ich angehörte. Aus den Worten sprach die Erfahrung eines Lebens in Servilität und im Horizont des Rassismus, und sie erschienen hier so völlig verfehlt. Ich glaube, sie meinte, ob ich Engländer oder Amerikaner oder Australier sei, denn als sie meine Antwort hörte, war sie überrascht, so als sei das, was ich sagte, durchaus nicht selbstverständlich.

«Ich bin Südafrikaner.»

«Aha», sagte sie stirnrunzelnd und nickte. Für einen Augenblick wurde ihr Gesichtsausdruck ernst.

Dann schien sie in die alte Gemütslage zurückzukehren und lachte, und als wir wegfuhren, winkte sie uns nach.

Die neun Grabhügel, ungekennzeichnete Steinhaufen, waren über ein kleines Gebiet im Busch jenseits des Flusses verstreut. Ich versuchte mir die zerschmetterten und zerfetzten Körper, die unter ihnen lagen, vorzustellen, aber die Bilder zerrannen vor meinem inneren Auge, wollten sich nicht verdichten. Hatte man die Toten an den Stellen begraben, wo sie umgekommen waren? War einer der hier Begrabenen der Säugling, der seiner Mutter vom Rücken geschossen worden war? Ich ging von einem Grab zum andern. Kein Flüstern kam aus den Steinen oder aus dem Busch, nichts hier verriet, was geschehen war.

Am Abend lernte ich in einem Gästeheim in Port Nolloth den einheimischen Amateurlokalhistoriker Matthew kennen. Ich fragte ihn nach dem Bombenangriff auf die Bondelswart.

«Mehl», sagte er. «Man hat Mehlbeutel abgeworfen, um sie zu erschrecken. Bedenken Sie, das war 1922, da waren die Flugzeuge gar nicht in der Lage, Bomben mitzuführen. Aber egal, schon der bloße Anblick von so einem Flugzeug hat gelangt, um denen die Furcht des Herrn beizubringen. Nein, nein, die einzigen Bomben, die auf die abgeworfen worden sind, waren Mehlbeutel.»

Ich dachte an das, was Meneer T. Morris mir über die Scham erzählt hatte. Hier bekam ich einen Zusatz dazu zu hören, eine Geschichte, die aus Scham geboren war. Vielleicht gab es wirklich eine Verschwörung zur Unterdrückung der Wahrheit. Aber so gern ich Morris' Geschichte für wahr gehalten hätte – am Ende brachte ich es doch nicht fertig. Sollte man allen Ernstes für möglich halten, daß die NP-Regierung auf dem Höhepunkt ihrer Apartheid-Herrschaft auch nur einen Funken Reue über zweiundvierzig Jahre zuvor von Jan Smuts begangene Taten gespürt hatte? Das war mehr als unwahrscheinlich. Nein, Morris' Geschichte war ein faszinierendes Beispiel für Legendenbildung, für das verzweifelte Verlangen und Bemühen, die Machtverhältnisse wenigstens in der Phantasie zu korrigieren. Nirgends konnte ich einen Hinweis auf ein abgeschossenes oder abgestürztes Flugzeug finden.

Nicht in der zeitgenössischen Presse, nicht in dem Bericht der Untersuchungskommission, nicht in den Geschichtsbüchern, nicht in irgendwelchen militärischen Geheimdokumenten, die womöglich seit zweiundsiebzig Jahren sekretiert in den Archiven geruht hatten. Wer weiß, vielleicht hat Meneer T. Morris mir den Bären aufgebunden, weil er dachte, ich würde schon nicht nach Haib fahren und alles im einzelnen nachprüfen. Ich brauche wohl nicht eigens zu erwähnen, daß er – entgegen seinem Versprechen – nie wieder von sich hören ließ.

Manche meinen, man solle es Sache der Betroffenen selbst sein lassen, solche Vorkommnisse zu erzählen – indem man sie an ihrer Stelle wiedererzähle, usurpiere man die Geschichte noch einmal. Wer so denkt, denkt sich die Geschichte immer noch als ein Nebeneinander von separaten Handlungssträngen, deren Personal separate Menschengruppen sind, und das ist meiner Meinung nach eine falsche Perspektive. In einem ganz fundamentalen Sinn agieren wir alle in demselben historischen Drama. Gleich Meneer T. Morris schaffen manche von uns – diejenigen, die sich darüber Gedanken machen – die Handlung des Stücks in ihrer Phantasie um, denn Geschichtsschreibung ist ebensosehr Ausdruck des Empfindens wie Wiedergabe von Tatsachen. Und so habe ich diese Episoden nicht zuletzt auch zu dem Zweck erzählt, etwas zu erläutern, das ich an anderer Stelle in diesem Buch als das Umfeld der Gewalttätigkeit in diesem Land bezeichnet habe. Durch Unterwerfungsaktionen wie die Kommandounternehmen gegen die Israeliten und die Bondelswart und sadistische Grausamkeiten, wie sie mit der Niederwerfung des Zulu-Aufstands unter Häuptling Bambatha verbunden waren, wurde den Regierungsmannschaften in Südafrika einer nach der anderen Gleichgültigkeit gegenüber dem einzelnen wie der Gemeinschaft eingeschliffen. Und diese Gleichgültigkeit, die in ihrer extremsten Form einem Menschenleben keinerlei Wert beimißt, hat die ganze Gesellschaft durchdrungen. Ablesen läßt sich das an den Bluttaten der AWB und des PAC; ablesen läßt sich das aber auch an den Gewaltakten, wie sie Tag für Tag passieren.

Ich habe diese Dinge auch erzählt, weil das wissen zu wollen, was war, in dieser kalten Zeit für uns ein unabweisliches Bedürfnis ist. Dieses Bedürfnis richtet sich insbesondere auf die Jahre der Apartheid, die uns näher und in der Erinnerung noch nicht verwässert sind. Doch sollten wir auch die weiter in der Vergangenheit liegenden Abschnitte unserer Geschichte nicht vergessen. Damit es uns nicht so geht wie Julian und seinen Freunden, die eingestehen mußten, daß sie von dem Anschlag auf ihre Vorfahren nicht viel wußten – es scheint mir wichtig, daß wir nicht in eine vergleichbare Lage geraten.

## 10

Das Wissenwollen artikulierte sich schon zu Anfang der Wochen der Schonfrist, die auf die Wahlen, die Amtseinführung des Präsidenten und die Eröffnung der neuen Sitzungsperiode des Parlaments folgten. Zwar war die Tonart der öffentlichen Rede während der ersten Winterwochen durch ein kleines Sortiment von Versöhnungsfloskeln bestimmt, aus dem sich jeder, der vor größerem Publikum über die Nation zu sprechen hatte, so großzügig wie schwungvoll bediente; doch wohnte zwischen diesen Floskeln die Ahnung, daß die Vergangenheit sich nicht leichthin werde unter den Teppich kehren lassen. Zunächst war dieses Bewußtsein noch diffus und unbestimmt, aber schon bald sollte es sich konsolidieren und auf ein ernstes Ziel hin orientieren.

So sprachen wir dann zwar von «unserem geliebten Vaterland» und «unserem schönen Land», von dem «Miteinander von Schwarz und Weiß» und dem «Regenbogenvolk» und der Notwendigkeit von «Vergebung und Versöhnung» als Voraussetzung für einen «Heilungsprozeß», der zum «Aufbau einer Nation» führen werde: Aber während wir so sprachen, schlich sich ein scharfer Ton in unsere Rede ein. Die Leute führten gern die Parole «Vergeben und Vergessen» im Mund, aber sah man näher hin, erkannte man in denen, die das taten, in der Regel Größen des «Ancien régime». Mit einem Seufzer der Erleichterung quittierten sie die Großherzigkeit, die der neue Präsident in seiner Rede mit dem Tenor «Laßt uns die Vergangenheit vergessen. Was vorbei ist, ist vorbei» bewies. Auch er hielt es für an der Zeit, «Wunden zu heilen» und die «Klüfte zwischen uns» zu überbrücken. Indes, die blumigen

Klischees verstellten den Blick auf Überlegungen, die in andere Richtung gingen.

Was für Überlegungen dies waren, darauf hatte es schon sehr früh einen Hinweis gegeben, als Mandela Mitte Mai die neue Sitzungsperiode des Parlaments eröffnete. Bei dieser Gelegenheit sprach er von der «Last der Vergangenheit», die «uns alle schwer» drücke, «nicht zuletzt diejenigen, die für geschehenes Unrecht Verantwortung tragen, und diejenigen, die darunter zu leiden hatten». Es sei also notwendig, ein «Gesetzeswerk [in Angriff zu nehmen], das den Übeltätern die Furcht vor Vergeltung und Erpressung nimmt, aber zugleich auch den Leidtragenden Gerechtigkeit widerfahren läßt, dergestalt, daß die Fälle einzeln registriert und bearbeitet werden». Bei diesen Worten müssen die Polizei- und Militärbefehlshaber in ihren Amtsstuben aufgehorcht und sich gefragt haben, was sie wohl konkret zu bedeuten hatten.

Etwa um dieselbe Zeit verlieh die Universität Natal dem Richter Richard Goldstone, der seit drei Jahren eine Kommission zur Untersuchung politischer Verbrechen leitete, die Ehrendoktorwürde. In seiner Dankrede sprach der solchermaßen Geehrte von einer «zwanghaften Versuchung, die Vergangenheit zu vergessen», deren Reiz in der Aussicht liege, auf diesem Weg «peinlichen Konfrontationen, Gerichtsverfahren, Lügen, Ängsten und auch Gewalttaten» ausweichen zu können. Dies, meinte er, sei nicht zu billigen, es sei ein «Rezept für nationales Unbehagen» und werde auf lange Sicht wohl dazu führen, daß die Mißbräuche der Vergangenheit sich wiederholen. Nach seiner Überzeugung tat es not, die Verbrechen der Vergangenheit aufzudecken. Und der richtige Weg, dies zu bewerkstelligen, führe über einen gesetzgeberischen Akt des Parlaments. Goldstone sprach von der «bei schwarzen Südafrikanern offenbar in erstaunlichem Maß vorhandenen Bereitschaft zu vergeben» und dem «augenscheinlichen Fehlen von Haß und Rachedurst». Trotzdem trügen «viele tiefe, tiefe Wunden und Schmerzen im Herzen», und nur indem «vom Amts wegen aufgedeckt wird, was ihre Wunden und Leiden verursachte», sei «ihre Heilung in die Wege zu leiten».

Ich fragte mich, ob Richter Goldstone dabei wohl an Václav Havels Diktum gedacht hatte, wer die Wahrheit über die Vergangenheit nicht ertragen könne, sei auch zur Wahrheitstreue im Umgang mit der Gegenwart nicht in der Lage. Oder noch präziser: «Wer sich fürchtet, der eigenen Vergangenheit ins Auge zu sehen, fürchtet sich zwangsläufig auch vor dem Kommenden.» Auf jeden Fall bereitete der Richter mit seinen Ausführungen den Boden für eine lebhafte Debatte.

Nicht lange darauf begann Justizminister Dullah Omar von der Berufung einer Wahrheitskommission zu reden: ein Plan, der eher in den Kontext einer Science-fiction-Geschichte à la Orwell zu passen schien, bis man uns sagte, daß er schon einmal erfolgreich in die Tat umgesetzt worden sei, und zwar in Chile. Dort hatte eine Kommission die politischen Morde und das Verschwinden von Menschen unter der Militärregierung untersucht, um eine Grundlage für – nicht etwa die Strafverfolgung der Verantwortlichen, sondern den Rechtsanspruch aller Betroffenen auf Entschädigung für vom Staat zu verantwortende Gewalttaten zu schaffen. Straffreiheit für Verbrechen gegen die Menschlichkeit konnten die Täter einzig dadurch erlangen, daß sie sich freiwillig stellten und der Kommission Auskunft über alle Umstände der Tat und die Identität der Opfer gaben. Wer diese Chance nicht nutzte und später gestellt wurde, hatte die normale Strafverfolgung zu gewärtigen. Omar betonte, daß die südafrikanische Variante des Verfahrens auf keinen Fall auf so etwas wie «Nürnberger Prozesse» hinauslaufen würde. Vielmehr würde sie den Opfern eine Gelegenheit bieten, zu Wort zu kommen, denn, so Omar, niemand hatte das moralische Recht, in ihrem Namen zu vergeben. Mitte Juni erklärte er Tim Modise in Radio Metro: «Ich glaube, die Wahrheit tut unserem Land gut. Ich möchte mit Hilfe einer Kommission für Wahrheit und Versöhnung [wie die geplante Kommission jetzt heißen sollte] einen Bruch mit der Vergangenheit herbeiführen.» Eine Woche später zitierte ein Radiosprecher den Minister mit den Worten: «Es muß augenfällig wahrnehmbar sein, daß die jetzige Regierung anders ist als die Regierungen, die in der Vergangenheit da waren. Wir müssen mit der Vergangenheit brechen, das ist der einzige Weg, auf dem wir die erlittenen Kränkungen heilen können. Wir müssen eine Gesellschaft schaffen, in der die Menschen einander als Menschen achten.»

Wie vorauszusehen, erntete Dullah Omar nicht von allen Seiten Zustimmung. Die *Weekly Mail & Guardian* gab zu bedenken, daß eine Wahrheitskommission sich zu einem Instrument entwickeln könne, mit dem die Aufdeckung von Apartheidkriminalität möglicherweise «gegängelt, kontrolliert und letztlich auch behindert» werde. In dunklen Andeutungen warnte das Blatt vor einem Personenkreis, der über eine jahrzehntelange Praxis im Unterlaufen der Justiz verfüge und damit schon die Arbeit so mancher Untersuchungskommission lahmgelegt habe. Sollte das wieder passieren, wäre es besser, die Aufklärungsarbeit der Presse zu überlassen.

Auf einem Treffen von Vertretern der Wirtschaft in Kapstadt erklärte der Stellvertretende Präsident de Klerk, eine Wahrheitskommission würde den guten Willen und das Bewußtsein der nationalen Einheit untergraben, die im Volk bereits «Wurzeln geschlagen» hätten. Anschließend wechselte er die Metaphorik und stieg auf die medizinische Terminologie um, die seinerzeit bei der Diagnose der aktuellen Lage mit Vorliebe bemüht wurde: Eine Wahrheitskommission würde «die Nähte aus Wunden ziehen, die gerade erst zu verheilen begonnen haben».

Mit den Wochen erhitzte sich der Debattenstil, und man berief sich nun zur Untermauerung der eigenen Argumente auf Philosophen und Politikwissenschaftler. Professor Hermann Giliomee von der Universität Kapstadt zitierte einen Ausspruch Alexis de Tocquevilles, der da lautet, man könne «in der Politik auch an einem Übermaß von Erinnerung zugrunde gehen». Seiner Meinung nach würde die Kommission die Zustimmung und den Respekt aller Parteien des politischen Spektrums auf sich vereinigen müssen, denn andernfalls wären ihre Aussichten, zur Wahrheit durchzudringen und zur Aussöhnung im Volk beizutragen, «schwach». Giliomee befürchtete, statt die Achtung vor der Herrschaft des Rechts zurückzubringen, könne eine Kommission «von handverlesenen politisch korrekten Richtern» unter Umständen lediglich zu einem separaten zweiten System der Rechtsprechung werden. Im Geiste sah er «Spukgestalten aus dem untersten Höllenkreis» auftauchen, um ihre Verbrechen zu beichten und im selben Zug ihre Vorgesetzten in die Sache mit hineinzuziehen, die dann ihrerseits die Befehlskette noch weiter offenlegen würden – bis hinauf zu Leuten, die heute im Kabinett der Regierung der nationalen Einheit sitzen. Er warnte: Die politischen Unkosten, die das verursachte, würden jeglichen moralischen Gewinn weit überwiegen. Und wie um dieses Argument zu unterstreichen, ließ sich ein General mit einer Verlautbarung des Inhalts vernehmen, die Berufung einer Wahrheitskommission wäre nicht nur «ein zweckloses Unterfangen», sondern würde auch bedeuten, daß führende ANC-Kabinettsmitglieder vor die Kommission geladen werden müßten und durch die in den Händen der Polizei befindlichen Informationen über sie in arge Verlegenheit gebracht werden würde. Dieser General war kein Geringerer als der Commissioner of Police Johan van der Merwe. Als Beispiele für die betroffenen Personen nannte er unter anderen den Stellvertretenden Präsidenten Thabo Mbeki, Verteidigungsminister Joe Modise, Wohnungsbauminister Joe Slovo und PWV-Ministerpräsident Tokyo Sexwale.

Wahrscheinlich spielte van der Merwe auf die Straflager an, die der ANC während der vollmundig so genannten «Jahre des bewaffneten Kampfs» zur «Disziplinierung» eigener Kader im Ausland unterhielt. Diese Lager waren Gegenstand einer parteiinternen Untersuchung, und obgleich der von der unabhängigen Untersuchungskommission Ende August 1993 vorgelegte

Bericht ausführlich dokumentiert, daß innerhalb der Organisation mit Schikanen, Folterungen und Morden kontinuierlich die Menschenrechte verletzt wurden, zog die heutige ANC-Führung aus dieser Einsicht niemals disziplinarische Konsequenzen. Belegt sind groteskerweise auch Raubzüge aus dem Exil nach Südafrika zur Beschaffung teurer Anzüge und Schuhe für Joe Modise, den damaligen Kommandeur des Umkhonto (MK) we Swize («Speer der Nation»), der Armee des ANC. Die Drohung des Generals konterte ANC-Generalsekretär Cyril Ramaphosa mit der Bemerkung: «Die Menschenrechtsverletzungen des ANC in den Zeiten des Kampfes können nicht gleichgesetzt werden mit den riesigen Verbrechen des Apartheidstaats»; gleichzeitig erneuerte er die Forderung nach der Wahrheitskommission und erklärte, ANC-Funktionäre seien jederzeit bereit, vor einem solchen Organ rückhaltlos auszusagen. Auch aus der Bevölkerung war zu hören, daß die eigentlichen Verbrechen die Verbrechen der Staatsmacht gewesen seien: Aktionen der Polizei wie der Sicherheitspolizei und sonstiger verdeckt operierender Organe.

Zur Illustration der Schandtaten, um die es hier ging, brachte die Zeitung *South* den folgenden Artikel:

Vor einigen Jahren wurde ein MK-Soldat von der Sicherheitspolizei verhaftet. Bei der Verhaftung wurde er angeschossen. In einem Krankenhaus wurde er ärztlich behandelt und anschließend in eine Zelle im Polizeigefängnis verlegt. Dort begann man ihn zu foltern.

Ein Polizist riß ihm den Drainageschlauch aus der Schußwunde. Er erhielt mehrfach Schläge mit einem Schlagstock auf die offene Wunde.

Man ließ ihn in der Eiseskälte liegen. Medikamente wurden ihm verweigert. Bei einer Gelegenheit machte sich ein Polizist, der wußte, daß der Inhaftierte tiefreligiös war, sodomitisch an ihn heran und zwang ihn zur Fellatio. Nachdem der Polizist ihn sodomisiert hatte, holte er gewöhnliche Kriminelle hinzu, die, von zuschauenden Polizisten angefeuert, den MK-Soldaten reihum vergewaltigten.

Das war nicht die einzige Foltermaßnahme, die der aufgrund von

Paragraph 29 des Gesetzes über die innere Sicherheit inhaftierte Soldat in der Haft erdulden mußte.

Heute ist der Soldat ein freier und relativ erfolgreicher Mann. Einer der Sicherheitspolizisten ist tot, aber der [seinerzeit] Verantwortliche ist noch immer im Dienst.

Für den Polizeibeamten bestand keine Notwendigkeit, bei der Erfüllung der ihm vom Apartheidregime auferlegten Pflichten so vorzugehen, wie er vorgegangen ist. Nichts und niemand hat ihn gezwungen, zu barbarischen Methoden zu greifen.

Am Schluß des Artikels wurde der MK-Soldat zitiert: «Ich werde ihnen nie verzeihen. Ich werde erst in dem Augenblick meine Ruhe haben und mich mit den Veränderungen in diesem Land zufriedengeben, wo diese Schweinehunde für das, was sie mir angetan haben, bestraft worden sind.»

Irgendwie klingt die Geschichte nicht ganz echt. Das ursprüngliche Geschehen wurde in der Nacherzählung rigoros verkürzt, überdies meint man fast, eine obsessive Verengung der Perspektive auf die diversen sexuellen Nötigungen feststellen zu können, und vielleicht sind es diese Dinge, die bewirken, daß einem die Tonart des Berichts verfehlt, auf Sensationshascherei getrimmt vorkommt. Das Wesentliche ist jedoch, daß die Erzählung, mag auch ihr Wahrheitsgehalt strengen Maßstäben vielleicht nicht genügen, doch einen Typus von Nachricht verkörpert, den wir schon zu oft vernommen haben, als daß wir den gegebenen Fall ohne weiteres von der Hand weisen könnten.

Als ich den Artikel las, ging mir jäh auf – und es scheint mir heute noch richtig –, daß wir eine Wahrheitskommission brauchen, allerdings bin ich der Meinung, daß ihre Arbeit nicht dem Vergessen und übrigens auch nicht dem Vergeben den Boden bereiten sollte. Wo gebeichtet und aufrichtige Reue gezeigt wurde, halten viele Menschen Verzeihen und Vergeben für eine naturgemäße, humane Geste. Ich für meinen Teil bin, was das betrifft, nicht so sicher. Mit Verzeihen und Vergeben macht man es sich vielleicht doch ein bißchen zu einfach: Man entbindet sich so von der Auseinandersetzung mit Schauerlichkeiten, die eigentlich niemals ad acta gelegt werden dürfen. Wenn auch alles Vorgefallene in außergewöhnlicher Zeit – der Zeit der Apartheid – vorgefallen ist, so liegt darin aufs Ganze gesehen doch keine Entschuldigung für das, was wir heute als barbarisches Verhalten ansprechen müssen. Wir sollten uns vielleicht daran erinnern, daß barbarisches Verhalten durchaus keine Anomalie ist: Es ist eine Verhaltensweise, in die Menschen verfallen, wenn man ihnen Gelegenheit dazu gibt. Ihr gegenüber ist Vergebung fehl am Platz. «Ich bin nicht gesonnen zu vergeben», schrieb Primo Levi mit Blick auf seine Schinder in Auschwitz, «denn mir ist keine menschliche Haltung bekannt, die ein Verbrechen aus der Welt schaffen könnte.»

Auch sollte man die Weigerung zu vergeben nicht mit Vergeltungsbedürfnis verwechseln. Vergeltung ist eine allzu einfache Methode der Vergangenheitsbewältigung und läuft in der Regel auf die Perpetuierung der Gewalttätigkeit hinaus. Nicht bereit sein zu vergeben heißt vielmehr darauf bestehen, daß die Schuldigen ihre Schuld eingestehen und sich zu Untaten bekennen, die unaufhebbar sind und niemals aus dem kollektiven Gedächtnis gelöscht werden können. Sie werden zu Symbolen dieser Untaten, ihre Namen zu Spiegelbildern der unsrigen. Ihre Aufgabe ist nun, uns daran zu erinnern, daß wir alle fähig sind, unsere Menschlichkeit zu verraten, und daß dies vergessen zu wollen nicht geduldet werden kann.

Auf erschütternde Weise bestätigt fand ich dies in Elisabeth Reicharts grausiger Erzählung *February Shadows*, deren Handlung auf einer historischen Begebenheit beruht: dem Ausbruch von fünfhundert Gefangenen aus dem KZ Mauthausen am 2. Februar 1945 und der anschließenden Hetzjagd auf sie. Siebzehn von ihnen überlebten die fieberhafte Verfolgungsjagd, die übrigen wurden von den SS-Schergen und – bis zu jener Nacht «unpolitischen» – Bewohnern der umliegenden Dörfer umgebracht. Die Novelle rekapituliert den schmerzhaften Erinnerungsprozeß von Hilde, die als Kind Zeugin der Greuel war und sie in ihrem späteren Leben zu vergessen suchte. Doch das Vergessenwollen richtete sie zugrunde, zerstörte die Beziehung zu den Menschen, die sie liebte: zu ihrem Mann und ihrer Tochter, rückte ihr Leben in den im Titel genannten Schatten. Nach Jahren preßt schließlich ihre Tochter die Erinnerung aus ihr heraus, und Grauen, Schuld und Scham treten in knappen, bitteren Sätzen zutage. Die Enthüllung kommt für Hilde zu spät: Sie ist durch das Vergessen bereits innerlich vergiftet. Was das in psychologischer Hinsicht für einen Menschen eigentlich bedeutet, wird in der Erzählung immer wieder vor Augen geführt. Im ersten Teil der Geschichte äußert Hilde die Auffassung, Überleben sei nur möglich durch Vergessen: aber um zu vergessen, muß sie jedwede Menschlichkeit aus ihrer Welt verbannen. Wenn sie von ihren Eltern spricht, benutzt sie nicht das Possessivpronomen, sagt nicht «mein» Vater, «meine» Mutter, sondern «der Vater», «die Mutter», was ihre Entfremdung von den Eltern anzeigt. Nach dem Vergessen bemerkt sie eine Leere in sich, die sie als ein «Gefühl des Erkaltens» beschreibt. «Vielleicht hat bei manchen Menschen so das Sterben begonnen», überlegt sie sich: «Mit Erkalten.» Und mit dem Erkalten der Erinnerung an sie, wenn diese Menschen dem Gedächtnis entschwinden. Vergessen, sagt uns Elisabeth Reichart, ist der Beginn unseres Sterbens. Gelindert wird dieses Sterben durch die scheinbare Barmherzigkeit des Vergebens.

Ich erinnere mich, daß ich, als vor einigen Jahren der Krieg in Bosnien begann, von einer achtzehnjährigen Gymnasiastin las, die zu einer Meisterin des Folterhandwerks wurde. Bevor die Gewalttätigkeit bei ihr ausbrach, hieß es, sei sie eine von Gleichaltrigen wie Älteren vielbewunderte verantwortungsbewußte und intelligente Schülerin gewesen. Hätte es keinen Krieg gegeben, wäre sie wahrscheinlich nie dahintergekommen, welcher Grausamkeit sie mühelos fähig war. Dennoch ruhte die Gewaltbereitschaft durch achtzehn Lebensjahre hindurch latent in ihr und wird, sollte sie lange genug am Leben bleiben, um noch einmal Friedenszeiten zu erleben, wieder in die Latenz zurückkehren. In eine Latenz, aus der sie freilich immer abrufbar sein wird. Ich bin nicht der Meinung, daß die folternde Schülerin von den Menschen, an denen sie heute schuldig wird, später einmal wird Vergebung verlangen können, und wenn sie es doch tut, sollte sie ihr verweigert werden. Wie Vergebung von Schuld das Geschehene in Vergessenheit hüllt, so bereitet sie auch den Boden für die Wiederkehr des Bösen in uns.

Sie ist wohl etwas Ähnliches wie ein Gedächtnisverlust. Sobald vergeben wurde, glauben wir eine Greueltat langsam vergessen oder sie zuallermindest ad acta legen zu können, so als ob ohne einen solchen Schlußstrich das Leben nicht weitergehen könne. Also beichtet der Folterknecht seine Schuld, und die Opfer vergeben ihm. Er, der Folterknecht, gedemütigt zwar, aber nunmehr entsühnt, wieder ehrbar gemacht, fängt als neuer Mensch ein neues Leben an. Ihm, dem Opfer, oder ihr, der Hinterbliebenen des Opfers, wird man es willig nachsehen, wenn er oder sie, mag er auch für seine Qual, sie für ihren Kummer materiell entschädigt worden sein, der Meinung ist, dies sei zuwenig, ein neues Unrecht sei geschehen. Ich denke hier insbesondere an Nyameka Goniwe, deren Ehemann Matthew Goniwe von einer Killertruppe umgebracht wurde. Es könnte ihr eine Hilfe sein, wenn sie erführe, wer die Täter sind und warum sie es getan haben, aber für niemanden von uns ist es eine Hilfe, wenn diesen Leuten vergeben wird. Um es im Vokabular der Politiker auszudrücken: Damit werden keine Wunden «geheilt», wird keine Kluft «überbrückt», keine Nation «aufgebaut». Vergeben heißt «die unbegrab'nen Leichen von Menschen ohne Freund» lediglich mit «Blättern und Blumen» zudecken. Diese Bilder stammen aus der elisabethanischen Rachetragödie *The White Devil*. Und die Aktualität, die die Bilderwelt des Stücks für uns besitzt, ist mit ihnen durchaus nicht erschöpft: denn in der Totenklage, der sie entnommen sind, wird auch daran erinnert, daß der Wolf frei herumstreift und eines Tages mit seinen Krallen die Toten wieder ausgraben wird. Wir tun meiner Meinung nach gut daran, uns einzugestehen, daß der Wolf ständig in uns lauert, selbst wenn er gerade ruht und sich nicht bemerkbar macht. Wir tun gut daran, die Anklage niemals einzustellen.

# Schlußwort

Im August begann sich ein allgemeines Mißbehagen auszubreiten. Die Menschen klagten über Müdigkeit, Abgeschlagenheit, Erschöpfung. Eine wiederkehrende Grippe brachte die Kehlen zum Rasseln und die Augen zum Tränen. Die Ärzte verschrieben Anregungsmittel und rieten zum Ausspannen, aber die Betroffenen brauchten mehr als Medikamente und Freizeit. Wir alle brauchten mehr. Die Dinge schienen außer Kontrolle geraten zu sein, die Entwicklung in Auflösung und Zerfall führen zu wollen – und wir, wir waren zu schwach, als daß wir mehr zustande gebracht hätten, als bloß noch zu lamentieren. «Ich halt es einfach nicht mehr aus», greinte mein Nachbar eines Morgens. «Es ist alles zu entsetzlich, was da vor sich geht.» Denn der neue Lauf der Dinge sah dem alten sehr, sehr ähnlich, und wir wußten ihn uns nicht anders zu deuten als den alten.

«Dem Leben eignet noch dieselbe ermüdende Stagnation», schrieb Slavenka Drakulić über das Ende der kommunistischen Ära in Prag, Budapest, Bukarest, «es ist noch immer mehr Last als Lust.» Es war, als spräche sie über Südafrika. Hier hatte man das Gefühl, sich festgefahren zu haben, immerfort dieselben Gesten auszuführen, ohne dessen innezuwerden.

Es kam zu Streiks. Es kam zu Tätlichkeiten zwischen Streikenden und Streikbrechern. Es kam zu Störungen der öffentlichen Ordnung. Es kam zur Zerstörung von Warenlagern. Es kam zur Plünderung von Warenlagern. Unternehmenssprecher erklärten, die Streikenden bewiesen eine bisher unbekannte Militanz. Seit der Wahl seien die Arbeiter zunehmend aufsässiger geworden. In einem Supermarkt hatten Demonstranten Methanol über den Boden gegossen und gedroht, das

Gebäude in Brand zu stecken. Woanders attackierten Streikende einen Fahrzeugkonvoi mit Knüppeln und Steinen; Wachmänner eröffneten das Feuer, und ein Mann wurde erschossen. Wieder woanders wurden Mitglieder der Geschäftsleitung gekidnappt und in Lagerräumen gefangengehalten.

Wenn auch viele anderer Meinung seien: Dies sei kein «Winter der Zwietracht», sagte Cosatu-Generalsekretär Sam Shilowa im Fernsehen. Er trug einen Button mit einer Friedenstaube am Revers und lächelte immerzu, während er Fragen beantwortete. Arbeitsminister Tito Mboweni, der neben ihm saß, meinte, die Arbeitskämpfe hätten ein für die Jahreszeit normales Ausmaß. Tags darauf wurde David Brink von Business South Africa in den Zeitungen mit der Bemerkung zitiert, daß seine Organisation durch die Streiks nicht über Gebühr beunruhigt sei. Und dabei hatte die Nahrungsmittelgewerkschaft den Ausstand erklärt. Desgleichen die Gewerkschaft der Hafenarbeiter. Im ganzen Land hatten die Gerichtsdolmetscher die Gerichtsgebäude mit Streikposten umstellt. In der Automobilindustrie wurde gestreikt. Die Gewerkschaft der Sozialarbeiter hatte den Streik ausgerufen. In den Krankenhauskantinen fand sich das Anstaltspersonal zu lärmenden Protestkundgebungen zusammen, bei denen man sich demonstrativ der Arbeitsuniform entledigte. In Natal streikten die Krankenschwestern, und binnen kurzem wurde berichtet, daß der Ausstand vier Patienten das Leben gekostet hatte. Die Bauarbeiter legten die Arbeit nieder. Lkw-Fahrer blockierten die Autostraßen. Die Musikergewerkschaft demonstrierte vor dem Gebäude der SABC. Die Stahlkocher drohten mit Kampfmaßnahmen.

Nur dem Anschein nach ging es den Streikenden vorrangig um höhere Löhne. Sie verlangten einen über den bloßen Inflationsausgleich hinausgehenden Ausgleich für das, was man ihnen ihrer Meinung nach in den Zeiten der Apartheid vorenthalten hatte. Doch in allererster Linie wollten sie sehen, daß die Verhältnisse sich geändert hatten. «Die Arbeiter in unserem

Land sagen, daß niemand Flitterwochen mit der Regierung ausgerufen hat», sagte Sam Shilowa. «Unsere Mitglieder fragen uns, ob Demokratie eigentlich mehr bedeutet, als alle fünf Jahre das Wahlrecht auszuüben.» Und meistens bekamen sie zur Antwort, daß Demokratie genau das bedeute und daß sie im wesentlichen nichts geändert habe.

Wie die Hardliner in der Geschäftswelt dachten, erfuhr ich aus dem Mund einer mit allen Wassern des Tarifkonflikts gewaschenen Bekannten. Sie meinte, die Streiks würden schleichende Auswirkungen auf die künftigen Entscheidungen der Unternehmensführungen haben, die im einzelnen schwer nachzuweisen seien, aber insgesamt doch den Generalnenner der Entscheidungsfindung abgeben würden. Sie gab zu verstehen, daß es zum Sozialabbau kommen würde. Die Unternehmer würden die Ausbildungsbeihilfen streichen und Wohnungsbauprojekte einstellen. Verkaufslokale mit geringem Gewinnertrag würden geschlossen werden, Arbeitsplätze würden verlorengehen.

Diese Botschaften waren eher früher als später auch auf dem öffentlichen Informationsmarkt zu haben. Ende Juli brachte *The Star* einen Leitartikel über die «abklingende Euphorie». Der Artikelschreiber glaubte «Haarrisse» in der Konstruktion des Wirtschaftsszenarios ausmachen zu können und erklärte, die prognostizierte Wachstumsrate von 3,5 Prozent werde «unter dem Eindruck der Furcht vor einem Zusammenbruch der Staatsfinanzen [als Folge der Arbeiterunruhen] Hals über Kopf revidiert». Das Institut für Marktforschung der Unisa ermittelte ein sehr viel geringeres Wachstum von 2,2 Prozent. Und der *New York Times* entnahmen wir die Nachricht, daß ausländische Investoren in Südafrika «eine Menge Gründe entdecken können, lieber wegzubleiben»; in erster Linie jedoch verwies das Blatt auf die Unruhen in der Arbeiterschaft und nannte sie eine «für Investoren demotivierende Erinnerung daran, daß die Arbeiter den Maßhalteappell der neuen Regierung nicht angenommen [haben]». Wozu in einem Land investieren, wo die Arbeiter «hoch bezahlt, schlecht ausgebildet und militant» waren, wo es Handelsschranken und eine Kontrolle des Zahlungsverkehrs mit dem Ausland gab und wenig Aussicht bestand, den Erwartungen der verarmten Bevölkerungsmehrheit nachkommen zu können? Fast überall sonst, so war der *Times* zufolge in einschlägigen Kreisen zu hören, ob in Mexiko oder in Brasilien oder in Südostasien – und vor allem da –, bekamen Anleger mehr für ihr Geld: billigere und besser geschulte Arbeitskräfte, mehr Unternehmenstreue, bessere Produktionszahlen.

Des weiteren erfuhren wir aus den Zeitungen, daß die «Hundert-Tage-Flitterwochen» im Parlament um waren und die Politiker wieder die Messer gegeneinander gezückt hatten. Aber in einer Demokratie mußte es eben so sein, erklärte man uns. Wenn die Parteien sich gegenseitig angifteten, dann hatte das den erfreulichen Effekt, daß die Abgeordneten wach und auf dem Posten blieben, belehrten uns die politischen Auguren. Aber da konnte ich mich denn doch der Frage nicht erwehren, was für eine Sorte Demokratie das eigentlich war. Vielleicht war unsere Staatsform eine Demokratie, weil wir das allgemeine Wahlrecht hatten. Vielleicht bewahrten uns die Regeln der Semantik davor, als Ein-Partei-Staat bezeichnet zu werden. Die Regeln der Semantik und der Umstand, daß wir eine Regierung der nationalen Einheit hatten. Doch selbst was letzteres betraf, war Gemunkel zu hören, aus dem hervorging, daß bei uns alles Risse und Sprünge hatte. Hatte nicht NP-Führer de Klerk gewarnt, die Teilnahme seiner Partei sei nicht bedingungslos? Das hatten wir vorher nicht zu hören bekommen. Wir hatten nicht einmal gedacht, daß wir es zu hören bekommen würden.

«Sagen Sie, wie wird es in diesem Land weitergehen?» wollte eine französische Hochschuldozentin von mir wissen, die sich während Präsident Mitterrands Wallfahrt zu Mandela hier aufhielt. Angesichts der Ungeheuerlichkeit ihrer Frage konnte ich nur mit den Achseln zucken und stotternd die vier einzigen Worte herausbringen, die eine sinnvolle Antwort ergaben: «Ich weiß es nicht.» – «Wird es bei Ihnen genauso werden wie im übrigen Afrika?» bohrte sie weiter. «Können Sie mir verraten, wieso Mandela ein so hohes Gehalt haben muß? Er bekommt mehr als Major, fast soviel wie Clinton. Sie müssen verstehen, bei uns sieht man darin ein Anzeichen zukünftiger Korruption. Wenn wir das sehen und die Gewalttaten sehen, glauben wir nicht, daß dieses Land ein Wunderland bleiben wird.»

Das glaubte ich auch nicht, allerdings hatte ich von Anfang an nicht geglaubt, daß es eins wäre. Und Korruption war nichts Neues. Jahrzehntelang war sie der Eckpfeiler des NP-Regimes gewesen. Gleich vielen im Lande war ich der Ansicht, daß Mandela zuviel Geld bekam. Ich war der Ansicht, daß alle Politiker zuviel Geld bekamen. Ich war der Ansicht, daß die Bürokratie außer Kontrolle geraten war. Aber das alles beunruhigte mich nicht so sehr wie die anhaltende Serie von Mordtaten, die hinter unserem Alltag unser Leben begleitete. Die Gewalttätigkeit hatte nicht aufgehört. Sie ging unerbittlich weiter. Sie ging weiter, wie wenn sich nichts geändert hätte. Familien wurden am Abendbrottisch niedergeknallt. Männer, Frauen und Kinder wurden erstochen und erdrosselt und mit Äxten zu Tode gehackt. Polizisten wurden in Ausübung ihrer Pflicht umgebracht. Sie wurden auf dem Weg zur Arbeit umgebracht. Polizistenmorde wurden so häufig, daß der Sicherheitsminister Sidney Mufamadi von einer «nationalen Tragödie» sprach. In großer Verzweiflung und noch größerer Ohnmacht sagte er: «Es ist Zeit, daß dieser Wahnsinn aufhört. Die Attentate haben ein in der ganzen Welt beispielloses Ausmaß erreicht.»

«Wir leben in einer total gesetzlosen Gesellschaft», erklärte Craig Kotze, der Sprecher der Polizei.

«Wir haben geglaubt, im neuen Südafrika würden sich die Verhältnisse bessern, aber statt dessen werden sie schlimmer», sagte Oberst Ruben Bloomberg. «Wer ein Polizeiabzeichen trägt, gilt als legitime Zielscheibe.»

Ich überlegte, ob es auch «illegitime Zielscheiben» gab. Waren die sinnlosen, wahllosen Morde «legitim» oder «illegitim»? Seit der Wahl hatte sich unser Vokabular geändert. Wir sprachen nicht mehr von «politischen» Morden, die vordem in gewissem Sinn «legitim» gewesen waren, weil wir uns in einem nichterklärten, nichtexpliziten Bürgerkrieg befunden hatten. Jetzt waren sie kriminelle Gewaltakte. Nachdem die siebenköpfige Familie Ngcobo beim Abendessen zusammengeschossen worden war, erklärte die Polizei, es gebe kein politisches Motiv und sie würde der Täter bald habhaft werden. Doch das ist nie geschehen. So wie alle anderen scheinbar grundlosen Bluttaten unaufgeklärt blieben. Die Menschen sprachen von einer «dritten Kraft», die ihr Unwesen im Land treibe. Gedungene Killer, die niemandem Loyalität schuldeten. Böse Geister, die ein Chaos anrichten wollten!

Aber trotz alledem bekannten die Menschen sich noch immer zu einem vorsichtigen Optimismus. Niemand wollte als Schwarzseher gelten. Allerdings waren jetzt wieder einschränkende Adjektive im Schwang, die den Substantiven den Glanz raubten. Und die Menschen gebrauchten öfters als früher die Floskel «zu guter Letzt». Sie versuchten sich und anderen einzureden, daß «zu guter Letzt alles in Ordnung kommen wird».

Den ganzen August über fuhr ich rastlos kreuz und quer durchs Land, besuchte Gräber und die Schauplätze von Massakern und Kämpfen, aber sie blieben stumm. Es war nichts mehr zu erfahren. Ich stand auf dem *veld* und starrte auf die *koppies* und stampfte mit dem Absatz gegen den Eisenstein unter meinen Füßen, womit ich erreichte, daß feiner roter Staub aufwirbelte, aber viel mehr auch nicht. Ich stand noch einmal am Rand des Magaliesbergs, und über mir schwebten um die fünfzig Geier und ritten den Wind, der sich unsichtbar an der Steilwand brach und aufwärts strömte. Ihre Flügel waren riesig, zusammengewirkt im Blau des Himmels. Sie blickten nach unten, spähend, wartend, aber es gab zwar anderswo Sterben und Tod, jedoch nicht hier. Es war eine solche Anmut in ihnen, eine solche reine Meisterschaft im Verstehen des Winds und der aufsteigenden Warmluftströmungen! Einer nach dem andern kreisten sie in Höhen außerhalb meiner Sichtweite hinauf. Ihr Entschwinden schuf ein Gefühl von Verlust – es war keinerlei sinnbildliche Bedeutung in ihm.

In Johannesburg sah ich den Himmel in Brand geraten, wie Bergleute es vor hundert Jahren beschrieben hatten, wenn der Staub sich erhob und rot die Luft erfüllte und jeden mit Nadelstichen traktierte, der sich auf der Straße von ihm hatte überrumpeln lassen. Ich sah diesen roten Sturm die Vororte geißeln und war erschrocken über den unbändigen Mutwillen, den er in den Bäumen und Gärten austobte. Er umtoste mein Auto, sprang herein und füllte das Innere, bis mir die Augen brannten und meine Haut von einer dünnen Grusschicht überzogen war. Dem Staub folgte Schnee: dicke Flocken, die sich nicht auf den Boden lagerten, sondern beharrlich durch die Luft wirbelnd das Tageslicht in ein blendendes Leuchten verwandelten. Das Wetter schien unter die Herrschaft von Dämonen geraten. Wie auch die Stadt unter der Herrschaft von Dämonen zu stehen schien: eine Stätte der Paranoia und der zum Terror gesteigerten Großstadtkriminalität. In Radio 702 telefonierten die Hörer mit Dr. D. über das Thema Sünde: Ein Mann erzählte von seinem Haß auf seine Mutter, die in seinen Augen «die Inkarnation des Bösen» war. Ein anderer sagte, er bete zum Herrn, er möge uns aus der «Gewalt des Bösen» befreien, das das Land in seinen «Klauen» habe. Bei Talk-Show-Gastgeber John Berks riefen Leute an, die auf der Straße ausgeraubt oder im eigenen Schlafzimmer vergewaltigt oder in ihrem Garten niedergestochen worden waren oder beobachtet hatten, wie Menschen von Straßenräubern in ihren Autos umgebracht worden waren. Bei Diskjockey John Robbie beklagten sich Anrufer über die schlechte Bedienung in Gaststätten, die sauren Mienen des Verkaufspersonals in den Läden, die Gleichgültigkeit des Schalterpersonals der Banken. Ich hörte zu und fühlte die Krallen des Wolfs an meinem Schädel kratzen.

Mein Freund Derek hatte wie alle in seinem Viertel einen Vertrag mit einem auf den bewaffneten Gegenschlag spezialisierten Schutzdienst abgeschlossen. Wie alle Nachbarn hatte er das Emblem des Schutzdiensts gut sichtbar an seinem Tor angebracht, damit jeder, den es anging, gewarnt war, daß ein Einbruch mit einem schnellen und gnadenlosen Gegenschlag beantwortet werden würde. Im Hausinneren wurden Zimmer und Flure während der Abwesenheit der Bewohner und während der Schlafenszeit von elektronischen Bewegungsmeldern überwacht. Wenn die Alarm schlügen, erklärte mir Derek, kämen Männer mit Sturmgewehren über die Umfassungsmauer geflankt, die auf alles schössen, was sich bewegte. «Ich mußte denen eine Ausschlußklausel unterschreiben», sagte er, «die sie von jeglicher Haftung freistellt, sollten sie mich versehentlich erschießen.»

Sobald ich konnte, fuhr ich wieder zur Stadt hinaus. Ich fuhr zu und entdeckte von neuem die umwerfende Macht und Wahrheit der Klischees – denn dieses Land *ist* ein schönes Land. Das Grasland, das ich durchquerte, lag im flutenden Licht als endlose gelbe Weite. Morgens knisterte auf diesem Feld der Reif, spätnachmittags kehrten Schatten hier ein, wie wenn Flügel über die Sonne streiften. Am Ende der Wüste sah ich mächtige fahlgraue Berge aufragen. Von ihren verschneiten Gipfeln herab fiel ein Wind, der hier unten durch das Buschwerk pfiff, in dem Ziegenhirten mit ihren Tieren umherzogen. Auf der braunen Ebene fing sich das Sonnenlicht im Weiß der Ziegenfelle und widerstrahlte in einer unregelmäßigen Folge von Blitzen wie von einem Spiegeltelegrafen. Aus meiner Entfernung waren es Signale, die ich nicht entschlüsseln konnte.

Auf der Autostereoanlage spielte ich wieder und wieder Leonard Cohen. Mit seiner rauhen Flüsterstimme sang er von Auflösung und Zerfall, von Verhältnissen, auf die kein Maß mehr paßte, vom «Schneesturm der Welt», der die «Ordnung der

Seele» zerstört hatte. Er sagte, er habe die Zukunft gesehen, und die sei «Mord».

Mir war, als singe er davon, was es heißt, heutigentags hier zu leben. Mir war, als kenne er die Straße, auf der ich fuhr, von einem Ende zum anderen aus eigener Erfahrung. Denn er hat dieses eine an sich: Er kann, ohne mit der Wimper zu zucken, in das Chaos blicken. Er sieht hin und registriert, was er sieht, und kommt zurück und berichtet uns darüber in betörenden Melodien, orchestriert in einem Hintergrundchor, dessen Stimmen von verführerischem Reiz seine beschwörende Baßstimme überlagert. Und wir können nicht anders, als ihm zuzuhören, denn wir wissen, hier ist eine Botschaft, die zu überhören wir uns nicht leisten können. Wir hören die Traurigkeit in der Stimme, und wir begreifen, daß die Botschaft nicht von einem Mann ausgeht, der sich in Trübsal suhlt. Sie geht nicht von einem Schwarzseher aus. Sie ist hart, manchmal von Verzweiflung angehaucht, aber immer wird sie aus tiefem Mitgefühl heraus vorgetragen. Denn Cohen ist kein Jesaja, kein Johannes auf Patmos: Er zeigt uns nicht Bilder der Apokalypse, sondern schildert uns vielmehr, wie wir leben und welche Konsequenzen es hat, so zu leben. Er ist sich im klaren darüber, daß es wenig Sinn hat, das Ziel weiterzustecken. Er hat erkannt, daß Berichten und Beschreiben das Äußerste ist, was man tun kann, um in dem Lärm und dem Chaos am Ende des Jahrtausends ein gewisses Maß an Menschlichkeit zu erhalten. Aber selbstverständlich zählt ebensosehr auch, *wie* einer das macht, zählt der Subtext der Gegenwart. Denn Cohen ist wahrhaft subversiv. Die Zusammenstellung von Tamburin, Schlagzeug, Geige und Hintergrundchor mit einschmeichelndem Stimmklang erlaubt es ihm, seine eigenen Worte und uns, ihre Hörer, mit mildem Spott zu bedenken. Hier liegt das Schneidende, Vieldeutige, Rätselhafte. Was er die «schreckliche Wahrheit» nennen würde, die «keinen Groschen wert ist». Und so singt er denn in der wunderschönen Elegie *Anthem* davon, wie die Geschichte sich wiederholt und wir fort und fort die Zeichen übersehen, die uns den Weg zur Vermeidung des Leids weisen könnten. Bis er uns, unterstützt vom Los Angeles Mass Choir, im Refrain ein quälendes Paradox vorlegt:

> Ring the bells that still can ring
> Forget your perfect offering
> There is a crack in everything
> That's how the light gets in.

«Läutet die Glocken, die noch zum Läuten taugen / Vergeßt eure makellosen Opfergaben / Ein Riß läuft durch alle Dinge / Und so kann das Licht eindringen.» So ist es in der Tat. Und weil es so ist, erleben wir sogar mitten in einer Zeit der Gewalttätigkeit kurze Momente des heilen Lebens. Weil das so ist, konnte es bei uns zu der Wahl kommen, die dem «Guten», von dem die Rede war, zum Triumph verhalf. Aber von Cohens gesungenem Refrain geht ein Trost aus, der nicht in den Worten allein beruht. Die Worte benötigen die Musik und den Chor und die rostige Stimme des Sängers, um ausdrücken zu können, was ein Musikkritiker einmal als «alltägliche Tapferkeit» bezeichnete, oder wie ich es nennen würde: den Mut, den wir Tag für Tag beweisen.

Cohen lief auf der Autostereoanlage, während ich zum Interview mit einem gramgebeugten, von wilder Verzweiflung erfüllten Mann fuhr. Cohen sang von der Demokratie, während ich an jenem Tag den Wagen durch einen unzeitgemäßen Sturm steuerte, der Sandverwehungen auf den Straßenbelag häufte und die Fahrbahn mit weißen Schleiern zudeckte. Ich hörte Cohen zu, der das Lied sang, das er bei der Feier zur Amtseinführung von Präsident Bill Clinton gesungen hatte, als ein Jugendlicher (ich stelle mir den Betreffenden jedenfalls als Jugendlichen vor) einen Stein aufhob, und von seinem Standort im dichten Gebüsch neben der Straße aus mein näher kommendes Auto ins Auge faßte, wartete, visierte und in dem ihm am geeignetsten erscheinenden Moment in einem vollendeten

Bogen den Stein nach mir warf. Und währenddessen sang Cohen von der Demokratie:

> It's coming from the sorrow on the street
> the holy places where the races meet
> from the homicidal bitchin'
> that goes down in every kitchen
> to determine who will serve and who will eat.
>     From the wells of disappointment
> where the women kneel to pray
> for the grace of God in the desert here
> and the desert far away:
> Democracy is coming to the USA.

(Sie kommt aus dem Jammer auf der Straße / von den heiligen Stätten, wo die Rassen einander begegnen / aus dem mörderischen Gekeife / das in jeder Küche auf kleiner Flamme kocht, / bis heraus ist, wer das Essen aufträgt und wer es ißt. / [Sie kommt] von den Brunnen der Enttäuschung / wo die Frauen niederknien zum Gebet / um die Gnade Gottes in der Wüste hier / und in der Wüste weit weit weg: / Die Demokratie kommt in die USA.)

Ich sah den Stein auf das Auto zustürzen: Ein schwarzes Ding in schneller Bewegung, und ich wußte sofort, was es war. Er verfehlte um eine Handbreite die Windschutzscheibe und knallte gegen die Beifahrertür. Ich lächelte. Ich dachte an die bösen Geister und lächelte. Natürlich hätte der Stein todbringend sein können. Wenn er die Windschutzscheibe durchschlagen hätte, hätte ich die Herrschaft über den Wagen verlieren können. Ich hätte auf die Gegenfahrbahn geraten und dort frontal mit einem entgegenkommenden Fahrzeug zusammenstoßen können. Aber das Spekulieren ist sinnlos. Der Stein und der unsichtbare Jugendliche gehören zur Geschichte dieses Tages, wichtiger noch: zu *diesem* Moment in der Geschichte dieses Tages. Im Lauf der nächsten drei Tage fuhr ich dieselbe Strecke noch fünfmal, doch der Zwischenfall wiederholte sich nicht. Er war ein sinn- und zweckloses Zufallsereignis. So sinn- und zwecklos wie alle anderen Gewalttaten auch.

Auch in jenem Liedtext liegt ein Element von «alltäglicher Tapferkeit». Cohen weiß, was es heißt, den sozialen Dummheiten des Menschen zum Trotz weiterzumachen, und in diesem Weitermachen sieht er den Willen am Werk, sich nicht unterkriegen zu lassen. Vielleicht ist dieser Wille identisch mit dem Prinzip Hoffnung, vielleicht ist er aber auch bloße Widerspenstigkeit, und vielleicht reicht es schon aus, die zu haben. Reicht aus als Anstoß für unsere Einbildungskraft, andere Lebensformen zu entwerfen. In der letzten Strophe von *Democracy* vergleicht Cohen uns mit «Müllsäcken» aus Plastik – ein nicht gerade erhabenes, aber starkes Bild. Es dokumentiert eine Wahrhaftigkeit, die zum gegenwärtigen Zeitpunkt ein Gebot der Vernunft ist.

Der Mann, den ich an jenem Tag – dem Tag des Steinwurfs – besuchen fuhr, hatte diesen Willen, sich nicht unterkriegen zu lassen, verloren. Er war im Verfall begriffen. Er besaß nicht mehr Willens- noch Einbildungskraft genug, um sich ein anderes Leben vorstellen zu können. Zudem hatte er jeglichen Glauben an das Leben verloren: Er vermochte keinerlei Hoffnung mehr zu hegen – Hoffnung, die bei Cohen der «kleine Wildblumenstrauß» heißt. Er war so voller Zorn, daß in ihm für nichts anderes mehr Platz war. Ich hatte noch nie einen solchen Kummer wie den seinen gesehen. Sein Kummer war so geartet, daß er am liebsten jeden vernichtet hätte, der nicht mit Kummer geschlagen war.

Dieser Mann hatte durch einen Terroranschlag seine Tochter verloren. Sie war tot, und mit ihr, so sagte er, war sein halbes Leben dahin. Und die Hälfte, die ihm geblieben war, wurde so von Haß verzehrt, daß ihm an nichts und niemandem mehr etwas lag. Mit Daumen und Zeigefinger der rechten Hand formte er eine Null und hielt sie mir vor die Augen: «Freund», sagte er dabei in einem Ton so voll Gehässigkeit, als ob er das Wort «Feind» ausspräche: «Freund, genau so viel halte ich jetzt noch von den Menschen.» Er empfinde nicht die geringste Achtung vor der neuen Regierung, sagte er. Von allen Menschen verachte er am meisten Politiker, Werbeleute und Reporter. Die seien für ihn der Abschaum. Obwohl er es nicht ausdrücklich sagte, war klar, daß ich damit mitgemeint war. Er sagte, er habe meinen Verleger in London angerufen, um herauszubekommen, ob ich ihm nicht ein falsches Bild von meinem Vorhaben gegeben hätte. Seine Geschichte an die Öffentlichkeit zu bringen, würde auch nichts ändern, meinte er. Keiner würde hinhören. Keiner würde sich dafür interessieren. «Ach du Schande!» würde man sagen, und damit wäre er noch weiter erniedrigt. Niemand, und am allerwenigsten ein Schriftsteller, könne seinen Schmerz begreifen. Seine Lebensgeschichte sei seine Privatangelegenheit und genauso das Andenken seiner Tochter. Es sei seine Pflicht und Schuldigkeit, dafür zu sorgen, daß es unantastbar bleibe. «Sie müssen Geld verdienen, Freund, also schreiben Sie dieses Buch. Meine Meinung kennen Sie jetzt.»

Sein Gesicht ging mir in der Erinnerung noch wochenlang nach. Es war blaß. Ein kurzgestutzter Bart zog sich die Kieferränder entlang bis zu dem scharfgeschnittenen Kinn und umringte den Mund. Von Tag zu Tag wurden die Lippen dünner, verdichteten sich zu einer schmalen Linie, die nur noch Haß ausdrückte. Wenn er den Mund öffnete, war die Schwärze hinter der Zahnreihe die Schwärze des Todes.

Wenn diese Maske – denn zu einer solchen ist das Gesicht geworden – in meiner Erinnerung auftaucht, wird mir klar, was uns abhanden gekommen ist. Unter unseren Seelenqualen und Blessuren und Schmerzen liegen die Rituale verschüttet, die wir brauchen, um uns ändern zu können. Einst träumten wir vom Ende der Apartheid, aber was danach kommen würde, davon haben wir uns nichts träumen lassen. Und jetzt wissen wir nicht aus noch ein. Einst redeten wir in Schlagworten und Phrasen, und jetzt ist unsere Sprache sinnentleert. Wir wußten alle, daß die Apartheid einmal würde enden müssen, aber gleichzeitig waren wir ihr gegenüber hilflos. Im Lauf der Jahre nistete sich ihre Bösartigkeit in unserem Leben ein. Jetzt haben wir das politische System geändert, aber wir können unsere Persönlichkeit nicht ändern. Über sich und ihre Landsleute schrieb Slavenka Drakulić, unter dem Regime des Kommunismus hätten sich «ein bestimmtes Wertsystem, eine bestimmte Denkweise und eine bestimmte Weltsicht so tief in unserem Charakter eingewurzelt, daß es unausdenkbar viel Zeit kosten wird, diese Daseinsform wieder auszutreiben». Ich fürchte, das gilt auch für uns. Wir durchforschen die Geschichte und nehmen Trennlinien wahr, statt zu erkennen, daß wir alle in demselben Drama auftreten. Wir betrachten die Personen der Handlung und bemerken Unterschiede statt Ähnlichkeiten. Wir können uns nicht vorstellen, daß wir anders leben könnten.

Unser Schicksal liegt in unserer eigenen Hand. Wir können die Zeit nutzen, und wir können sie vertun. Alles Wohlwollen, das man uns weltweit entgegenbringt: die Kredite, Hilfen, Garantien, Bürgschaften, günstigen Zinssätze – das alles ändert nichts daran, daß nur wir allein ein Bild davon entwerfen können, wie wir künftig leben wollen. Den Prozeß des historischen Wandels haben wir hinter uns, das Ritual, nach dem wir uns ein Bild von der Welt gemacht haben, ist Vergangenheit: Jetzt liegt es bei uns, Entscheidungen für die Zukunft zu treffen. Wie W. H. Auden uns in seinem Gedicht *Spain* lehrt, existiert jederzeit ein beachtliches Wandlungspotential; die Bürger von Nationen, die an Wendepunkten ihrer Geschichte angelangt sind, können ihm zufolge entweder die «gerechte Stadt» erbauen oder sich zu einem «Selbstmordpakt» zusammenfinden. Wie immer ihre Wahl ausfällt, die Geschichte respektiert sie, denn für Auden wie für uns ist Geschichte gleich Notwendigkeit: Sie ist, wie das Gedicht verdeutlicht, die fortgeschriebene Urkunde des Was und Wie menschlichen Tuns, seiner Neuerfindung und Kontinuität, mit anderen Worten: des Rituals – des Rituals von Menschen, die sich beim Übergang aus der Welt der «Feen und Riesen» in die der «Dynamos und Turbinen» ein neues Selbstbild erfinden. Doch manchmal geht der Sinn für das Ritual in der Unmittelbarkeit des Hier-und-Heute mit seinen «behelfsmäßigen Tröstungen» unter. Manchmal erscheint das Ritual als etwas Unmögliches oder Unwichtiges. Vielleicht sollten wir uns dann von anderer Seite belehren lassen – etwa indem wir uns ein Beispiel an den Walen und ihrer Lebensweise nehmen.

Was die Wale uns zu lehren haben, betrifft durchweg die Frage des Rituals und des rechten Ortes. In meinen Augen demonstrieren sie mit ihrer Art zu leben die Komplexität ihres Lebens und wie wichtig es für sie ist, wo sie leben. Denn sie bereichern die hohe See und die Küstengewässer und die Buchten um das Ritual ihrer Geschichte. Anders als wir werden sie dessen nicht gewahr. Anders als sie haben wir abgewertet, was es heißt, hier zu leben.

Jedes Jahr im September kehren die Wale hierher in die False Bay zurück. Und jedes Jahr im September tröstet es mich zu wissen, daß sie wieder da sind. Unerklärlicherweise verlassen sie die Meeresströmungen, um in die Bucht zu schwimmen. Vor meinem inneren Auge sehe ich sie, getrieben von kraftvollen Schwüngen der mächtigen Schwanzflosse, im Dunkel der See einen unsichtbaren Kurs verfolgen, der in ihren Genen aufgezeichnet ist. Ich sehe sie deutlich vor mir, wie sie ankommen: riesige stumme Formen, ihr breites Grinsen wie ein Abzeichen unangefochtener Souveränität durch das tintenschwarze Wasser schiebend.

Plötzlich verwandelt sich die False Bay. Dieser ruhige Meeresarm mit der grünen, mit Kormoranen und dem harten Weiß der Tölpel gesprenkelten, vom ablandigen Wind gestriegelten Oberfläche wird zur Heimstatt der Wale. Hier ist jetzt ihr Refugium. Wie es seit Jahrtausenden ihre Gewohnheit ist, sind sie wiedergekommen, um den Platz für sich zu beanspruchen. Zwischen den Bergen hier haben sie seit eh und je die Paarung vollzogen, gekalbt und ihre Jungen gesäugt. Ihre Knochen ruhen auf dem Meeresgrund und im Sandstrand. Ihr Blut färbte das Wasser in der Zeit, als Menschen hier Jagd auf sie machten. Wenn sie in brünstigem Hochgefühl über die Oberfläche hinausspringen, verkünden sie und erneuern zugleich eine Lebensweise, die ihnen seit Äonen zu eigen ist. Was hier stattfindet, ist der Vollzug uralter Rituale, uralter Riten.

Sie kommen hierher, um zwei lebenswichtige Obliegenheiten zu erfüllen: sich zu paaren und Junge zur Welt zu bringen. In beiden Aktivitäten äußern sich seit langem bestehende Traditionen. Diese Bindung an Rituale ist es, was mich an ihnen besticht. Diese mysteriöse Wiederkehr und dieses mysteriöse Verschwinden. Denn mir ist klargeworden, daß die leere Bucht, die Bucht ohne die Wale, ebenso wichtig ist wie der Ort während der Dauer ihres Hierseins. Er ist allzeit ein Ort der Zuflucht. Und deshalb hätte er nicht denselben Wert, wäre er die ständige Heimat der Wale. Seine Bedeutung liegt vielmehr in ihrem Wiederkommen: darin, daß sie ihn erwählt haben – ähnlich wie wir einen Ort erwählen, um an ihm einen Tempel oder ein Heiligtum zu errichten – und daß sie ihn zu einer für sie heiligen Stätte gemacht haben. Das Faktum der Existenz dieser Bucht ist in ihre Erbausstattung eingeschrieben und dort vielleicht so klar und intensiv gegenwärtig wie in unserer Seele eine zärtliche Erinnerung.

So scheint es denn, daß ihre Botschaft an uns, das «fabula docet», das sie uns zu übermitteln haben, die Kunst, in dieser Welt zu leben, betrifft. Daß sie ihre eigene Wichtigkeit betrifft und die Wichtigkeit natürlicher Umgebungen, und wie wir diese zum Gegenstand unserer Einbildungskraft und zum Gegenstand unserer Träume machen sollten. Wie wir ihnen Bedeutung verleihen und wie wir sie hochhalten sollten. Es ist eine Fabel, die wir in Sinnbilder, Symbole, Deutungen umsetzen müssen. Wir können unseren Glauben in sie hineinlesen, wir können uns ihrer Eindringlichkeit öffnen, wir können ergriffen sein durch das bloße Ausmaß der Zeit, die in jeder Gestalt, in der diese Fabel erzählt wird, verkörpert ist. Aber wir können nicht gleichgültig bleiben. Wenn wir diese riesigen Wesen im Meer beobachten und ihr Skelett von der Decke eines Museums herabhängen sehen, können wir nicht kalt bleiben: Unser Gefühl ist angesprochen und aufgefordert zu reagieren.

Vor vielen Jahren fühlte ich mich einmal auf unwiderstehliche Weise zu einer solchen Reaktion aufgerufen. An einem Westküstenstrand sah ich mich unvermutet den Überresten eines Lebens in Gestalt einer einzelnen aus dem Sand herausragenden Rippe gegenüber. Sie ruhte zwischen Felsen, die aus der zurückweichenden Flut aufgetaucht waren, und muß hier jahrelang vergraben gelegen haben, bis der jüngste Gezeitenstrom sie teilweise freigelegt hatte. Bei ihrem Anblick formte sich in mir der sentimentale Gedanke, daß der Wal, der sie einmal gewesen war, zumindest noch einige Jahre in seinem Element würde verweilen können, wenn ich sie an mich nähme. Also grub ich sie vollends aus und trug sie hinunter ans Flachwasser und wusch dort die Miesmuscheln ab, die an ihr klebten, und die Seegrasfäden, die aus dem beschädigten Ende, wo die Waben des Knochengewebes zutage lagen, hervorsprossen.

Dieser Wal lebt in mir weiter. Er ist ein Stück von meinem Traum. Ich habe für ihn eine stille Bucht geschaffen, umringt von Granitbergen, die im harten Mittagslicht aschgrau und in der Dämmerung indigoblau gefärbt sind. Hier kann er springen, wie ich seine Artgenossen habe springen sehen: wieder – und wieder – und wieder über die Oberfläche hinausbrechend und jedesmal aufgeregt schaukelnde Schaumpolster hinter sich lassend. Hier hebt sich seine Schwanzflosse als ein Symbol alles Schönen und Starken aus dem Meer: ein Sinnbild der Daseinsfeier.

Hier ist der Wal Teil einer weiter ausgreifenden Erzählung, ist er ein Element in der Geschichte, die sich aus unseren Selbstgesprächen und unseren Gesprächen mit der Erde und dem

Meer zusammensetzt. In der Geschichte, die das Ergebnis unseres Bemühens ist, die Scheu auszudrücken, die das nahende Unwetter mit zuckenden Blitzen oder das Arrangement der Felsbrocken auf einer kahlen Ebene oder die Konstellation von fliegenden Geiern vor dem mittäglichen Himmel in uns erregt. Von solchen Dingen erzählend sprechen wir unser Wesen aus. Mit dieser Geschichte bekennen wir, wer wir sind und was wir bedeuten. In dieser Geschichte ist unsere Weisheit gespeichert. Noch bedeutsamer ist jedoch, daß, wie ich glaube, aus den Rhythmen dieser Geschichte unsre Träume geboren werden. Und daß sie zu erzählen und wiederzuerzählen uns vielleicht zu dem Wissen verhilft, wie wir in Zukunft leben sollten.

*Muizenberg*
*Juni–September 1994*

# Anmerkungen

1

Einzelheiten der d'Almeida-Episode nach: Richard Elphick, *The Khoikhoi and the Founding of White South Africa* (Johannesburg: Ravan Press 1985). – Eve Palmers Schilderungen der Jagd auf Buschmänner findet sich in: E. P., *The Plains of Camdeboo* (London: Fontana 1974). – Julie Covingtons Lied ist aus: Jeff Wayne, *The Musical Version of «The War of the Worlds»* (CBS Inc. 1978). – Kommentare zu Buschmann-Felsbildern, einschließlich des im Text geschilderten, enthält: David Lewis-Williams, Thomas Dowson, *Images of Power: Understanding Bushman Rock Art* (Johannesburg: Southern Book Publishers 1989). – Mehr über das Werk Jane Alexanders in: Sue Williamson, *Resistance Art in South Africa* (Kapstadt: David Philip 1990). – Bei den historischen Angaben stütze ich mich auf: *An Illustrated History of South Africa*, hrsg. von Trewhella Cameron (Johannesburg: Jonathan Ball, Kapstadt: Human & Rousseau 1987). – Der Gelbschwanz ist ein in den Gewässern am Kap besonders stark vertretener Sportfisch.

2

Der Wortwechsel zwischen Wladimir und Estragon findet im ersten Akt von Samuel Becketts *Warten auf Godot* statt (siehe S. B., *Dramatische Dichtungen in drei Sprachen*. Bd. 1, Frankfurt am Main: Suhrkamp 1963, S. 29 u. 31). – Chef der Unabhängigen Wahlkommission war Johann Kriegler, Richter am Obersten Berufungsgericht in Bloemfontein. Mein Wissen über die Fehlleistungen der Kommission basiert z. T. auf der *Cape Times* vom 5. Mai 1994. – Die Geschichte von Nomaza Paintin entnahm ich *Rapport* vom 12. Juni 1994. – Eine frühere Fassung meiner Ausführungen zur Desinvestition (*disinvestment*) erschien 1988/89 in einer «Argus Leadership»-Publikation zu den Sanktionen. Ergänzende Informationen brachte ein im Juli 1994 geführtes Interview. – Die Haltung der schwarzen Geschäftswelt in der westlichen Kapregion dokumentierte Jill Gallimore im Januar 1994 in einem Zwischenbericht, der im Rahmen eines von Wesgro/Montsi Associates gestarteten Forschungsprojekts geschrieben wurde.

3

Die Erstfassung der Geschichte von Howard und Emma erschien im September 1989 in einer Publikumszeitschrift des italienischen Verlags Mondadori. Erneut sprach ich mit den beiden im Juni 1994.

4

Informationen zum Verlauf der Amtseinführung Nelson Mandelas entnahm ich der *Cape Times* vom 10. Mai 1994 und der *Weekly Mail & Guardian* vom 13. Mai 1994. – Andere Zitate in diesem Abschnitt stammen aus: Joseph Conrad, *Herz der Finsternis* (Frankfurt am Main: S. Fischer [1926], 1959); R. W. Johnson, *How Long Will South Africa Survive?* (Johannesburg: Macmillan South Africa 1977); W. B. Yeats, *The Second Coming*, in: *Collected Poems of W. B. Yeats* (London: Macmillan 1971); Mongane Wally Serote, *Alexandra*, enthalten in: *Yakhal'inkomo* (Johannesburg: Renoster Books 1974). – Wie die Häftlinge auf Robben Island auf die Unruhen von 1976 reagierten, dokumentierte eine BBC-Fernsehproduktion vom April 1994 mit dem Titel *Robben Island* (Buch und Regie: Adam Low). – Über die erste Parlamentssitzung berichtete die *Cape Times* vom 10. Mai 1994. – William Plomers Gedicht *The Taste of the Fruit* ist enthalten in: W. P., *Collected Poems* (London: Jonathan Cape 1973).

5

Die Bibelzitate: Offenbarung 6,10; Jesaja 54,7f und 60,18. – Zitiert ist ferner ein kurzer Auszug aus J. M. Coetzees Roman *Eiserne Zeit* (Frankfurt am Main: S. Fischer 1995). – In diesem Abschnitt wiedergegebene Informationen entnahm ich folgenden Periodika: *The Argus*, 10. Juni 1994; *The Cape Times*, 18. Juni 1994; *The London Re-*

*view of Books* 16, Nr. 8/1994 (dem Artikel *Here for the Crunch – R. W. Johnson in South Africa* von R. W. Johnson); *The Weekly Mail & Guardian*, 15. und 22. Oktober 1993; *The Cape Times*, 16. Oktober 1993; *Vrye Weekblad*, 28. Oktober 1993; *The Argus*, 12. März 1994; *The Sunday Times*, 27. März 1994; *The Weekend Argus*, 23./24. April 1994; *The Weekly Mail & Guardian*, 20. Mai und 10. Juni 1994.

6
Angaben über den Prozeß gegen die an der Straßensperrung beteiligten AWB-Mitglieder nach: *The Argus*, 16.–21. Mai 1994; *The Sunday Times*, 22. Mai 1994; *The Cape Times*, 18. Juni 1994. – Über die Aktivitäten und Anschauungen der Marguerite Vermeulen berichtete die *Weekly Mail & Guardian* vom 17. September 1993. – Die Interviews machte ich im Februar 1994.

7
Für meine Darstellung des Überfalls auf die Heidelberg Tavern nutzte ich den ausführlichen Bericht in *The Argus* vom 31. Dezember 1993 und 5. Januar 1994. Die Gespräche mit den Überlebenden und mit Hinterbliebenen der Opfer führte ich im Juli und August 1994.

8
Jean-Paul Sartre und Frantz Fanon sind zitiert nach: Franz Fanon, *Die Verdammten dieser Erde*. Vorwort von Jean-Paul Sartre. Deutsch von Traugott König. Frankfurt am Main: Suhrkamp 1966; ab Mai 1969 als rororo aktuell Nr. 1209, Reinbek bei Hamburg: Rowohlt Taschenbuch Verlag. Seite 18 und 71. – Das T. S. Eliot-Zitat ist aus dem ersten (*Burnt Norton*) der *Four Quartets*, abgedruckt in: T. S. E., *Collected Poems*, 1909–1962 (London: Faber & Faber 1963). – Weitere Zitate aus: Noel Mostert, *Frontiers* (New York: Knopf 1992); J. B. Peires, *The Dead Will Arise* (Johannesburg: Ravan Press 1989); R. Godlonton, Edward Irving, *Narrative of the Kaffirwar 1850–1851–1852* (Kapstadt: C. Struik 1962); *The Reminiscences of Thomas Stubbs*, hrsg. von W. A. Maxwell und R. McGeogh (Kap-

stadt: A. A. Balkama 1978). – Weitere historische Einzelheiten nach: *The Graham's Town Journal*, 31. Mai sowie 10. und 14. Juni 1851; *An Illustrated History of South Africa*, hrsg. von Trewhella Cameron (Johannesburg: Jonathan Ball, Kapstadt: Human & Rousseau 1987). – Über den Bambatha-Aufstand: Shula Marks, *The Reluctant Rebellion: The 1096–1908 Disturbances in Natal* (Oxford: Clarendon Press); James Stuart, *A History of the Zulu Rebellion* (London: Macmillan 1913). – W. H. Audens Gedicht *Spain* ist abgedruckt in *The English Auden* (London: Faber & Faber 1977).

9

Über die Hintergründe des Israeliten-Aufstands: Robert Edgard, *Because They Chose the Plan of God* (Johannesburg: Ravan Press 1988). – Die Bibelzitate: Offenbarung 6,9–11; Psalmen 83,3–18. – Über den Bondelswart-Aufstand schrieb ich zuerst in: *Leadership* 13 (1994), Nr. 1. – Als Quellen benutzte ich für diesen Abschnitt: *The Cape Argus*, 19. Juni 1922; *An Illustrated History of South Africa*, hrgs. von Trewhella Cameron (Johannesburg: Jonathan Ball, Kapstadt: Human & Rousseau 1987); *The Star*, 17. Mai 1921 und 10. Juni 1922. Weitere Informationen stammen aus persönlichen Gesprächen, die ich Ende der sechziger Jahre mit James Ambrose Brown führte; auch Browns Roman *The Return* (Kapstadt: Purnell 1971) weiß ich mich verpflichtet. – Eine ausführliche Darstellung des Bombenangriffs auf Haiba und von Abram Morris' gewaltsamem Ende in: Richard Freislich, *The Last Tribal War* (Kapstadt: C. Struik 1964).

10

Quellen: *Weekly Mail & Guardian*, 13. Mai 1994; *South*, 10. Juni 1994; *Weekly Mail & Guardian*, 1. Juli 1994. – Das Zitat von Václav Havel stammt aus seiner programmatischen Rede zur Eröffnung der Salzburger Festspiele 1990. – Weitere Angaben nach: *The Cape Times*, 7., 11. und 20. Juni 1994, *South*, 10. Juni 1994. – Zitatquellen: Primo Levi, Die Untergegangenen und die Geretteten (München: Hanser 1990) – Elisabeth Reichart, *February Shadows* (Roman; London: The Women's Press 1988); John Webster, *The White Devil* (1612, Neuausgabe London: Benn 1971). [Über das Straflager des

ANC und den Bericht der einschlägigen Untersuchungskommission kann der deutsche Leser sich informieren in: *Der Spiegel*, Jg. 47 (1993), Nr. 36 (6. September), S. 168 («Empfang im Höllenloch»). – Anm. d. Übers.]

Schlußwort
Slavenka Drakulićs Beobachtungen entnahm ich ihrem Buch *How We Survived Communism and Even Laughed* (London: Vintage 1993). – Weitere Quellen: *The Star*, 25. Juli 1994; *The Cape Times*, 30. Juli, 2. August, 3. August 1994. – Das Zitat aus der *New York Times* nach *The Argus* vom 4. August 1994. – Die Auszüge von Liedtexten von Leonard Cohen sind seiner CD *The Future* (Columbia 1993) sowie den Songs *Anthem* (Copyright © 1992 Leonard Cohen Stranger Music Inc.) und *Democracy* (Copyright © 1992 Leonard Cohen Stranger Music Inc.) entnommen. Der erwähnte Rezensent ist Leon Wieseltier (*The Prince of Bummers*. In: *The New Yorker*, 26. Juli 1993). – W. H. Audens Gedicht *Spain* ist abgedruckt in *The English Auden* (London: Faber & Faber 1977).

## Dank

Für Anregungen und Ideen danke ich Robert Brookes, Peter und Barbara Fairhead, Piet Human und Denise Smuts; dankbar bin ich vor allem Linda Human für ihre Einsichten und Kommentare zu meinem Manuskript. Den Bibliothekaren der Cory Library in Grahamstown, der South African Library in Kapstadt und der South African Archives in Pietermaritzburg schulde ich Dank für ihre Hilfe beim Auffinden seltener Dokumente. Quentin Cornelius, Michael January und Ginn Fourie bin ich für Berichte über den Anschlag auf die Heidelberg Tavern, Emma und Howard für ihre Offenheit zu Dank verbunden. Dank gebührt auch Vicky Harris beim Verlag Victor Gollancz, die mir die Möglichkeit zum Schreiben bot. Schließlich stehe ich wie immer tief in der Schuld von Jill Gillmore für ihre Liebe und Unterstützung, aber auch für Lektürehinweise und die Findigkeit, mit der sie entlegene Quellen aufspürte.

# MIKE NICOL
## Seit Jahr und Tag
Roman
Deutsch von Thomas Piltz
384 Seiten. Gebunden

Daß er durch die Hand eines fanatischen Erlösers sterben wird, prophezeit die Seherin Maria dem Präsidenten am Abend vor seinem Amtsantritt. Der Politiker stürzt in tiefe Ängste – ist sein Leben ein unabänderliches Schicksal, oder hat er die Möglichkeit zu wählen, zu verändern, abzuwenden?
In einem Dorf im Hinterland versammelt der dämonische Prophet Enoch Mistas schon bald seine ersten Anhänger – eine bunte Schar skurriler Figuren, die sich im Bann von Mistas' Reden auf den Weg machen, um mit allen Mitteln gegen die Ungerechtigkeiten des weißen Regimes anzukämpfen. Der Präsident mobilisiert seine marode Truppe von Ministern und Generälen, und die blutige Konfrontation zwischen ihm und dem obsessiven Revolutionär nimmt ihren geschichtlich unausweichlichen Lauf ...
Aus Splittern der wahrhaft mörderischen südafrikanischen Geschichte setzt Mike Nicol einen melancholischen Bilderbogen des Schreckens zusammen. So märchenhaft sich dieses sprachgewaltige Buch liest, so deutlich destilliert es das wahre Wesen der Geschichte heraus: Sie muß erlebt und erlitten werden, bevor sie gedeutet werden kann.

«Es gelingt Mike Nicol, eine kleine Welt zu schaffen, in der all das lebendig wird, was wir im Großen aus den Augen zu verlieren drohen: die einzelnen mit ihren Leiden und Freuden und ihrer individuellen Geschichte als Teil der Weltgeschichte. Dieser Autor hat eine ungeheure Sprachkraft: virtuos schreibt er ebenso zärtlich wie deftig, traurig und komisch.»
*Deutsches Allgemeines Sonntagsblatt*

# ROWOHLT

MIKE NICOL

Die Feuer der Macht

Roman
Deutsch von Thomas Piltz
rororo 13063

Ein Dorf im Süden Afrikas, ein Ort ohne Namen, auf keiner Landkarte zu finden. Und alle, die dort hinkommen, so erzählen sich die Bewohner, haben «einen dunklen Fleck in ihrem Leben». Eines Tages trifft der Hauptmann Sylvester Nunes mit seiner Tochter Frieda ein. Daß an ebendiesem Tag alle Ziegen ausbrechen und die Felder und Gärten verwüsten, erfüllt die Seherin Minnaar mit bösen Ahnungen. Der Polizist Nunes ist besessen von dem Gedanken, das Geheimnis des Dorfes zu ergründen: warum die Menschen dort so glücklich leben ...

«Nicol entwickelt die Psychologie seiner Figuren widersprüchlich, mit der Kraft eines großen Erzählers ... und nebenbei liefert er uns noch einen saftigen Krimi. Man vermißt das Buch noch eine ganze Weile, nachdem man es längst ausgelesen hat.»
*Die Zeit*

ROWOHLT